中国社会科学院创新工程学术出版资助项目

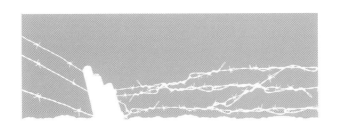

第一次世界大战与中国的反日运动

高莹莹 著

中国社会科学出版社

图书在版编目(CIP)数据

第一次世界大战与中国的反日运动／高莹莹著.—北京：中国社会科学出版社，2017.4

ISBN 978 - 7 - 5203 - 0186 - 2

Ⅰ.①第… Ⅱ.①高… Ⅲ.①第一次世界大战—历史—研究②抗日斗争—研究—中国—近代 Ⅳ.①K143②K250.7

中国版本图书馆 CIP 数据核字（2017）第 070664 号

出 版 人	赵剑英
责任编辑	吴丽平
责任校对	李 莉
责任印制	李寡寡

出 版	中国社会科学出版社
社 址	北京鼓楼西大街甲 158 号
邮 编	100720
网 址	http://www.csspw.cn
发 行 部	010 - 84083685
门 市 部	010 - 84029450
经 销	新华书店及其他书店

印刷装订	北京明恒达印务有限公司
版 次	2017 年 4 月第 1 版
印 次	2017 年 4 月第 1 次印刷

开 本	710×1000 1/16
印 张	14.75
字 数	250 千字
定 价	62.00 元

目　　录

序　言

第一节　问题的提出

近代日本和中国的关系总体而言是侵略与被侵略的关系。日本对中国自甲午战争以来就是以大陆政策为代表的侵略政策。这种政策以军事、经济侵略为主，直到 1923 年，瞿秋白把包括日本在内的帝国主义侵华方式分为军事、经济和文化三个方面，并进而提出"文化侵略"的概念以后，文化在帝国主义侵华史中的地位才逐渐得到学人的重视。①

根据前人研究，我们知道近代日本在华的文化活动可追溯到明治时期，岸田吟香、荒尾精、根津一、宗方小太郎等是这一时期的代表人物。他们在中国各地办报纸、开办日语学校、创办日清贸易研究所，可以说是日本在华文化活动的先驱。尤其是 1898—1907 年中国新政时期，"日本的旅游者、商人、教员、军事教官，在帝国无远弗至。中国贵族和统治阶级成千上万的子孙在日本受教育，回国后按在日本所学，依样画瓢。中国本地最好的报纸是日本人控制的"。② 这一时期，日本在文化上对中国的影响达到顶峰，甚至受到了西方舆论界的关注。

---

① 瞿秋白：《帝国主义侵略中国之各种方式》（1923 年 5 月 26 日），《瞿秋白文集》，"政治理论编"第二卷，人民出版社 1988 年版，第 70—86 页。

② ［美］任达著，李伸贤译：《新政革命与日本：中国，1898—1912》，江苏人民出版社 2006 年版，第 9 页。

但是，直到 1923 年 3 月，日本政府才将对华文化事业作为一项国家政策确立并付诸实施。日本第 46 届国会通过《对华文化事业特别会计法》，规定利用"庚子赔款之本利"以及"有关山东铁路与公有财产补偿国库证券之本利和山东矿产之补偿金"在中国推动文化事业。1923 年 5 月，日本外务省根据敕令 209 号，成立"对华文化事务局"，正式启动这项事业。日本的这一文化政策为该国侵华提供了新的思路。贯穿整个昭和时期日本对华的侵略策略，即"大东亚共荣圈"的设想，可以说是在该文化政策实践的延长线上形成的。

从既往研究可知，第一次世界大战影响了东亚的国际政治格局，同时也使美国成为兼工业、金融、贸易和科学为一体的强国。美国崛起在国际舞台的重要性不仅仅是因为它成为主要的军事和经济强国，更因为它将文化因素引入了世界事务。[①]

美国利用传教士，建立起对华文化上的影响力。在西奥多·罗斯福（Theodore Roosevelt）担任美国总统期间，其驻华公使馆开始从美国的传教士中挑选汉务参赞。例如卫理（Edward Thomas Williams），1887—1896 年曾在外国基督教传道会工作，1896 年他离开该会，接受了上海美国总领事馆翻译的任命，1901—1908 年担任汉务参赞。他是 1911—1913 年驻北京美国公使的一秘，在嘉乐恒（William James Calhoun）离任和芮恩施（Paul Samuel Reinsch）到任期间当了几个月的代办——在此期间美国承认了"中华民国"，发生了"第二次革命"。在 1914—1918 年，他是美国国务院远东司的负责人，是美国政府在中国问题上的主要决策人。接任卫理的丁家立（Tenney Charles Daniel）1882 年在美国海外布道会的赞助下来华。1886 年他不再继续从事传教工作以后，在天津进行了 20 年的教育活动。1908—1919 年，除了一段短期间歇外，他在美国公使馆任汉务参赞，1919—1920 年以一秘的身份代理馆务。由于他广交中国官员，包括袁世凯，丁在公使馆是有影响的。裴克（Willys Ruggles Peck），生于

---

① [美]孔华润主编，王琛等译：《剑桥美国对外关系史》下，新华出版社 2004 年版，第 66 页。

天津，父母均为传教士。1903—1918 年他在美国驻华公使馆任助理汉务参赞，1914—1919 年期间还同时在驻青岛、汉口和天津的领事馆任职。在处理美国与中国的关系方面，裴克一直是一个突出的人物。①

1913 年威尔逊总统上台后更赋予门户开放政策以新的理解，"把增进美国文化影响的愿望置于塔夫脱提出的经济计划之上"。② 这也意味着在第一次世界大战爆发时，美国对华的基本政策已经从对经济利益的重视转向了对文化影响力的重视。

战争期间，由于英国等欧洲国家的后退，日美两国成为在华势力竞争的主要对手。日本借"一战"爆发之"天佑"，对德宣战，出兵山东，并进而对中国提出"二十一条"要求，成为中国人民强烈反对的强权国家。日本的一系列动作引起了向来主张门户开放和机会均等的美国的警惕，日美在中国问题上的矛盾渐显。中国对德宣战成为美国的同盟国以后，北京政府内部分为以皖系段祺瑞为首的"亲日派"与直系"亲美派"之间的对立模式。亲日派与亲美派之间的权力抗争与中国人民的反日运动产生连动，导致北京政府内部亲日派势力的后退，日本逐渐丧失了与北京政府之间的纽带。③ 有学者表示"对日本而言，第一次世界大战与日后的亚太战争相同，先是日中两国的对立，同时还具有日美在中国问题上对立的性质"。④ 还有一点需要重视的是，在文学革命中胡适的活跃与杜威的访日，美国在华报人的活动，进一步扩大了美国文化的影响力，中国与美国以及与英法的同盟国关系可以说是中国新文化运动、文学革命诞生的时代背景。⑤

日美两国在中国展开的这场没有硝烟的"战争"，既是经济利益

---

① ［美］费正清编，杨品尔等译：《剑桥中华民国史 1912—1949 年》上卷，中国社会科学出版社 1998 年版，175 页。

② ［美］韩德著，项立岭、林勇军译：《中美特殊关系的形成——1914 年前的美国与中国》，"中文版序"，复旦大学出版社 1993 年版，第 2 页。

③ 笠原十九司『第一次世界大戦期の中国民族運動』、汲古書院、2014 年、734 页。

④ 山室信一『複合戦争と総力戦の断層——日本にとっての第一次世界大戦』、人文書院、2011 年、94 页。

⑤ 笠原十九司『第一次世界大戦期の中国民族運動』、734 页。

之争，也是意识形态之争，对中国的民族运动以及日本的对华政策产生了深远的影响。在美国政府的支持下，"一战"爆发后，其在华外交官、报人及传教士参与中国的反日运动及日美在华的舆论竞争中。同时，华盛顿会议上，美国支持"中国有代价地收回山东权益"，"把日本已吞进口的东西，又挤了出来"，①日本在华优势地位被大大削弱。因此华盛顿体系也被看作是美国主导下的反日协调体制。有鉴于此，对于1923年日本对华文化政策的出台，也已不能简单地以中日关系史之"一国史"或两国关系史之视阈来思考，而应放在以"中日美"为核心的"一战"后东亚国际政治格局的变动中重新梳理。

本研究的侧重点在于考察中国反日运动在第一次世界大战背景下，对日美在华势力竞争的因应。同时，回答这样一个问题，即1923年日本对华文化政策是如何产生的？希望通过对"一战"爆发后日美在华展开竞争的历史背景、美国对华发挥文化影响的途径、日美之争对中国民族运动的影响、日本的应对等方面进行考察，试图从"一战"对东亚国际政治格局的影响这一视角，为日本在"一战"后调整对华政策，出台对华文化事业做出客观的解释，以期深化对近代中日关系以及"一战"对东亚影响的理解。

第二节　学术史回顾

本书涉及三个方面的问题：一是中日关系及第一次世界大战；二是"一战"时期日、美两国的在华竞争；三是日本对华的文化政策。第一次世界大战是本书考察日本对华文化政策出台的大的历史背景；日美在华竞争是对日本对华政策产生重要影响的外部环境；文化是产生影响的载体，也是20世纪以后在国际关系中逐渐处于重要地位的影响因素。

① 项立岭：《中美关系史上的一次曲折——从巴黎和会到华盛顿会议》，"本书摘要"，复旦大学出版社1993年版，第2页。

一　中日关系及第一次世界大战

长久以来，第一次世界大战因大部分亚洲国家没有直接卷入战事，所以"欧洲战争"的印象对中国以及日本都影响颇深，未曾得到两国史学家的足够关注。2014年是第一次世界大战爆发一百周年，经历了两次世界大战和"冷战"以后，中日学者中出现了对这场战争所拥有的"世界性"的反思。这种世界性认识的一个方面，就是"一战"对非欧洲国家的影响。①

"第一次世界大战改变了亚太地区政治版图，日本成为最大受益国。日本利用第一次世界大战德国战败的机会，先攫取青岛，进而是山东，奠定了后来20世纪30年代全面侵华战争的基础。"② 然而，中外学界关于第一次世界大战对中国和日本影响的研究成果非常有限。就中国而言，以往对"一战"影响的研究主要集中在北洋政府参战的决策、赴欧参战的十余万中国劳工的历史地位、《凡尔赛条约》和五四运动的关系、"二十一条"和日本占领山东、"一战"期间的中国经济发展等领域，近年来有学者开始关注第一次世界大战对中国思想界的冲击、中国对第一次世界大战的反应等问题。③ 就日本而言，把"一战"对日本的影响或者"一战"与日本的关系作为考察对象，本身并不是一个新的命题。在日本早期为数不多的"一战"研究中，曾担任驻华外交官的田村幸策（1887—1985年）即论述过第一次世界大战与日本外交之间的关系；④ 70年代，梅津和郎从经济发展的角

① 日本京都大学人文科学研究所自2007年成立共同研究班"第一次世界大战的综合研究"以来，成为近年日本"一战"研究的一个中心，用"世界性""总体性"和"持续性（即现代性）"三个关键词来概括那场战争，试图在已有研究的基础上从精神史（思想史）的角度重新解读"一战"带给当时和今日社会的影响，并以此来解释"一战"作为"现代世界起点"的含义。关于"世界性"的解释，参见山室信一ほか编『世界戦争（现代の起点　第一次世界大戦第1卷）』、岩波书店、2014年、7—8页。

② 朱嘉明：《第一次世界大战改变了中国现代化进程》，魏格林、朱嘉明主编《一战与中国》，"序言Ⅱ"，东方出版社2015年版，第23页。

③ 相关研究综述，可参见侯中军《1949年以来的中国与一战外交研究》，《兰州学刊》2015年第6期，第1—9页。

④ 田村幸策『第一次世界大戦と日本外交』、有甲斐、1953年。

度描绘了"一战"对日本的影响。① 井上寿一考虑的是"一战"对于日本现代社会形成的意义。他的研究与以往相比，视角更广阔，所用的资料也极为丰富，涵盖了外交、军事、政治、经济、社会、文化六个方面。井上注意到战前与战后日本核心人物为应对"一战"带给世界价值观念的冲击所做出的调整。正如作者在日本杂志《本》上所言，无论是对邻国的宽容还是在国际社会上的外交哲学，今天的日本仍有很多地方需要向一百年前的日本学习。②

综观以往研究，尽管已有学者注意到"一战"对亚太地区政治版图，即东亚国际政治格局的影响，但具体情况如何缺乏系统和深入的考察。尤其是"一战"爆发给日本提供了调整对华政策的契机，但这种调整如何展开，其所受大战带来的影响体现在哪些方面，仍有值得探讨的空间。

二 "一战"时期日、美两国的在华竞争

第一次世界大战重新改写了帝国主义之间的实力对比，日美崛起，英法的全球影响力严重降低，德国则被严重削弱，"凡尔赛—华盛顿体系"正是这种国家间实力的最新展现。

日美在华直接的利益纠葛最早可追溯至日俄战争后对东北地区的争夺。虽然由于罗脱—高平协定的成立，美国在东三省的角逐暂告段落，但此后随着塔夫脱政权的上台，美国的东亚政策由侧重日本的西奥多·罗斯福路线转变为以中国为中心的政策。在美国专门负责制定东亚政策的远东部职员中，不少人认为拥有悠久历史文明的中国比日本更加优秀，并且他们认为重视与地大物博的中国的关系可以获取更大的经济利益。③ 而日本自吞并朝鲜后，一直试图独霸中国，从根本

① 梅津和郎『成金時代：第一次世界大戦と日本』、教育社、1978 年。
② 井上寿一『第一次世界大戦と日本』、講談社、2014 年。关于日本"一战"研究的状况，可参见高莹莹《当日本学者谈论一战时，他们都在谈些什么》，澎湃新闻网，2014年 8 月 20 日。
③ ［日］五百旗头真编著，周永生等译：《日美关系史》，世界知识出版社 2012 年版，第 59—60 页。

上而言，两国的战略必将发生冲突。

"一战"爆发后，日本利用列强忙于欧洲战场无暇东顾的时机，积极扩张在华权益，引起美国对日本的强烈戒心。尽管这一时期日美两国属同一阵营，但是在对华问题上，两者之间始终上演着协调与对抗的游戏。有学者表示"对日本而言，第一次世界大战与日后的亚太战争相同，先是日中两国的对立，同时还具有日美在中国问题上对立的性质"。①

就大的外交事件而言，"二十一条"、石井—蓝辛协定、西伯利亚出兵、新银行团贷款、巴黎和会以及华盛顿会议被认为是这一时期日美在中国问题上的几次重大交锋而受到诸多研究者的关注。② 其中，"二十一条"的提出被看作是日本失信于美国，招致在华美国人对日反感的重要契机。此后石井—蓝辛协定以及西伯利亚出兵，都以美国向日本妥协而告终，但新银行团贷款、巴黎和会以及华盛顿会议则被看作是美国在华问题上对日本的反击。尤其是华盛顿体系，被看作是美国主导下的反日协调体制。

在诸多外交事件之下，如何理解这一时期日美在华的利益纠葛？中国史学界一般将其放在各国对华态度中加以关注，但鲜少有专门性的研究成果。在早期的帝国主义侵华史研究中，丁名楠等学者曾注意到"一战"期间日美两国因贷款和中国参战问题存在对立与妥协；③《日本侵华七十年史》中也设专节书写"一战"后英美与日本在华展开的角

---

① 山室信一『複合戦争と総力戦の断層——日本にとっての第一次世界大戦』、94頁。

② 从日美关系的角度进行探讨的研究，以日本及欧美学者为多。中国社会科学院近代史研究所的《日本侵华七十年史》（中国社会科学出版社1992年版），提到了日美在"一战"结束后的若干竞争，但对于双方的政策制定过程及人的影响几乎没有涉及。日本方面，高原秀介『ウィルソン外交と日本　理想と現実の間　1913—1921』（創文社、2006年）是近十年来论述"一战"时期日美外交关系比较突出的研究成果。该著以"二十一条"、石井—蓝辛协定、西伯利亚出兵和巴黎和会为具体事例，分别叙述了日美两国在这几次重大事件决策中的应对过程。尤其值得肯定的是，高原注意到人在决策过程中的影响因素，对"二十一条"交涉过程中美国国务卿布赖安、美国驻华公使芮恩施、美国国务省远东部部长威廉姆斯等人的基本对华对日认识进行了简述。不过由于该著的着重点在于美国，所以对日本决策过程中人的因素着墨过少，这也是本书将着力加强论述的部分。

③ 丁名楠等：《帝国主义侵华史》第2卷，人民出版社1986年版，第488—502页。

逐，把新国际银行团、策动遣散和摧垮皖系军阀控制的"参战军"作为英美阻止日本独霸中国在战后采取的两个攻势。① 另有研究以山东问题为例，通过对日占山东以及巴黎和会上美国态度的分析，认为日美两国在侵华问题上的对立由来已久，其矛盾贯穿山东问题的始终。②

日本学者在这一领域涉猎较早。20世纪50年代初，具岛兼三郎即撰文探讨从"一战"爆发到华盛顿会议召开日美在中国的争霸战。③ 该研究以巴黎和会为界，把日美在华的竞争分为前后两个阶段，认为巴黎和会以前，日本在对华问题上处于上风，虽与美国屡有冲突，但皆以美国的妥协而告终；此后，美国通过新国际借款团开始反击，并于华盛顿会议上以九国公约取代了日本一向看重的日英同盟，通过扶植直系军阀，与日本扶植的皖系军阀形成对立，介入中国的政争之中。具岛的贡献在于把中国问题及中日关系放在国际关系的大背景中进行考察。④ 此后，随着日本、美国、英国外交档案以及威尔逊、蓝辛等个人档案及文件的公开，日本学术界在"二十一条"交涉、山东问题、巴黎和会、五四运动等"一战"期间与中国有关的重要议题上，均出现了考察美国态度以及日美交涉的研究成果。⑤ 这些研究多从日本史或美国史的角度，为了解"一战"期间东亚国际环境的变化提供了依据，但同时也衍生出另一个研究需求，即如何理解这

① 中国社会科学院近代史研究所：《日本侵华七十年史》，第191—197页。
② 姚波：《从第一次世界大战后的山东问题看美日矛盾》，《四川大学学报》（哲学社会科学版）1995年第1期，第82—90页。
③ 具島兼三郎「中国における日米争覇戦——第一次世界大戦からワシントン会議まで——」、『法政研究』第22巻第1号、1954年10月、1—22頁。
④ 这一点从具島兼三郎「日中関係と国際情勢——日露戦争から太平洋戦争まで——」（『国際政治』第15号、1961年、1—16頁）也可得见。
⑤ 在"二十一条"方面，比较有代表性的研究成果有細谷千博「『二一要求』とアメリカの対応」、『一橋論叢』第43巻第1号、1960年1月；池田十吾「対支二一ヶ条要求と米国の態度（一）」、『日本政教研究所紀要』第4号、1980年3月、6—30頁；池田十吾「対支二一ヶ条要求と米国の態度（二）」、『日本政教研究所紀要』第5号、1981年2月、20—60頁；高原秀介『ウィルソン外交と日本　理想と現実の間　1913—1921』。巴黎和会与山东问题，从日美关系角度进行考察的成果主要有申書野「パリ講和会議と日米中関係：『山東問題』を中心に」、『国際公共政策研究』第9巻第2号、2005年3月、189—206頁。

种变化对中国乃至日本对华政策的影响？

在新近的研究中，笠原十九司尝试从东亚国际环境变化的视角重新探讨了"一战"期间中国的民族运动。该研究注意到日美两国在"一战"期间对中国造成的影响，并提出一个很有意思的观点，"日本在'二十一条'问题上的外交策略，不但让英美两国决心牵制日本在华的领土扩张，也衍生出其对北京政府抵抗政策与中国反日运动采取同步与援助对策的构造。这种构造在日后反对中日军事协定、收回山东主权运动以及五四运动中变得更为明显"。① 不过遗憾的是，笠原并没有就这种构造是什么，以及如何运用在中国的抵抗政策和反日运动中做出进一步的阐释。

王立新在研究美国对华政策时曾指出要明确"美国在中国的利益是什么，其在华外交目标的优先秩序，以及如何实现"。这种方法同样适用于考察"一战"时期日美两国在华的竞争。在目前就"一战"前后美日对华关系研究方面，已出版的著作多从国家外交层面论述两国对华外交的缘起与发展，并注意到了美日之间的矛盾和斗争。② 就大的线索而言，现有研究已经就中日美之间的外交活动作了比较详尽的梳理，但微观层面的研究仍有诸多空白点。其中国家外交决策中"人"的因素，尤其是美日两国在华人士的活动，以及他们与政府外交政策之间的关系即为其中之一。

近年来学术界对"一战"时期日本人的美国认识，出现了一些研究成果，③ 为理解"一战"时期日本的外交政策提供了感性认识的一

---

① 笠原十九司『第一次世界大戦期の中国民族運動』、131 頁。

② 在第一次世界大战爆发前，美国已经在承认中华民国、善后大借款、中日"二十一条"交涉等问题上显现出与日本不同的对华外交策略。与该论题相关的主要研究成果有：五百旗头真编著，周永生等译《日美关系史》，世界知识出版社 2012 年版；孔华润（Warren I. Cohen）著，张静尔等译：《美国对中国的反应——中美关系的历史剖析》，复旦大学出版社 1989 年版；罗伊·沃森·柯里著，张玮瑛、曾学白译：《伍德罗·威尔逊与远东政策 1913—1921》，社会科学文献出版社 1994 年版；臧运祜：《近代日本亚太政策的演变》，北京大学出版社 2009 年版等。

③ 比较有代表性的研究成果有西田敏宏「幣原喜重郎の国際認識——第一次世界大戦後の転換期を中心として——」、日本国際政治学会編『国際政治』第 139 号、2004 年 11 月；长谷川雄一编著『大正期日本のアメリカ認識』、慶應義塾大学出版会、2001 年。

面。但是，相应的，美国人尤其是在中国问题上发挥作用的美国人的日本认识如何，目前研究成果并不多见。本书注意到在对中国问题中，日、美领导人的决策与在华日、美人之间存在互动，虽然他们之间的立足点未必完全一致，但这种"人"的因素在特殊的国际背景中亦会对国家的外交决策发生影响。

三　日本对华的文化政策

在美国学界，日裔美国学者、哈佛大学历史系教授入江昭是研究美国对外关系史的名家。他较早地把文化引入国际关系研究领域，并通过对美国与东亚关系的研究揭示文化在国际关系中的重要性。他认为 20 世纪 20 年代的国际关系不仅取决于军事和经济事务，而且同样取决于文化事务。[①] 尽管国家实力和经济利益是国家事务和国际事务的更基本的决定因素，而且 1929 年爆发的巨大的经济危机"摧毁了一切初露端倪的世界政治秩序，侵略战争和侵略暴行使任何意义上的国际共同文化化为泡影。但是，这并不能否定文化在本世纪 20 年代国际事务中所发挥的重要作用"。[②]

相较于美国学界对国际关系领域中文化因素的重视，在中日关系史研究领域，文化相对于军事和经济而言，尚属研究的薄弱环节，而且问题的预设，大多在于揭露这些文化社会事业"在日本军阀侵华的过程中，成为一种无形的武器"，[③] 强调"文化侵略"。

20 世纪 80 年代，黄福庆曾以近代日本在华的文化及社会事业为题，分别对东亚同文会、同仁会、1923 年的"对华文化事业"以及日本的新闻传播事业等近代日本在华比较有代表性的文化活动做了大致的梳理。2005 年北京昆仑出版社推出一套《日本对中国的文化侵略研究丛书》是中国大陆史学界第一次把日本的文化政策作为研究对

---

① 入江昭著，王建华译：《用文化方法研究外交史》，《现代外国哲学社会科学文摘》1991 年第 5 期，第 21 页。

② 同上。

③ 黄福庆：《近代日本在华文化及社会事业之研究》，"自序"，台北"中研院"近代史研究所 1982 年编印，第 1 页。

象的专题性研究成果，包括王向远的《"笔部队"和侵华战争——对日本侵华文学的研究与批判》《日本对中国的文化侵略：学者、文化人的侵华战争》《日本右翼言论批判——皇国史观与免罪情结的病理剖析》和齐红深的《日本对华教育侵略：对日本侵华教育的研究与批判》四部。该套丛书的定位是"从深层文化视角，透视并反思日本侵华战争，史论结合地研究日本右翼学者、文化人配合侵华日军对中国实施的各种'文化战'：思想宣传战、学术情报战、奴化教育战、新闻舆论战、语言文化战、宗教文化战、文学艺术战等"。① "把日本侵华史研究的范围集中深入到文化范畴，追根溯源，从文化的方方面面对日本文化侵华罪行进行尖锐批判"。②

近年来，随着研究的深入，出现了一些与文化政策相关的研究成果，但讨论范围大都集中在抗日战争时期，研究对象也更多集中于"奴化教育"、满铁的电影宣传等具体内容上。③

对于1923年日本出台的"对华文化事业"，目前中国学界鲜见专题性研究。东北师范大学孙颖的博士论文，以东方文化事业总委员会与日华学会的活动为考察对象，对该项事业的文化侵略性质进行了分析。④

日本学界对1923年出台的"对华文化事业"的研究，以阿部洋和山根幸夫两位学者为代表。阿部洋以教育问题为讨论的中心，把该事业的形成与发展划分为三个阶段，尤其侧重于描绘该项事业在实施中与中国的摩擦，以及逐渐发生变化的过程。他注意到日本的对华文化事业的形成受到了欧美列强，尤其是美国类似文化事业的影响，是

---

① 《日本对中国的文化侵略研究丛书》策划者语。

② 张泉：《文化：日本侵华史研究中有待深化的领域——评〈日本对中国的文化侵略研究丛书〉之两种》，《抗日战争研究》2009年第3期，第148页。

③ 李娜的博士论文《满铁对中国东北的文化侵略》（吉林大学，2009年）和李晶的硕士论文《"满映"与日本对中国东北地区的文化侵略》（吉林大学，2010年），都属于这类研究。

④ 孙颖：《二十世纪上半叶日本的"对支文化事业"研究——基于"东方文化事业"总委员会与"日华学会"》，博士学位论文，东北师范大学，2008年。

在与美国的竞争中开展起来的。[①] 但遗憾的是，阿部洋只是对日美两国在教育、留学等文化事业方面的情况进行了比较研究，而缺乏对日美两国竞争内容以及对日本对华政策产生影响过程的展开及分析。而且也没注意到"一战"背景下，日本通过政府力量，把对华文化事业从民间活动转变为政府行为的事实。

山根幸夫对"对华文化事业"的考察，在于对其几项重要内容如北京人文科学研究所、上海自然科学研究所、东方文化学院、北京近代科学图书馆、在上海日本近代科学图书馆成立经纬的梳理，是对该事业所谓"中日交流"目的的批判性考证。

综上所述，无论是国内或者国外的学者都侧重"文化侵略"或者"文化交流"具体内容的研究。其中王向远的《日本对中国的文化侵略：学者、文化人的侵华战争》更是跨度数百年，共分十四章对以学者、文化人为主体的文化侵略进行了综合的分析。该书的前七章以从数百年前谈起，选取日本历史上具有代表性的文化人物如：近松门左卫门、佐藤信渊、吉田松阴、福泽谕吉、德富苏峰、中高端、酒卷贞一郎、樽井藤吉、小寺谦吉、北一辉、大川周明、内藤湖南、白鸟库吉、桑原骘藏、服部宇之吉、矢野仁一、有高岩、秋泽修二等，以及他们的言论，对日本侵华思想的历史渊源进行了分析和归纳。后七章则是以专题研究的形式分门别类地对日本在华进行的思想宣传战、新闻舆论、情报组织、奴化教育和宗教文化做了详细的研究。但是，这些研究存在着不足之处，具体而言有如下几点。

第一，概念上的混淆。对民间的文化活动与作为国家政策的"文化侵略"混为一谈。依然以昆仑出版社的丛书为例。其对"文化侵略"这一词语本身，没有注意到它所具有的历史意义。"文化侵略"是瞿秋白从苏俄回国之后提出的概念，其本身就是一个历史产物。目前许多的相关研究注意不到民间活动与政府政策之间的区别，以及从民间舆论到政府政策转变的过程。

---

① 阿部洋『「対支文化事業」の研究—戦前期日中教育文化交流の展開と挫折—』、「緒言」、汲古書院、2004 年、V 頁。

第二，对"文化侵略"或"文化政策"在实施中的具体内容关注有余，缺乏对这些内容背后所隐含的政治、经济和军事背景的深入分析，使得研究尚停留在现象层面。

第三，忽略文化政策产生的背景和过程。正是因为存在上述不足，所以大部分研究对日本在华民间文化人的活动做一个时间分段，但是对于作为日本政府行为的"文化侵略"的产生过程没有进行论述。有学者强调"'文化'被用来为武力侵略服务的时候——包括事先制造侵略他国的思想舆论，对将来武力侵略他国的可能性和必要性进行种种学术意味的设想、研究和论证；或在战争中为侵略进行宣传、辩护；或在占领他国的条件下，以奴役被侵略国的人民为目的，蓄意歧视、污蔑、毁损、破坏、掠夺对象国的文化，并将自国的思想观念、宗教信仰、文化设施、自国的语言文学等强加于对象国——这些'文化'的行为都构成'文化侵略'"。① 笔者同意"'文化'被用来为武力侵略服务的时候，这些'文化'的行为都构成'文化侵略'"的看法，但因为历史学是具有强烈时间概念的学问，对于文化行为上升为国家政策的历史过程，笔者认为还是有必要结合当时的历史背景，具体问题具体分析。

本研究着重于日本对华文化政策形成过程的研究，而并非仅仅局限于文化政策方面。试图从历史整体发展和历史事件互相关联的角度予以关注。从这一意义上讲，本研究的开展离不开已有的相关研究成果。许多学者在五四运动史、中日关系史、远东国际关系史以及山东地方史研究积累了丰富的成果，可以说这些都为本研究提供了坚实的学术基础，使笔者能对相关问题展开深入讨论。

第三节　研究资料与结构

本研究试图从历史整体发展和历史事件互相关联的角度，着重于

① 王向远：《日本对中国的文化侵略：学者、文化人的侵华战争》，昆仑出版社 2005年版，第 4 页。

日本对华文化政策形成过程的研究，而非仅仅局限于文化政策的文本分析。在研究中，大量采用中、日、英文原始资料，既可以互相补充，进一步揭示历史事实的全貌，又可以通过对比，分析面对同一事件时，中国、日本、美国的不同反应，呈现出历史事实的不同面相。

中文资料主要有保存于国内各大图书馆的报刊资料，山东省、济南和青岛出版和保存的档案、报纸以及出版的资料汇编，还有港台出版的资料集。其中利用最多的中文资料有以下几种：台湾中研院近代史研究所编辑出版的有关中日关系的史料，包括《欧战与山东问题》《巴黎和会与山东问题》《中日关系史料 二十一条交涉》（上、下），山东省历史学会编辑的《山东近代史资料》、青岛市档案馆编辑的《帝国主义与胶海关》等。此外《申报》《盛京时报》《东方杂志》《台湾日日新闻》等报道从不同角度比较完整地还原了反日运动的历史事实。

日文资料主要包括日方调查资料、档案、日记、报刊文献等。日本外务省组织汇编的《外交文书》、亚洲历史资料中心提供的外务省外交史料、国立公文馆藏史料以及防卫省防卫研究所保存的陆军材料，都是研究日本外交问题和中国问题必不可少的资料。日本各种历史人物传记或日记如《原敬日记》《小幡酉吉传记》《加藤高明》《船津辰一郎》《秋山雅之介传》等对于本项研究有重要的参考价值。此外神户大学所藏的旧日文报纸，如《大阪每日新闻》《东京日日新闻》《国民新报》等为了解日本舆论界的动向提供了佐证。

英文资料中，除美国外交文书（FRUS）、美国国家档案馆微缩资料329，中国内部事务1910—1929（Records of The Department of State Relating to Internal Affairs of China，1910–1929）和英国外交部档案（FO）以外，还参考了中国国家图书馆藏的威尔逊文件（The Papers of Woodrow Wilson）、美国在华传教士费启鸿（George A. Fitch）等人的中国回忆录、中国社会科学院近代史研究所收藏的美国在华报人密勒（Millard F. Tomas）、克劳（Carl Crow）的专著、《教务杂志》等已刊资料。电子资源中，明尼苏达大学收藏的传教士报告、Proquest历史报纸：近现代中国英文报纸库中收录了《大陆报》（The China Press）、《密勒氏评论报》（Millard's Review）等在华美国人经营的报纸和《纽约时报》（*New York Times*）等美国国内的主流报纸；Proquest 博硕士论文索引数据库收录了人文社会科学专辑论文。

借助这批历史文献资料，笔者确立了新的问题意识，从惯有的认识框架和成说之外去发现历史，沿着新的路径去扩充、丰富以至重构历史叙述。

日本对华文化政策是"一战"后日本对华政策调整的产物，与当时远东国际政治格局的调整密切相关，尤其是日美关系。本书以日本对华文化政策的形成为研究对象，从远东国际关系格局的宏观框架，论述了日本对华文化政策形成的源头和过程，并对其成效做了剖析，阐明了该政策与日美在华竞争之间的关系。

本书的主要观点是：日本对华文化政策源于"一战"爆发东亚政治格局的变化。德国势力的衰落使山东成为列强在华利益争夺的主要场所，一方面日本占领胶州湾扩展势力，试图以山东为跳板控制华北，进而控制整个中国；另一方面英美势力尤其是美国则坚持门户开放政策，强调利益均沾。这种经济利益的冲突导致了日英美关系的调整，文化成为服务于经济利益的工具。英美人利用自身的文化优势和在华的文化机构，参与、支持中国人的反日运动，利用中国人的民族主义和爱国主义，反对日本的帝国主义，从而遏制日本在中国的势力。作为应对措施，日本开始调整对华政策，从对中国的"经济提携"转向"文化提携"。列强在文化势力上的竞争进一步加剧，成为"一战"后东亚政治格局重构不可忽视的内容。

本研究由七章内容构成：第一章，"一战"爆发与日占山东；第二章，"二十一条"与美国对华政策的调整；第三章，反日运动中的英美人——基于五四时期驻鲁基督教青年会及英美人士的考察；第四章，日美在华舆论战；第五章，中国的反应：反日运动中的《益世报》案；第六章，"一战"后日本民众对中日亲善的思考——以郭春秧提倡的孔教运动为中心的考察；第七章，日本退还庚款与对华文化事业的出台。

第一章："一战"爆发，日本借助日英同盟之名义出兵山东。由于英国主要精力被牵制在欧战，无暇东顾，日美成为在山东竞争的主角。日本一国独大的策略严重威胁到美国门户开放政策，引发日美之间的冲突。围绕山东利权的竞争成为"一战"后日美在华全面竞争的开端。

第二章："二十一条"的提出是日本失信于美国，引起美国对日、对华政策进行调整的重要契机。威尔逊总统鉴于美国在对日、对华问题上存在不同意见，掌握了其个人在对华问题上的决策主动权。威尔逊的对华政策素来有"传教士外交"之称，传教士对其中国认识的影响有时具有决定性的作用。与此同时，他还注意在意识形态上提高美国对华的影响力。驻华公使芮恩施忠实地执行了威尔逊的对华外交思想，他配合威尔逊，自上任之初便注意对华文化事业的发展，其中既包括对领事制度的统一，也包括与美国在华报人和传教士的互动。可以说，"二十一条"以后，除了美国政府内部的决策层以外，在华传教士与报人也走近了美国对华政策的决策圈。这也是"二十一条"以后美国形成的援助中国反日运动的基本构造。

第三章："一战"后日本对华的扩张政策引发了中国的反日运动，同时与美国也形成商战之势。本章以五四运动时期美国传教士对反日活动的介入为例，梳理了美国传教士利用已有的文化势力在山东支持并参与中国人的反日运动，利用中国人的民族主义和爱国主义，反对日本的帝国主义，牵制日本在华发展的全过程。在山东美国传教士的活动循序渐进，从暗中煽动到资金支持，最终通过与美国政府官员的联系使其反日活动带有了政府参与的性质。日本在华领事及驻守山东的青岛守备军意识到这一问题，亦积极开展应对之策，通过官方力量实行文化政策的思想开始萌芽。

第四章：早在20世纪初，以密勒为代表的密苏里新闻帮的美国报人开始在中国活跃。他们凭借新闻记者的敏锐，注意到美国在华利益的重要性以及与日本野心的冲突。"二十一条"以后，以总统威尔逊和驻华公使芮恩施为代表的美国对华决策层开始有意识地组建在中国的宣传网络，主要目的是扩大在华的影响，这其中虽然并未提出专门针对日本，但基础性网络的建立为以后的舆论发动做好了准备。威尔逊总统所提出的民族自决等十四点和平原则，广为中国人所熟知，朝野上下对美国的好感逐渐增加。对于将要举行的巴黎和会，中国寄望于美国，希望能通过美国的支持，收回被日本侵占的山东。巴黎和会中国外交失败的消息传回国内，激发了国内早已存在的反日情绪。在华美国报人配合中国反日情绪，积极宣传美国主义，抵制日本在华扩大影响力。美国在华的反日宣传获得了中国人的好感，并给日本造成了舆论压力。

第五章：《益世报》案是巴黎和会中国外交失败引发的反日运动中的一个舆论事件，也是"一战"期间日美在华舆论战的一个组成部分。该案的处理过程体现了中国官方以及舆论界所代表的知识分子在面对日美在华竞争时的诉求。对《益世报》而言，其面临的是对中国外交事务的参与以及与《顺天时报》的话语权之争。在美国驻华外交官及舆论界人士看来，这是美国发展在华舆论，获得与日本同等在华舆论权利的有效途径。

第六章："一战"后中国反日运动的兴起，尤其是欧美势力的介入，使日本社会亦开始思考中日亲善之问题。日本人一直将西方的文化优势归结为基督教的力量。而中国和日本自清末以来即不断有东洋与西洋对抗的事情发生。"一战"后，在日本的殖民地台湾和势力范围福建一度盛行的"孔圣大道会"等儒教结社，使部分日本知识分子和在日华人重新认识到孔教的力量，希望以此作为中日亲善的基础和对华文化政策的试行。

第七章："一战"期间日本对华文化政策的构想开始形成。但该政策得以实施的财政保证是日本退还中国的庚款。通过对庚款问题在日本讨论过程的梳理，可以知道日本对庚款的处理经历了从消极到同意缓付、从同意缓付对放弃的过程，而放弃庚款用之于文化事业，则反映了"一战"背景下美国在华文化影响力的提升对日本调整对华外交政策的影响。

第一章　"一战"爆发与日占山东

1914 年 7 月底至 8 月初，第一次世界大战在以英、法、俄为首的协约国与以德、奥为首的同盟国之间爆发。8 月 8 日，山县有朋、井上馨、大山严、松方正义等日本元老与大隈内阁联合召开会议，确认"此次欧洲大乱是大正时代发展日本国运之天佑，日本全国上下应立即团结起来享受此天佑"。[①] 以参谋本部为中心的陆军中坚层，如时任参谋长官的明石元二郎、后来担任原敬内阁陆军大臣的田中义一等人也因第一次世界大战的爆发，积极寻求陆军在政治上的独立。田中义一把德国作为交战假想敌，认为德日之间的矛盾还在于对华产业的发展，日德之战与日本在华权益的扩张紧密相连[②]，提出以胶州湾问题（又称山东问题）为契机，从根本上解决中国问题，即在中国确立日本独一无二的地位。1914 年 8 月 15 日，日本对德宣战，占领青岛，并接管了德国在胶州湾的权益。日本的行动打破了山东地区已有的德国独大日英美之间的均势，引起英美两国的忌惮。此后一段时间内，争取欧美国家对日本在华特殊利益的承认成为日本外交的主要目的。

由于英国主要精力被牵制在欧战，无暇东顾，日美成为在山东竞争的主角。日本一国独大的策略严重威胁到美国门户开放政策，势必引发日美之间的冲突。围绕山东利权的竞争成为"一战"后日美在

---

① 大隈侯八十五年史編纂会編『大隈侯八十五年史』第 2 卷、原書房、1970 年、152 頁。

② 伊勢弘志『近代日本の陸軍と国民統制——山県有朋の人脈と宇垣一成——』、校倉書房、2014 年、217 頁。

华全面竞争的开端。

第一节　日占山东之由来

日本为何急于参战，除日本内外交困的政治背景以外，“扩大在华权益”是目前学界对这一问题的共识①。具体而言，解决满洲问题，以山东作为与中国谈判的筹码，是以往研究考察日本占领山东问题时着重考虑的历史背景②。

从此后中日关系的历史发展来看，这一结论或许反映了当时日本对华政策中的核心目标，但同时也忽略了“一战”爆发以前日本在山东的活动事实。换言之，“一战”爆发给日本创造了出兵山东的机会，但并不意味着这是一次偶发的事件，有必要从甲午战后日本对山东持续不断的调查与对其军事、经济地位上的考量，去理解一百多年前日本选择山东作为进一步侵华途径之原因。

一　甲午战后寻找军港

甲午战争爆发以后，1895 年 1—2 月，日本陆海军联合进行夹击作战，2 月攻陷清朝北洋海军的大本营威海卫，4 月 17 日，日本与清政府签订《马关条约》，凭借“听允日本军队暂占守山东省威海卫”之条款，第一次以军事占领的形式将势力伸进山东。至 1898 年 4 月英国实施租借，日本在威海卫占领了大约三年时间。

当时占领威海卫是伊藤博文的建议，目的是在不引起外国干涉的前提下歼灭北洋舰队，并未注意到山东本身的价值。占领威海卫以后，1895 年 12 月，日本外务省获得消息称俄国向清政府提出租借胶

① 中国社会科学院近代史研究所：《日本侵华七十年史》；黄尊严：《日本与山东问题 1914—1923》，齐鲁书社 2004 年版；池井優「山東問題、五四運動をめぐる日中関係」、慶應義塾大学法学研究会『法学研究』第 43 卷第 1 号、1970 年 1 月、215—234 頁。

② 奈良岡聡智『対華二十一か条要求とは何だったのか　第一次世界大戦と日中対立の原点』、名古屋大学出版会、2015 年、4 頁。

州湾作为冬天停泊舰队的港湾。① 鉴于以往俄国人在中亚先干涉、再保护，最后吞并的惯用手段，日本担心"俄国人必定不止冬季泊船，定会找一借口寻求永久借用，若不成也应该会在哈萨克游牧地区找一块清俄边境甚无用处的地方作为与胶州湾交换的谈判条件。获得胶州湾以后，再以此为根据地乘机蚕食山东"。② 为遏制俄国在胶州湾的活动，日本外务省派精通汉学的日本驻北京公使馆书记官中岛雄对胶州湾进行调查。换言之，日本对胶州湾的关注，最初是缘于甲午战后对俄国在华势力的牵制。

12 月 15 日，由中岛雄撰写的《胶州湾图说》交到了日本外务省大臣的手中。该报告不但对胶州湾的地理位置作了介绍，还分别介绍了英国和美国早年对该处的地理探查结果。1860 年英国军舰苏卡罗号上的测量官和他的属下曾经在该地进行实地测量，英国海军本部还在当年 10 月出版的第 857 号海图上将此处标示为该海域最好的抛锚地。中岛雄对英国的调查甚为称赞，同时以清朝内阁大学士、直隶总督兼北洋大臣李鸿章的奏折为例，认为"胶州海澳宽深、口门紧曲"，在此处设防非常重要。他称，"去年（1894）春天李鸿章检阅北洋海军的归途巡视胶州，察看炮台工事。如果胶州湾水浅不利于停泊军舰，清朝又何苦在国库甚为不如意的情况下额外支出费用修筑炮台呢"③。由此，中岛雄尽管没有亲临胶州湾探查，但凭借对中英两国文献文本的剖析得出结论：胶州湾适合做军港。

其次，在调查胶州湾相关资料的同时，精于汉学的中岛雄还注意到山东本身的商业价值。这一点不同于当时身处日本本国的伊藤博文等官僚。他仔细考察古代山东的历史，了解到"原本山东省只有泰山等山脉，南北各一半及西边全部与大陆相连，没有高山峻岭，太古时

---

① 「外務省より露国艦隊膠州湾を以て繋泊とする計画あるの通知」、JACAR（アジア歴史資料センター）Ref. C06060523000、明治 29 年「日清事件綴込 秘密」（防衛省防衛研究所）。

② 「2. 露国ノ膠州湾租借」、JACAR（アジア歴史資料センター）Ref. B03041154200、各国ノ清国土地租借要求雑件（1 - 4 - 1 - 11_ 001）（外務省外交史料館）。

③ 同上。

候是海中的一处小岛。之后黄河的淤沙堆积，半岛也就是北部一半成为靠近渤海的土地，东部及南部一半成为靠近黄海的土地"。从而得出结论"在清国，山东省应该说是一个海国。……而且物产丰富"。中岛通过顾炎武的《天下郡国利病书》，了解到"济南东兖颇为富庶"，又根据1891年12月31日芝罘税务司（英国人）向总税务司赫德（Robert Hart）的报告，确信"山东各地产粮食、绢布、煤炭和黄金，胶州若应用泰西学理从事殖产兴业，则不难生产出平时所不可欠缺之物产。将这些地方作为背后地方，前面就是黄海、日本海、中国海以及东南洋，一水汪洋，可以畅行无阻直捣各处"。进而借用1893年伦敦出版的政府年鉴的调查结果，确定此地"身为孔孟之乡，到今日其人民与奉天以外的直隶、江苏、浙江、福建、广东等沿海省相比文人学士较少，劳动者较多，喜欢争论的文人学士少，孜孜不倦只为赚钱的劳动人民多，非常适合外国人蚕食施政"。通过以上对山东情况的了解，中岛雄认识到山东的价值：若以胶州湾为根据地蚕食山东半岛，凭借丰富的粮食、煤炭，足以接济远征日本、中国两海及东南洋各处的军队。①

中岛雄对胶州湾乃至山东的观察主要基于古今中外的各种历史文献，虽然不是实地考察，但涉猎广泛、全面，所以对山东的认识具有一定的准确性。

中岛的报告发表后不久，1896年1月日本芝罘的领事久水三郎出于对俄国行动的顾虑，利用在山东的日本人对胶州湾进行考察，确认俄国在当地的活动情况，并向外务次官原敬发去了报告：②

1896年1月29日至2月3日六天时间内从胶州城巡视了胶

---

① 「2. 露国ノ膠州湾租借」、JACAR（アジア歴史資料センター）Ref. B03041154200、各国ノ清国土地租借要求雑件（1－4－1－11_001）（外務省外交史料館）。

② 「2. 露国ノ膠州湾租借」、JACAR（アジア歴史資料センター）Ref. B03041154200、各国ノ清国土地租借要求雑件（1－4－1－11_001）（外務省外交史料館）。相同的报告可见外务次官原敬「外務省より 清国山東省膠州湾視察の件報告」、JACAR（アジア歴史資料センター）Ref. C03023058100、密大日記 明治29年（防衛省防衛研究所）。

州弯左岸一带，即吉沽滩、沧口、青岛约 140 里地，调查俄国舰队来泊的情况，确认没有该舰队冬季曾在此停泊。位于左岸的青岛这一地方曾有一艘俄舰前后来过两次。第一次是阴历的 9 月 27 日停泊了五天，对该岛附近的海潮高度、该岛的陆地进行了测量，然后离开。第二次是同年 10 月 16 日，短暂停泊后出港，两次都没有什么特别的举动。此后再无入港之事。而且陆面也不见有任何施工迹象。

同年（1896）4 月 16 日，来自芝罘电报对俄国舰队此后在胶州湾的动向进行了追踪调查，查清当时没有俄国舰队在此长期停泊、建筑兵营。

芝罘的这次调查是日本外务省第一次通过日本人进行的对山东的实地考察。在这份报告中，芝罘领事馆对胶州湾附近的环境评价并不高：

胶州湾周围的海面都是浅滩，无法停泊舰船，加上从胶州城到江湾一带船舶停泊地都是极贫寒的地方，不见一家富商。现在距胶州城 17 里地的地方有一个码头，只停泊了十七八艘中国帆船，都是把该地方产的豆饼、花生运往南方用的。从位于胶州湾左岸的吉沽滩至沧口地界约 40 里地之间，多少能看到中国船只在各处停泊，但是沿岸一带大抵 3 里或 5 里结冰，无法靠近入泊的商船陆地。靠近陆地只能被冻掉。渔船亦如此。这 40 里地之间，沿岸的盐田极多，生产出大量的盐。虽然除冬天以外，可以直接从沿岸搬到船上，不过眼下都是从位于南面的沧口通过船只运出。沧口位于青岛北面，距青岛有 35 里，海稍深一些，没有结冰的烦恼。大概有 40 多户人家，嵩武军副中营的军队在此驻扎。青岛海底深，舰船都能靠岸，可以停泊。岛上有 50 多户人家，东南驻扎有三处嵩武军，所以岛上人家多半是驻扎兵的妻子。胶州湾西面虽然建有一连串的炮台，但是却没设一个大炮，而且炮台几乎全都遭到破坏，破烂不堪。只有南面山上的炮台似乎作了一些修缮。码头附近停有七艘商船,一艘是从宁波来的,其余的六艘都是北方的商船。

此外别无什么值得看的。岸上就只是贫困的农村,即便有几艘军舰来泊也不能永久停泊。(若舰队在此停泊,连平常所需的物资都无法在此处收集。然而胶州湾规模庞大,湾内平稳适宜舰队停泊,可以说是华北唯一要湾)。①

该报告再次确认了胶州湾的军港价值,但是对于其周围的山东腹地,认为"别无什么值得看的"。

在接下来的时间里,对山东的地理、风土、物产等情况的调查主要由陆军方面的日本威海卫占领军进行。②

1897 年 9 月 21 日至 11 月 29 日,日本威海卫占领军派出步兵第七联队到胶州湾东海岸进行考察,目的是调查胶州湾东海岸一带及芝罘到达威海卫的路线以及从威海卫经梅阳县到达芝罘的路线、距离,为军队作战和提供给养进行基础调查。军中专门负责测量的志田梅太郎曾经绘制过这一路线的简略地图,所以此次旅行的一个任务就是视察、确认该地图上的所有军事地点,最终由陆军步兵中尉河上清吉汇报成《胶州湾东海岸旅行报告》。③

同一时期,陆军步兵中尉桥本仙也在日本威海卫占领军的命令下开始对山东进行调查。1897 年 9 月 21 日至 11 月 25 日,桥本对胶州湾附近各个村落的地理位置、河流、人口、风土人情等进行调查,并

①「2. 露国ノ膠州湾租借」、JACAR(アジア歴史資料センター)Ref. B03041154200、各国ノ清国土地租借要求雑件(1-4-1-11_001)(外務省外交史料館)。同時海軍方面,高雄舰长小田亨在《海参 59 号 芝罘港视察报告》(「海参 59 号 芝罘港视察报告」、JA-CAR(アジア歴史資料センター)Ref. C06061779000、従明治 27 年至明治 29 年「海軍報告其の3」(防衛省防衛研究所))中报告了几乎相同的内容(括号内为高雄舰长报告),指出了胶州湾在军事上的价值。

② 1897 年 5 月 27 日山东省文登县及荣城县附近地理调查。参阅「威海衛占領軍より地理実査の件報告」、JACAR(アジア歴史資料センター)Ref. C03023092100、密大日記明治 30 年(防衛省防衛研究所)。

③「膠州湾海岸旅行報告送達の件(1)」、JACAR(アジア歴史資料センター)Ref. C10061653900、明治 31 年 官房 3 号編冊 3 冊の1(防衛省防衛研究所)。

制成了《清国山东省胶州湾地方旅行报告》。① 从报告中可以看出他们尤其看重的是胶州湾附近的军事防备情况，并作了详细的地图，标示出中国在当地的驻军及炮台地点。

很明显，这个时候日本对山东的考察还仅限于军事安全，占领威海卫也还仅仅是权宜之计，为的是获得更有益的政治利益。这一点从1898 年 2 月 18 日，日本外务省给驻英公使加藤高明的信中可以窥得端倪，即"坚持占领威海卫之权利，根据其他形势的变化处理"。② 所以对胶州湾乃至山东的港口及矿产、商业价值尚未形成清晰的认识。

二 三国干涉还辽与对山东利益的觊觎

对山东经济价值的关注与肯定，最初来自德国。早在 19 世纪 60 年代，德国曾经派出东亚远征团为寻找海外基地做准备。在这支队伍里，德国著名的地质学家李希特霍芬（Richthofen, Ferdinand von）发现了胶州湾。与日本的调查人员不同，专业的素养让他首先注意到的是山东丰富的矿产。在对山东整个的地理位置进行考察过后，他对该地区的宏观发展做出设想：铺设铁路、发展矿产、把胶州湾建设成为联结山东内陆与中国南北的要塞，而铺设铁路成为后续两项的前提。李希特霍芬的这一设想表现出他的经济性和战略性眼光，是中岛雄和日本威海卫占领军的调查团所不能比拟的。

尽管德国的这一调查行动并没有马上付诸实施，但 1890 年俾斯麦（Otto Eduard Leopold von Bismarck）下台后，德国便开始积极启动东亚扩张政策，甲午战争的爆发更刺激其加快步伐。1894 年及 1895年，德国驻华公使绅珂（Schenckzu Schweinsberg, Freiherr）连续两次建议将胶州湾定为德国在东亚的基地，同一时期，由于德国企业在中国的发展，以殖民地协会（Detusche Kolonialgesellschaft）为中心的政

---

① 「膠州湾海岸旅行報告送達ノ件（2）」、JACAR（アジア歴史資料センター）Ref. C10061654000、明治 31 年 官房 3 号編冊 3 冊の1（防衛省防衛研究所）。

② 「絶東事件ニ関シ卑見開陳並ニ請訓ニ及ヒタル理由具申ノ件」（3 月 26 日）、外務省編纂『日本外交文書』1898 年第 1 冊、日本国際連合協会、1954 年、411 頁。

府方面对海外市场有需求，1895 年之后公然要求在东亚获得一个基地。① 直到 1896 年 6 月梯尔匹茨（Tirpitz，Alfredyon）到达东亚接替霍夫曼的东亚舰队司令一职，情况才发生了变化。梯尔匹茨重新参考了李希特霍芬的报告，带来专家到胶州湾确认青岛是否适合修建港口、是否适合成为山东铁路的起点。②

梯尔匹茨认为"胶州湾是华北沿海从上海到牛庄一线仅有的优秀的自然港湾"，其优越的地理位置，将使其附近的进出口贸易更容易深入山东腹地乃至全省。不仅如此，梯尔匹茨还以一个军事家的角度从军事价值方面分析胶州湾，认为此港东端的深沟地带，在马儿岛和女岛附近有很多合适的地方可供建设港湾设施。青岛已有设防，但防御工事显然只是为了防备袭击，而不可能保卫住港湾的入口。青岛驻扎有 1500 名清军，远东舰队的登陆部队可以很容易地夺取这一地方。③

1896 年 11 月，也就是日本还在为俄国是否租借胶州湾而费神的时候，德国海军已经正式将胶州湾确定为占领的对象。占领胶州湾的计划由此进入实施阶段。1897 年 5 月，号称对中国港口最为熟悉的工程师佛朗求斯（George Franzius）奉德国东亚舰队司令棣利斯（Admiral Otto von Diederichs，梯尔匹茨的继任）之命，用 5 天时间对胶州的港湾和邻近土地做了最仔细的研究。他发现，充满港湾的泥沙是被溪流从附近的土地上冲来的，这些土地上连树木都没有。可以把这些溪流控制起来，从而使泥沙淤积，很快形成干燥的土地。港湾的面积可能因此而减小，但并无不利之处。对各个山丘重新进行绿化，会最终阻止泥沙的流失。海湾的大部分很浅，退潮时便出现许多干带，但港湾的入口处却很深，足以通过最大的远洋船舰。进入港湾后水面1000 米宽，有一处深水盆地的直径接近 2000 米。从这一盆地开始沿

---

① 大井知範「19 世紀末ドイツ帝国の膠州湾獲得」、『政治学研究論集』第 27 号、2008 年 2 月、51 頁。

② 「独逸の殖民地を膠州湾にとせし理由」、『神戸又新日報』1913 年 7 月 20 日。

③ 拉尔夫·A. 诺瑞姆著，照千译：《德国占据胶州》，刘善章、周荃主编《中德关系史文丛》，青岛出版社 1991 年版，第 348 页。

着东部海岸延伸着一条约 2000 米长、1000 多米宽的海沟，退潮时约有 6 米深。通过此次考察，佛朗求斯确定了在马儿岛、女岛和陆地之间建设港口，为德国占领胶州湾做好了技术上的充分保障。

1897 年 11 月，德国以曹州两名传教士被杀为由占领胶州湾，开始了对该地长达 18 年的统治。

德国刚刚占领胶州湾的时候，日本还在威海卫驻军，事实上还有在山东发展的可能性。法国一家报纸曾刊登社论称"日本在中国大陆拥有重要的利害关系，所以即便现在还未正式占领威海卫，此次也会占领。待日本从清政府那里拿到剩余的赔款之后，应该就会提出这个要求。如果清朝不答应，谈判将会永久搁置"①。

但是随着俄国继德国之后宣布占领旅顺、大连，在中国的国际势力格局发生了重要变化。在日本看来，"孤立不利于国家利益，他日应与一国或多个国家相提携，对待列强采取公平、不偏不倚之态度，加深相互亲睦之关系，以为他日进退自由创造条件"②。在这一决策过程中，日本驻英国公使加藤高明发挥了巨大的作用。

1898 年 3 月 16 日晚，加藤高明与英国殖民地大臣约瑟夫·张伯伦（Joseph Chamberlain，1836 – 1914）会谈。谈话中，张伯伦提到了英日同盟的可行性，并暗示虽然英国并不反对日本继续占领威海卫，但由英国在日本撤出后继续占领也非常值得日本政府考虑，婉转地表达了租借威海卫的想法。加藤高明对英国内阁官员的这一积极表态极为兴奋，次日（17 日）即电报日本外相西德二郎希望政府响应。

不过日本政府还在观察俄国妥协的可能性，所以在接到加藤的信后并没有急于表态。3 月 26 日，加藤高明再次致信日本外务省，称"日本政府总体来说对英国的该项提议是赞成的，只不过目前尚未到公开表示赞同的时机"，在英俄之间"俄国的目的在于反对日本利

---

① 「佛国雑誌論説情報ノ件」（1898 年 3 月 17 日、佛国駐箚栗野公使ヨリ西外務大臣宛）、外務省編纂『日本外交文書』1898 年第 1 冊、402 頁。

② 「絶東事件ニ関シ卑見開陳並ニ請訓ニ及ヒタル理由具申ノ件」（1898 年 3 月 26 日、英国駐箚加藤公使ヨリ西外務大臣宛）、外務省編纂『日本外交文書』1898 年第 1 冊、411 頁。

益，而英国政策却与日本不相悖"，因此建议与英结盟。①

在威海卫问题上，加藤始终主张英国对日本占领威海卫是欢迎的，但日本一旦接受清朝赔偿即失去继续占领该地之权利，不如让英国代为继续占领。且"英国占领威海卫有望平息舆论，此后还可应我方要求与我合作把俄国驱逐于大连、旅顺之外"。②加藤再次致信之后不久日本政府就决定与英结盟，放弃威海卫。4月2日，日本外相致信英国公使表示欢迎英国租界威海卫，作为附加条件要求在必要的时候英国给日本以援助。7月1日，中英签订威海卫租界条约，其中一条规定最终租期以俄国租借旅顺的租期为限。

日本在三国干涉还辽后失去了在满洲的落脚点，英国租借威海卫以后，又失去了当时在山东的落脚点，所以非常需要一个能与满洲保持贸易往来的中转站。芝罘（即烟台）是日本在山东最早设立领事馆（1883年）的地方，因此从甲午战争到日俄战争爆发的这段时期，对日本而言具有重要的交通及贸易意义。但是德国占领青岛以后，芝罘在山东的地位日渐衰落。1904年日俄战争以后，日本占领了旅顺、大连，芝罘在其对满洲战略意义上的地位也不复存在。在这种情况下，日本更密切关注的是在德国经营下逐步发展起来的青岛。

如前文所述，早在德国占领胶州湾之前，日本曾因为俄国的关系对青岛附近进行考察，不过当时由于以军方调查为主，所以忽视了它的经济价值。德国占领青岛尤其是德国相继获得铁路铺设权与铁路沿线矿山的开采权之后，铁路与矿山成为日本在山东最关注的内容。

日本外务省在1900年以后才开始有计划地在山东进行矿山调查活动。③1902年，为调查中国矿产情况，日本外务省特派农商务部技

---

① 「絶東事件ニ関シ卑見開陳並ニ請訓ニ及ヒタル理由具申ノ件」（1898年3月26日、英国駐箚加藤公使ヨリ西外務大臣宛）、外務省編纂『日本外交文書』1898年第1冊、405—411頁。

② 同上。

③ 日本外务省外交史料馆收藏的《支那鉱山関係雑件/山東省ノ部》（アジア歴史資料センター Ref. B04011095300）保留了当时外务省调查活动的记录。

师小川琢治①等人到山东进行考察。② 他们从山东胶州登陆，一路视察潍县、临淄、博山、长山等煤矿，出济南府之后到莱芜视察，再到沂州考察铁矿与煤矿，经莒县回到胶州，然后再经过莱州到达芝罘。他们的任务是在山东调查德国经营的铁路、矿山事业、山东西部的煤矿情况以及中国政府对矿山的政策。时任山东巡抚的周馥试图依靠日本的势力牵制德国，曾直接询问日本驻芝罘的领事水野幸吉日本是否有意开矿，但水野在请示日本外相小村寿太郎以后却否认了日本的企图，称为学术研究之用。③

经过两年多的考察，小川琢治写出了一份内容翔实的《山东省淄川、博山、章邱县下炭田视察报文》④，并因此受到嘉奖。⑤

小川琢治的考察参考了李希特霍芬以往的成果，在报告中尤其强调山东丰富的矿产资源。他说，"山东是一个天然的宝库，不但多渔业、盐业，而且拥有金银铜铁等矿产，拥有无尽的煤田，土地肥沃适合农作"，希望日本能够把握占领青岛的机会，制定永久计划实现占领的真正意义。小川的调查使日本外务省重新认识到德国占领胶州湾

---

① 小川琢治（1870 年 6 月 26 日—1941 年 11 月 15 日），日本著名的地理学家。1897 年东京帝国大学理科大学地质学系毕业后进入农商务省地质研究所工作。

② 同时派出去的还有农商务部技师细井岩弥，负责考察湖南、湖北；山田邦彦博士负责考察四川、云南、贵州。参见「支那鉱山関係雑件 調査書ノ部 和田、小川、細井三技師及山田博士派遣 分割 1」、JACAR（アジア歴史資料センター）Ref. B04011106900、支那鉱山関係雑件/調査書ノ部/和田、小川、細井三技師及山田博士派遣（1－7－5－2_ 11_ 3）（外務省外交史料館）。

③ 「支那鉱山関係雑件 調査書ノ部 和田、小川、細井三技師及山田博士派遣 分割 2」、JACAR（アジア歴史資料センター）Ref. B04011107000、支那鉱山関係雑件/調査書ノ部/和田、小川、細井三技師及山田博士派遣（1－7－5－2_ 11_ 3）（外務省外交史料館）。

④ 小川琢治「山東省淄川博山章邱縣下炭田視察報文」（1902 年 8 月）「卜m川、博山炭鉱/分割 1」、JACAR（アジア歴史資料センター）Ref. B09041915400、外国鉱山及鉱業関係雑件/中国ノ部/山東省ノ部/魯大公司関係/卜川及博山炭鉱 第一卷（E－4－8－0－X4－C1－1_ 1_ 1_ 001）（外務省外交史料館）。

⑤ 「農商務技師小川琢治叙位ノ件」、JACAR（アジア歴史資料センター）Ref. A10110105600、叙位裁可書・明治三十五年・叙位卷十二（国立公文書館）。

的目的不仅在于海港而在于整个山东。①

同一时期，日本陆军省也在对胶州湾进行考察，不过其主要关注的是德国在青岛施政的情况。1902 年日本陆军省参谋长会议专门讨论《胶州湾的状况》②。会议上，日本陆军认为德国在青岛建设港口、防卫设施及铁路，并在胶州湾附近实行怀柔政策，目的不在于将青岛仅仅建设成为商业基地，而在于使其成为远东舰队的根据地，以便从山东省向全中国扩张势力。

1907 年横滨正金银行职员（后成为该银行的董事）西山勉来到山东进行考察。这是他从东京高等商业学校毕业的修学之旅。他考察的主要内容是德国在胶州湾的行政、海关制度以及山东铁路、矿业，并且对青岛和芝罘进行比较。他得出的结论是：青岛由于自身条件的限制无法发展成类似于香港的自由港，但是通过铺设铁路，完善交通和海港设施，可以成为日本向华北扩张势力的跳板。③

日本政府对胶州湾的关注，吸引了日本商人进入青岛从事商业活动。起先是一些日本的娼妇在青岛开办裁缝店、照相馆、点心店，但随着青岛的发展，日本的三井、正金、汤浅、日信、江商、大文、磐城等银行、公司在青岛开设分行、分店。一些从事进出口贸易的日商还派人赴济南、泰安、大汶口等地设点，收购花生、棉花、牛脂等，把商业势力范围扩展至胶济、津浦两铁路沿线。如三井洋行以及惠林洋行、深洋行，都是派店员或者雇佣中国人直接到内陆与当地中国商人交易。④ 到 1912 年日本对青岛的直接贸易额已远远超过了德国，成为青岛最大的贸易对象国。参见表 1 - 1：

---

① 龟城生「山東経済瞥見」、『大阪毎日新聞』1915 年 6 月 6 日、神戸大学経済経営研究所蔵、新聞記事文庫、中国（4 - 056）。

② 「膠州湾の状況（第 2 部提出）」、JACAR（アジア歴史資料センター）Ref. C09122985000、明治 35 年　参謀長会議に関する書類（防衛省防衛研究所）。

③ 西山勉『山東省視察復命書』、東京高等商業学校、1907 年。

④ 「青島と日本人」、『大阪朝日新聞』、1914 年 2 月 18 日、神戸大学経済経営研究所蔵、新聞記事文庫、中国（4 - 010）。青島守備軍民政部『青島之商工業』、1918 年 10 月、5 頁。農商務省商務局『海外各地に於ける重要なる日本商品取扱商店調査』、1911 年 3 月、付録 3 頁。

表 1 - 1　　　　青岛港对德、日贸易统计表（1909—1912 年）

（单位：海关两）

国别	进出口	1909 年	1910 年	1911 年	1912 年
德国	进口	3713000	4570000	4665000	2843000
	出口	323000	1307000	1597000	1880000
日本	进口	3455000	4515000	4309000	6753000
	出口	676000	853000	1174000	912000

资料来源：田原天南『膠州湾』、满州日日新聞社、1914 年、297 — 298 頁。

据《胶澳志·大事记》记载：1913 年 3 月，旅顺日本民政署长吉田丰次郎来青岛调查，并写下了长达 350 页的报告《山东省视察报文》；同年 5 月，日本外相加藤高明来青岛游历，日本第二舰队来青岛寄泊；1914 年 3 月，日本外务省书记官芳泽谦吉来青游历；驻南京日本总领事船津辰一郎来青岛调查；日本众议院议员德川庆久、蜂须贺茂、韶曾我等来青岛游历；日本关东都督福岛安正，大连民政署长大内丑之助来青调查……①日本政府要人及各地驻华领事馆或殖民统治的头目频繁地在青岛出现，说明早自 1913 年起日本便已加紧了与德国争夺山东的实际准备。而"突然"来青岛寄泊的日本第二舰队就成为大战中日军封锁胶州湾的主力。②

第二节　日占山东与英美两国政府的反应

随着世界大战爆发，首先面临的问题是战局是否波及东亚。因为英德两国是主要的交战国，在中国又存在竞争的关系。尤其是在山东，北面是英国的威海卫租借地，南面是德国的胶州湾租借地。在这种情况下，如果英国在华对德发起攻势，中国为收回租借地而参加对

---

① 山东省历史学会编：《山东近代史资料》第 3 分册，山东人民出版社 1961 年版，第 69—70 页。

② 黄尊严：《日本与山东问题 1914—1923》，第 10 页。

德战争，那么战火势必波及东亚。日本此时虽然与英国之间签有日英同盟，但在条约上却没有对德作战的义务，属于局外人。

英国最初并不希望战火波及中国，所以开战之初曾再三向日本提议为了确保商业航线的安全，限制战争区域。虽然战局危急时刻，英国曾经向日本打探援助英国之事，但英国设定的前提条件是德国在中国发起攻势。这一点英国外相葛雷（Edward Grey）在他的回忆录中也明确表示过：英国没有根据日英同盟要求日本参战。①

不过到了1914年8月7日，英国为了破坏中国水域上的德国战舰，通过英国驻日大使向日本加藤高明外相提出申请，希望获得日本海军的帮助。加藤高明立刻前往大隈首相官邸，建议参战。当天晚上即召开内阁会议，决定参战。② 大隈首相在这次内阁会议上明确表示要把德国势力从中国赶出去以报三国干涉还辽之仇，并借此机会发展日本在华权益。③ 8月9日，加藤外相即向英国驻日大使提交了对德宣战理由及参战宣言：日本应英国要求出动军舰，已是交战行动，因此须对德宣战。一旦交战，行动就不能受限制，必然要采取一切手段摧毁德国的势力。④ 这一宣言表明，日本将不限于攻击德国军舰，还将在中国的山东省和太平洋地区采取行动。

日本过于迅速的回应，引起英国和美国的戒备。8月10日，英国外相亲手交给日本驻英大使一份备忘录，婉转地宣布取消英国对日本的邀请：

> 我接到加藤男爵的文书，称日本对德宣战将不限于海上行动。对此我虽然表示理解，但英国政府目前在远东的战事均在限制范围内进行，今后也将继续保持这一方针。希望日本能够也保

---

① 内山正熊「日独戦争と山東問題」、慶應義塾大学法学研究会『法学研究』第33卷第2号、1960年2月、247页。

② 伊藤正德『加藤高明』上卷、加藤伯伝記編纂委员会、1929年、80—81页。

③ 大隈侯八十五年史编纂会编『大隈侯八十五年史』第3卷、原書房、1970年、169页。

④ 外務省编纂『日本外交年表竝主要文書』上卷、日本国際連合協会、1955年、380页。

持此种态度。眼下，英国政府放弃邀请日本基于日英同盟所作的任何行动。待事态发展严重，比如香港遭受攻击之时再考虑向日本求援。①

但是英国的这种态度反而激起了加藤高明坚决参战的决心。8月15日，日本以为维护东亚和平，宣扬根据日英同盟之利益，向德国提出最后通牒，不仅要求德国战舰立即退出日本与中国的海面，还要求德国在9月15日以前将胶州湾租借地交给日本，限其8月23日正午前回复。

以上就是英日在日本对德宣战问题上的分歧。英国在这一事情上的强烈反对，有一个关键人物不容忽视，他就是英国驻华公使朱尔典（John Jordin）。朱尔典非常重视日本在对德宣战时候宣称的"归还胶州湾给中国"的方针，要求在日英对华联合警告中加入关于战后归还胶州湾的声明。早在1914年8月14日，日本正式对德宣战前一天（这时英国已经知道日本宣战内容了），小幡酉吉致加藤高明外相的电报称：

> 据可靠消息称，英国公使在给东京英国大使的电报中表示，德国正在与中国进行有关归还胶州湾的交涉。条件是：①将胶州湾租借地归还给中国；②开放该地区为通商港口；③撤销此处的防备；④解除当地军舰武装，战争结束前由中国政府保管；⑤同时解除军队武装；⑥有关赔偿问题日后由日德两国协商决定。因此可以断定英国驻华公使已经知悉中德交涉的事情。根据英国公使的说法可以推测，德国方面已经非正式向中国提出交涉申请，而中国方面也征求了英国的意见，获得同意。目前中德两国之间正在以上述条件为基础进行交涉。从英国公使（朱尔典）向我透露的口风中可以感觉到，此人为了防止中国动荡，保全东洋大局，免于遭受德国军舰的威胁，所以对于邀请日本援助本身没有

---

① 外務省編纂『日本外交年表竝主要文書』上卷、日本国際連合協会、1955年、380頁。

异议。但是当他得知日本提出进攻胶州湾，在东洋挑起与德国战争的态度以后，暗地曾流露出颇不满的意见。据我观察，英国公使认为，日本出无名之师并非不得已而为之。其欲在宣战布告中对德国的挑衅态度，引来德国的恶感，同时还会永远失去中国人的信赖。同时他还表示以某一国把另一国从胶州湾驱赶出去，取而代之的做法，会让中国陷入动荡之中。……由此可见英国政府对我国态度甚为不满。①

朱尔典始终认为日本把世界大战看作是日本千载难逢的好时机而加入战争，其支持英国参战的目的在于利用列强国家忙于战争无暇东顾的时机获得对自己最为有利的权益。他对日本以日英同盟的名义加入战争持否定态度。②

朱尔典的态度同时影响了在华各地的英国人。据1914年12月10日驻天津日本总领事松平垣雄向外务大臣加藤高明的报告《当地外国人对归还胶州湾问题的意向》称，日德战争爆发之始，北京、天津的英国人等原本希望日本以武力保护英国在华的贸易。不过当日本出兵进攻青岛后，他们马上对日本在华势力日后将凌驾于英国之上的结果产生恐惧，从心底不乐于见到日本对青岛的进攻。当时北京、天津的《泰晤士报》全是这种论调。随着"一战"战事的发展，英国人虽然也意识到有必要进攻青岛，但对于青岛沦陷后日本是否会将青岛归还中国，会不会就此将其列为自己的租借地，仍然心存疑虑。这种想法也包括了除英国人以外的在华外国公民。尤其是日本向德国发出最后通牒中使用了最终归还（eventual restoration），这虽然让他们稍感安心，但同时又对最终（eventual）表示怀疑——日本是否会在德国的租借期限结束之时才实行归还。但是最后通牒发布以后，在华的英人

---

① 「膠州湾還付ニ関スル独中交渉問題及日本ノ対独開戦態度ニ対スル在中国英国公使ノ意向ニ関スル件」（1914年8月14日、在中国小幡臨時代理公使ヨリ加藤外務大臣宛）、外務省編纂『日本外交文書』1914年第3冊、外務省、1966年、138—139頁。
② Millard, Thomas F. (Thomas Franklin), *Our Eastern question : America's contact with the Orient and the trend of relations with China and Japan*, New York : The Century co. , 1916, p. 92.

在舆论上改变了此前反对日本的态度，不再发表任何反对日本的声音，基本都是一些友好之词。但对于最终归还（eventual restoration），从根本上来讲他们始终是带有疑虑的。[①]

所以有学者称山东最终能够归还中国，部分因素是由于朱尔典打下了坚实的基础。[②]

1914年12月，日本《时事新报》也对英国国内的三十多份报纸杂志进行调查，总结了《英国舆论界的青岛论》[③]，虽然有极少部分以为应该按照中日条约来定，但大部分尤其是规模较大的报纸主张日本应归还中国，或者对日本目的表示怀疑，称其是"旅顺历史的重演"，与美国所倡导的各国坚持的"领土保全、机会均等、门户开放"相矛盾。

可以确定的是，对于日本侵占青岛及胶济铁路后继续扩大在华侵略权益的行径，身为日英同盟成员国的英国并不赞成。这种不赞成的意见主要来自以驻华公使朱尔典为首的在华英国人，由此也引来英国政府及普通民众舆论的反对与质疑。

美国与山东问题的关系可以追溯至1898年德国租借胶州湾。那时，英国、法国借德国与中国的租借条约，相继获得威海卫和广州湾作为租借地，引起列强瓜分中国的狂潮。与此同时，美国人也在密切注视着中国的情况。德国占领胶州湾后不久，美国总统麦金莱（William Mckinley）对国会提出意见书说："中国沿海大地落入外人手中者，此种重要变局吾美不能袖手旁观……苟欲不受占有中国土地之强国的排挤，非参预华事不可。"表示出了要插手山东的愿望。[④]

① 「分割1」、JACAR（アジア歴史資料センター）Ref. B07090744000、山東占領地処分一件/新聞論調 第一巻（5-2-6-0-21_3_001）（外務省外交史料館）。

② 内山正熊「日独戦争と山東問題」、慶應義塾大学法学研究会『法学研究』第33巻第2号、1960年2月、253頁。

③ 「英国言論界の青島論 二十余種の新聞雑誌［膠州湾処分問題（日本の占領に係る）其十三］」、『時事新報』、1914年12月10日—1914年12月12日、神戸大学経済経営研究所蔵、新聞記事文庫、中国（4-038）。

④ 姚波：《从第一次世界大战后的山东问题看美日矛盾》，《四川大学学报》（哲学社会科学版）1995年第1期，第82—90页。

当 1914 年 8 月 8 日，也就是日本刚刚开过内阁会议准备接受英国邀请的时候，美国的《芝加哥论坛报》（The Chicago Tribune）就报道说："日本的好战精神正在抬头，目前正在研究援助英国之事。第一步它应该会攻击青岛，一旦攻陷就会进而对中国尝试种种侵略。而现在唯一能够阻止日本的就是美国"。接下来几乎每天美国的《纽约先驱报》等在美国拥有强大影响力的报纸都相继发表了类似的报道或社论。①

在这种舆论背景下，1914 年 8 月 15 日，当日本向德国发出最后通牒之后，8 月 19 日美国政府根据这个最后通牒所述及的内容，通知日本外务省，美国对于日本政府要求德国交出胶州湾，是为了将其归还中国而非在中国扩张领土，感到满意。② 美国的态度强调的是日本对归还山东的承诺，希望以此作为遏制日本今后行动的证据。同时，美国政府还向日本外务省强调了英日同盟目的之一是保全中国之独立与领土完整，及各国在华商工业机会均等主义，以保持各国在华之共同利益。③

但是，日本对德宣战以后，不是采取正面进攻直接攻打德国租借的青岛，而是向不属于德国利权之下的山东半岛派兵。9 月 2 日，日本巡洋舰和运输船在距离青岛 150 英里的山东北部沿海的龙口入港，无视中立港只允许停泊 24 小时的限制，于 9 月 3 日派军从龙口登陆。中国政府马上提起抗议，日本对之置之不理。日军从龙口横穿山东半岛，沿途占领城镇，接管中国邮电机关，征用人力物资。当时有一名在山东的美国传教士写信给北京万国改良会会长丁义华（E. W. Thwing），控诉日本占领青岛过程中的暴行。丁义华通过美国在华报人密勒（Thomas F. Millard）将这封信刊登在了上海的英文报纸《大陆报》（The China Press）上。该传教士希望通过美国的在华舆

---

① 「分割1」、JACAR（アジア歴史資料センター）Ref. B08090057100、日独欧州戦争ノ際外字新聞雑誌論調一件 第一巻（5－2－18－0－62_ 001）（外務省外交史料館）。

② ［美］保罗·S. 芮恩施著，李抱宏、盛震溯译：《一个美国外交官使华记》，商务印书馆 1982 年版，第 98—99 页。

③ 项立岭：《中美关系史上的一次曲折——从巴黎和会到华盛顿会议》，第 3 页。

论，提醒英美两国警惕并牵制日本的活动。① 在莱州的传教士也致信美国在北京的通信员，说日军在山东侵入百姓房屋，烧家具、抢家禽牲畜和粮食，逼迫当地人自杀等，② 从而使日军在山东的活动广为在华英美人所熟知。

与舆论的热情高涨以及在华传教士的忧心忡忡所不同，美国政府虽然关注日军的行动，但此时并未打算插手。1914 年 9 月 29 日，日军控制了整个山东铁路沿线，10 月 1 日交通总长梁敦彦来到美国驻华公使芮恩施处表示对日本在山东的行动非常关切。他说，他深信日本的一系列行动并非包围青岛所必要的军事行动，日本的计划是要在中国内地挑起事端，目的在于扩大占据中国的领土。同时他还表示说他从日本方面得到消息，日本并不以攻陷青岛为满足，而是要利用这个机会在中国内地获得政治上军事上稳固的地位。袁世凯也向芮恩施表示："我深信日本人有一个明确而影响深远的计划，即利用欧洲的危机，企图进一步奠定控制中国的基础。在这个计划中，他们企图通过对港口和铁路的占领而控制山东，作为控制中国的基石。从威胁占领山东铁路全线的行动看来，日本人的侵略政策是显而易见的，它远远超过德国人在山东的企图。它将使日本军队进入中国的心脏地带。""中国人民对于日本在山东的行动，越来越感到恐慌"，他们从中国各地向芮恩施送来大批的请愿书和声明，有一些声明是请愿者用自己的鲜血写成的。③ 芮恩施向美国国务院转发了这些谈话及请愿，但蓝辛（Robert Lansing）却通知芮恩施说"国务院深知使美国纠缠于中国的领土完整这一国际争端中，是极为不切实际的"，美国的注意力集中在欧洲这个主要舞台上，不能容许枝节问题分散对主要事件的考

---

① Millard, Thomas F. (Thomas Franklin), *Our Eastern question: America's contact with the Orient and the trend of relations with China and Japan*, New York: The Century co., 1916, p. 511.

② 「分割 2」、JACAR（アジア歴史資料センター）Ref. B08090057200、日独欧州戦争ノ際外字新聞雑誌論調一件　第一巻（5‐2‐18‐0‐62_ 001）（外務省外交史料館）。

③ ［美］保罗·S. 芮恩施著，李抱宏、盛震溯译：《一个美国外交官使华记》，第 100页。

虑。美国在华权益是有限的，为之一战肯定是不值得的。①

这个时候德国也"组织起一新闻生力军分为远东、美洲两大部。在远东者，专捏造谣言重诬英国，谓其不满意日本对于青岛之举动，并谓英国之心理系排斥日本，藉此挑拨两盟国之误会。其在美洲者，则又专以种种谣言挑起美国对于日本之恶感，大有不促成美日战端不休之势"。②陆军竹内大佐从华盛顿也发电报致陆军省军令部长称"（华盛顿）当地德国人正在努力使美国的舆论从排德转向排日"。所以，随着日本攻陷青岛，美国的《太阳报》等相继发表言论表示"日本应放弃胶州"，并对日本的归还论表示怀疑。同时美国舆论还担心的是，日本把德国势力从中国扫除以后，德国在南洋的殖民地也就会落入日本的手中，从而威胁到美国在太平洋地区的利益。《芝加哥论坛报》就报道说"日本获得德国在南洋的领土，将会大大加强日本的军事地位，接着就会将其势力伸入菲律宾、夏威夷、巴拿马运河"。③

青岛就这样在美国舆论、传教士的质疑与密切关注和美国政府的隔岸观火中被日本占领。

第三节　日占山东对当地英美人的影响

上文已经讲到早在德占时期，日本人就积极发展在青岛及山东地区贸易方面的势力，甚至某些方面的势头超过了德国。同一时期，英美人也在跃跃欲试。有史料记载，当时在山东的欧美人多从事传教或者商业。其中青岛、芝罘、济南的欧美侨民中商人较多，而登州、青州等地则有一些传教士。青岛的欧美商人大多集中于青岛区，约

---

① ［美］罗伊·沃森·柯里著，张玮瑛、曾学白译：《伍德罗·威尔逊与远东政策1913—1921》，第101页。

② 《德国新闻生力军之扩张势力》，《盛京时报》1914年9月3日。

③ 「分割1」、JACAR（アジア歴史資料センター）Ref. B08090057100、日独欧州戦争ノ際外字新聞雑誌論調一件　第一巻（5－2－18－0－62_001）（外務省外交史料館）。

1000 多人，其中包括了美国的美孚石油公司、慎昌洋行和英国的亚细亚石油公司、和记洋行、太沽洋行和汇丰银行等。济南的英美洋行更多，除了和记洋行和亚细亚石油公司以外，英国的还有仁得、仁泰及英美烟草公司、利华公司、联华颜料公司等，美国依然限于美孚石油公司和慎昌洋行。和记洋行是英国考尔纳伯·恩克弗尔德（Cornabe Eckford）兄弟经营的商事，1864 年在芝罘开办，总部设在芝罘，并在天津、上海、威海卫等地设有分店。① 在青岛主要经营进出口业务，为许多商店（英美）做代理。考尔纳伯·恩克弗尔德在德占青岛时期是当地的英国副领事。这也是日后英美两国领事积极参与反日的原因之一。因为他们本身有些就有商人的背景，商业战对他们而言不仅仅是政治，还关系着切身的利益。亚细亚石油会社的总部在伦敦，在青岛和济南的分社主要负责山东省的销售业务。太沽洋行的总部也在伦敦，在青岛主要经营运输业以及保险公司的代理，还负责出口中国特产（麦秆、豆饼）。英美烟草公司是英美人合办的公司，总店设在纽约，本部在伦敦。其在中国的主要分店设在香港和上海，在青岛的办事处设在和记洋行内部，主要负责运输，把在山东收购的烟叶运到上海等地。雇佣人员全部为中国人，资本金为 5 万美元。②

英美商业在青岛以及山东积极扩展是由于受到德国在青岛的经营以及青岛港成长的刺激。尤其是英国人，"当初没有预想到青岛会取得这样大的发展，更没有想到德国占领青岛后会让此处如此繁荣。所以当他们看到青岛的发展超过芝罘之后，幡然醒悟"。除了在青岛积极设立洋行以外，"他们凭借较少的一些资本，利用其优秀的航海业和欧洲的运费政策做一些不利于德国事业的事情"，在山东开辟新的航线，发展航海业。当日德战争爆发，山东的英美人希望能够趁此机

---

① 「在芝罘英商「コルナベエックフォード」商会ニ於テ大連ニ土地借入又ハ買収方ニ付在本邦英国大使ヨリ申出一件」、JACAR（アジア歴史資料センター）Ref. B04011156200、在芝罘英商「コルナベエックフォード」商会ニ於テ大連ニ土地借入又ハ買収方ニ付在本邦英国大使ヨリ申出一件（1-7-7-4）（外務省外交史料館）。

② 「31 情報送付ノ件/3 在青外人ノ経済界ニ於ケル近況」、JACAR（アジア歴史資料センター）Ref. B03041702000、青島民政部政況報告並雑報 第二巻（1-5-3-21_002）（外務省外交史料館）。

会把德国势力从青岛和山东扫除出去。他们的目的就是在恢复和平之前与德国一决雌雄，在青岛及山东占据优势。[①]

不过令他们没有想到的是日德开战以后，所有在青岛的欧美人都被迫离开此地。所以当战争即将结束的时候，这些英美人迫不及待要前往青岛清查财产。负责向日本进行交涉的就是英国驻上海总领事。该领事向日本驻上海总领事有吉明申请特许让英美商人回青。但此事最终裁判权掌握在日本陆军手中。为此，陆军大臣八代六郎特别致函外务大臣加藤高明，称"青岛刚被攻陷，各种事情还未整理就绪。因此现在难以批准军事相关以外人员进入青岛，一切请等待军事事务整理就绪之后"。[②]

1914 年 11 月 5 日，美国驻日本大使也致函日本外相加藤高明，希望原美国驻青岛领事佩克（Willys Ruggles Peck）以领事身份进城。但陆军给出的答案依然是不予批准。陆军的理由是此次佩克希望与从前一样以美国领事的身份到青岛。但是该地区目前处于日本帝国的军宪之下，实行的是军政，即便以领事赴任也没有执行公务的余地，因此期间有关该领事赴青岛的事情还要待协商之后决定。对于国内外人入青岛一事，在青岛市内秩序大致妥当之前，除了维持秩序所必需的人以外，不问国内外人士，任何人都不得进城。至于佩克，如果不以领事身份，只是进城查点自身财产，可待秩序安稳之后先于其他人士进城。[③]

入城申请接连遭到拒绝，引起在华英美人士极大的不满。1914年 11 月 19 日，《字林西报》（*North China Daily News*）的济南通信员报道称中国五大重要英国商会代表对于日本陆军不允许在青岛拥有财

① 「15. 青島ノ現状並山東鉄道沿線状況ノ件」、JACAR（アジア歴史資料センター）Ref. B07090809500、青島占領後ノ施政並二前後処分雑件　第一巻（5-2-6-0-25_001）（外務省外交史料館）。

② 「6. 外国人ノ青島市街入市ノ件/分割 1」、JACAR（アジア歴史資料センター）Ref. B07090806900、日独戦争ノ際内外人ノ占領地前往関係雑件（5-2-6-0-24）（外務省外交史料館）。

③ 「米国領事青島赴任及英国船入港等に関する件」、JACAR（アジア歴史資料センター）Ref. C03025301900、大正 11 年「歐受大日記 01 月」（防衛省防衛研究所）。

产的英国人返回青岛检查损失情况深感震惊，并表示出强烈的不满。在这种情况下，英美驻日本大使频频致信日本驻华代理公使小幡酉吉，继续要求批准佩克以及其他商人入城，同时也提出要求让那些德占时期在青岛经商的美孚石油公司的员工等人回到青岛。不过最终都被以秩序尚未稳定为由拒绝。①

相反的，大量日本人却自日军攻陷青岛之日起从大连、满洲、朝鲜等地涌入青岛。到1914年12月27日为止，在青岛的日本人从战前的300多人增长到2384人，且其中不乏三井、横滨正金等大资本的银行业者。② 然而对于欧美人，青岛守备军虽然一直在外交上声称一旦秩序恢复即让欧美人优先入城，但其实直到1915年7月才制定出外国人出入青岛的规则。该规则要求当地的英美人"须一直随身携带证明其国籍身份的本国公文及通过日本帝国领事或其他官府审查或者由日本领事等颁发的证明书"，这给一些经常往来青岛从事商业的人带来了手续上的极大麻烦。③

很难说，青岛守备军不是故意而为之。因为1915年1月，青岛守备军参谋长官曾收到一份关于英国在青岛及山东省利害关系的信函。该信函来自一位德国报人，并公开刊登在德国在青岛发行的德文报纸《青岛新报》上。信中说"表面上英国在山东省没有进行任何政治活动，甚至在威海也没有做任何利用之事，似乎已经放弃了在租借地的商业及经济利用"，但其实一直都在尝试在山东也能确立英国的权威。他们在进口额度上一直希望与占优势的日本竞争，在航海业中希望能够超过德国。英国人不喜欢除自己以外的外国人在山东发

---

① 「6. 外国人ノ青岛市街入市ノ件/分割1」、JACAR（アジア歴史資料センター）Ref. B07090806900、日独戦争ノ際内外人ノ占領地前往関係雑件（5-2-6-0-24）（外務省外交史料館）。

② 「15. 青岛ノ現状並山東鉄道沿線状況ノ件」、JACAR（アジア歴史資料センター）Ref. B07090809500、青岛占領後ノ施政並二前後処分雑件　第一卷（5-2-6-0-25_001）（外務省外交史料館）。

③ 「6. 外国人ノ青岛市街入市ノ件/分割1」、JACAR（アジア歴史資料センター）Ref. B07090806900、日独戦争ノ際内外人ノ占領地前往関係雑件（5-2-6-0-24）（外務省外交史料館）。

展。"英国现在的态度就是要在中国的各个地方都拥护自己的利益，所以积极谋划恢复在山东的势力。按照英国的说法，就是要在中国的任何一个地方都确立英国的权威，使得英国在整个中国占据绝对的优势。但是英国现在感到无法在全中国保持英国的绝对优势，所以认识到不能扶植、拥护自己的势力，还需要除掉各种有可能成为竞争对手的障碍。"① 所以日本成为当地英国人最大的竞争对手和障碍。

而竞争的主要内容就在控制铁路和发展商业势力上。可以说这两项内容都埋下了日、英、美角逐的祸根，并且日后成为山东问题解决的焦点内容。

一　铁路

山东铁路（又称胶济铁路），是连接济南与青岛，横贯山东半岛北部地区的宽轨铁路，并且拥有从济南东站连接小清河、黄河水运的黄台桥支线与博山支线、淄川支线。由于这条铁路经过的地方过于偏山东半岛，距离山西、河南、湖北等物资集散地较远，所以铺设延长线问题从德占时期就一直受到统治当局的重视。

对这条铁路日本在占领青岛之前就极为看重，认为它是开发华中的支柱②，是青岛得以繁荣的最大因素。③ 所以当日本对德宣布最后通牒一个月后，也就是 1914 年 9 月 15 日，日本军参谋本部就决定占领潍县以东的山东铁路，并通过内阁审议决定全面接收、管理。④ 10月 16 日由石川石代，当时日本铁路土木工学第一人负责开始了对铺设山东铁路延长线的第一次调查。

烟潍铁路、津浦线是德占时期所设想的两条延长线。其中烟潍铁

---

① 「15. 青島ノ現状並山東鉄道沿線状況ノ件」、JACAR（アジア歴史資料センター）Ref. B07090809500、青島占領後ノ施政並二前後処分雑件　第一巻（5 - 2 - 6 - 0 - 25_001）（外務省外交史料館）。

② 「済南経済事情」、『福岡日々新聞』、1914 年 11 月 19 日、神戸大学経済経営研究所蔵、新聞記事文庫、中国（5 - 039）。

③ 「青島の現在及将来」、『満州日々新聞』、1916 年 5 月 30 日、神戸大学経済経営研究所蔵、新聞記事文庫、中国（5 - 044）。

④ 参謀本部編『大正三年日独戦史』（下）、東京偕行社、1916 年、917 頁。

路主要由烟台的中国商人所提出，目的是重振烟台经济，而津浦线则早在1908年就确定由英德两国共同铺设。日德开战后，在青岛的英国副领事，即和记洋行的老板考尔纳伯·恩克弗尔德马上发表谈话称"山东铁路把山东的首府及商业中心济南与青岛连接起来，而青岛的仓库及海运设施良好，所以中国商人通过该铁路把芝罘、天津、上海的货物集中到青岛，观察市场的情况之后又将货物运往上海等其他各港，这是青岛成为中国一流的商埠的条件，同时也是成为铁路沿线所产蚕丝输送中心的条件。很多中国人都到该地寻找重要商品，来此定居的人也很多"。①

于是日本占领青岛以后，山东的英国商人在英国领事的支持下提出向烟潍铁路提供借款，并提出由英国人管理津浦铁路北段。但是这引起日本人极大不满。对此，《大阪每日新闻》发表社论指责英国人尤其是在华英国人不支持日本，触犯了日本的利益。

　　日本基于日英同盟之谊的行动乃是日本人所希望的地方，同时也是大隈内阁组阁后公开声称的。然而英国人对此似乎并不高兴，尤其是在华的英国人表示出坚决的反对着实令人感到意外。虽然这是否得到了英国政府的同意尚不明了，但这些英国人的意图很明显，就是不允许其他国家的势力跨入所谓英国人势力范围一步，而自己却千方百计挤进他国的势力范围。他们这种毫无顾忌的自私自利的行为，让日本人，不是日本外交往往事后瞠目结舌，引来日本人的怨愤，而不能不让人怀疑日英同盟是不是为了抑制日本发展的工具。类似的例子不胜枚举，在此就没有必要一一重复了。……（略）回想这些令人不愉快的事情，实在让人感到遗憾。日本此次在山东省的活动是基于日英同盟之谊，日英协力一扫德国势力的计划而进行的。虽然直白一点说日本完全有能力自己解决，原本不需要英军的参加。但是为了制造出日英协力

────────────

　　① 「青島の現在及将来」、『満州日々新聞』、1916年5月30日、神戸大学経済経営研究所蔵、新聞記事文庫、中国（5-044）。

的形式而向英国提出申请，也就是说是个权宜之计，其实仅凭日军单独的力量就可以解决掉德国在山东的势力。这也就是说日本在山东的发言权拥有其他无可比拟的优越性。我们所说的"青岛处理问题"要先获得烟潍铁路及龙口支线铺设权，并且由日本继承所有德国的权利。但是而今英国人却说不但要获得烟潍铁路，还要将津浦铁路北段纳入自己的管理之下，这令我们不得不开腔说话。接收了山东铁路及其支线的日本获得烟潍线及龙口支线铺设权，并且由山东铁路的管理者日本管理与山东铁路关系密切的津浦县北段，远比英国获得这一切更有说服力，这一点已不用深论，凭常识即可判断。因此若英国人至诚公平，且考虑日英同盟之巩固，观察日本在山东的地位，并反省过去英国人在华对日本所做的行为的话，那么像烟潍铁路、津浦县北段这样的事情，应该以应由日本人主张，自己来做后援，或者至少应该保持超然、沉默的态度。况且像烟潍铁路这种问题，就像是英国对德国威胁、侵害其在山东权利一样，按照其公开宣言称不应做一切设施经营，英国政府官员的行为完全属于践踏这一宣言。甚至对德国都曾发表这种宣言的英国政府，对日本更应该拥护其权利。烟潍铁路、津浦铁路北段这一类问题，虽然要明白其实是一部分在华英国人将自己的要求夸大其词，但也不得不防。……日本国民必须为了日英同盟的巩固积极努力，让一部分东亚英国人不要一再地做出刺激日本国民神经的行为。要让在华英国人了解，日英同盟势力的衰退对英国及其殖民地在未来的时局中带来不利因素，这种自私自利损害日本国民感情的行为只有百害而无一利。①

由此可见日本和英国在控制山东铁路问题上的严重矛盾。

二 商业

虽然日本在对德宣战的布告中声称以归还中国为前提条件，但是

---

① 「日英当局及び英人の注意を促す」、『大阪毎日新聞』、1914 年 11 月 25 日、神戸大学経済経営研究所、新聞記事文庫、鉄道（04－103）。

自对德宣战之日始，日本就未曾真正考虑过青岛的归还问题。

因此日德战争尚未结束，日本的一些民间团体就已经积极部署在山东的发展策略。首先，东亚同文会对华贸易部在山东济南设立分部，取名同文商务公所，开拓日本商品在山东的市场，为日本商人提供各种方便，处理媒介及各种代办事项。除此以外，该公所还筹划另设巡回部，在津浦铁路沿线不定期巡回召开小规模商品陈列场供人观览，加深中国人对日本商品的兴趣和了解。对此外务省还特别提供了两万日元临时补助金。①

日本的舆论在唤起日本人对山东经济的重视方面也格外卖力。1914 年 11 月 11 日，日德战争接近尾声，《时事新报》发表社论《青岛沦陷的影响》（青岛陷落の影響），明确指出青岛对日本未来在华势力发展的作用，并提醒日本人要注意与英美人之间的商战。

该文写道："鉴于青岛在华北的地位以及与我国的贸易关系，需要格外重视对青岛的这次战争。去年我们对华北贸易总额约 5700 万日元，其中对青岛的进出口额就占了 940 万日元，相互的贸易关系逐年密切，仅五六年的时间里我们对青岛的贸易额就提高了 6 倍。今后随着青岛海陆运输设备的发展，青岛与我国的关系定会愈来愈密切。尤其是现在可以通过这一地区建立对华发展的基础。如果从根本上颠覆了德国势力，那么就能够以青岛为中心在它附近扶植我国的经济势力，建立与中国的亲密关系。"② 而英国自德占时期就积极扶植在山东的势力，坚持"要在中国的任何一个地方都确立英国的权威，使得英国在整个中国占据绝对的优势"③。两国之间的商业利益冲突在所难免。

日本人起初对于攻陷青岛所寄予的希望是，"结束了德国在山东

---

① 「対支貿易新機関」、『大阪每日新聞』、1914 年 10 月 26 日、神戸大学経済経営研究所蔵、新聞記事文庫、日中貿易（1 - 073）。

② 「青岛陷落の影響」、『時事新報』、1914 年 11 月 11 日、神戸大学経済経営研究所蔵、新聞記事文庫、日中貿易（1 - 081）。

③ 「15. 青岛ノ現状並山東鉄道沿線状況ノ件」、JACAR（アジア歴史資料センター）Ref. B07090809500、青岛占領後ノ施政並二前後処分雑件　第一巻（5 - 2 - 6 - 0 - 25_001）（外務省外交史料館）。

的经营，起码开辟了经济上公平竞争的开端"。但同时日本人也很敏锐地注意到在这里将会发生的日英美等国家的商业竞争。"暂时停止的青岛贸易在某种程度上会重新复活"，"德国人在华的经济活动并没有停止，虽然战争进行过程中在华的德国人活动上会有些迟缓，但是从德国人的性格以及日常行动中可以看出，无论战后胜负如何，德国势力必定会再次兴起。而且不仅德国，英美法各个国家在华的经济活动战后都将更加活跃，其中美国的活动今后将日渐兴盛。各国在山东的经济竞争在公平竞争的形势下今后将日益白炽化"。从而敦促日本的商人现在就要做好充分的准备，要求政府无论是否最终将青岛归还中国，保护日本的商人能够自由从事经济活动，并进行充分的实质性的帮助，已达到利用对德战争胜利的果实建立起在山东牢不可破的根基。①

同年 11 月 13 日，《中外商业新报》也发表社论《商战也需大捷!》，强调利用这千载难逢的机会，以青岛作为根据地，完善在山东的工商设施，商人们要努力开拓销路、提高商品的质量，同时要求政府加大投资，充分利用青岛港口与山东铁路的作用以取得商战胜利。② 的确，当时在青岛销售最好的商品是内衣、棉质袜子、肥皂、镜子、灯具、牙膏等。而除了比较具有实用性且质量一般的商品以外，日本商品的质量及销售远不及德国和英美。"大商铺里面较多的是德国和英美的商品，只有小商店里才有日本货。他们说德国商品虽然价格高昂，但质量好，实际用起来比较实用，所以在结实这一点上日本商品输于德国。而且山东的消费者比较正直，对货物拥有一些简单的鉴别力，所以今后要在山东的杂货进口这方面称霸，最需要注意这一点。尤其是在战争结束的时候，百姓对华丽的货物需求较少，最多的还是那些中等以下比较实用

① 「青岛陷落の影響」、『時事新報』、1914 年 11 月 11 日、神戸大学経済経営研究所蔵、新聞記事文庫、日中貿易（1 - 081）。
② 「商戦にも大捷せよ　海陸軍人に優れ」、『中外商業新報』、1914 年 11 月 13 日、神戸大学経済経営研究所蔵、新聞記事文庫、日中貿易（1 - 082）。

的商品。"①

与此同时曾经于德占时期在当地从事各行各业的英美人也在暗自观望,"不但希望能够当所有秩序恢复以后能够继续营业,还希望趁曾经在当地耀武扬威的德国人经济遭受打击的机会,取而代之"。所以当战后终于在外部压力下允许英美人回到青岛以后,对他们所从事的职业进行了种种限制。在青岛的英国人主要从事的行业有石油进口、船舶运输、银行、贸易、木材、酿酒进口等,美国人则主要从事石油进口。但青岛守备军要求"除了本邦自己的汽船公司允许营业以外,对外国船只一律禁止出入",使英美人的汽船公司无法在德占时期精心开辟的航线上开展业务,所以虽然公司还在,但实际没有什么业务的状态。贸易商中,由于陆地的交通机构还是部分运营,只能使用日本经由上海的船次,诸多不便导致大部分英美商人只是习惯性在维持营业。虽然有极个别英美洋行开始一些新的经营项目,有一些继续从事欧洲货物的进口,但都受到日本同行业者的警惕。② 对此,英国原驻青岛副领事,也就是和记洋行的老板考尔纳伯·恩克弗尔德四处争取中国人的支持,提出将青岛建设成为国际居留地。他发表言论说:"日德战争后日本官兵封锁了有势力的中国商人的店铺、仓库,于是他们相继离开前往芝罘、天津、上海,断绝了青岛商业发展的出路。留在青岛的两所英国洋行努力恢复青岛贸易,游说已经退出的中国商人,有一点效果,至少现在已经有少量货物运到青岛。日本声明希望恢复以往的正常营业,但若没有欧洲商人的竞争究竟能否实行值得怀疑。英国商人需要利用此次机会在青岛扩张势力。然而将来青岛商业发展如何还决定于战后该港口的行政如何。如果该港能成为国际居留地,则繁荣可期。"同时表示将大量使用中国人以保证青岛的发展。对此日本人反应强烈,与之针锋相对,毫不相让,称"我们欢迎

① 「山東省向雑貨」、『大阪朝日新聞』、1914 年 12 月 21 日、神戸大学経済経営研究所蔵、新聞記事文庫、雑工業(1 - 048)。

② 「15. 青島ノ現状並山東鉄道沿線状況ノ件」、JACAR(アジア歴史資料センター)Ref. B07090809500 青島占領後ノ施政並二前後処分雑件 第一巻(5 - 2 - 6 - 0 - 25_001)(外務省外交史料館)。

英国商人在青岛发展，但若如考尔纳伯·恩克弗尔德所畅想的把青岛作为一个国际殖民地的话，那么成为日本俘虏被收容的当地德国商人理所应当也需要回来，那么英国现在在中国所实行的驱除德国势力的经济政策就将变为不可能，那我们就无法解释为何与英国人一起做那么大的牺牲去进攻青岛？我们不相信考尔纳伯·恩克弗尔德所说的我国的官兵把当地中国巨贾排除出去，军政时期不同于民政，容易因军事方面的原因忽视经济政策，但当地的繁荣要靠中国人，军方也没有理由封锁致富的源泉——中国人的商业"。[1]

类似这种日本人与英美人在商业发展上的竞争不只限于青岛，还扩展到济南。日本人对济南格外重视，有舆论称"若把济南府比作满洲，首先需提及奉天。把济南比作奉天，那青岛就是满洲的大连。从日本进口到华中地区的货物在青岛着陆后，大部分在济南府分配到各省的中国商人手中。所以青岛就是我国华中政策的策源地，需要将所有机关的首脑部门设在这里。大连逐渐凭借满洲的存在实现了今天的繁荣，同样青岛作为山东省的关口能够预见其发展，但没有太大的希望。而济南将来才是中日两国人民互惠通商的地方，将会成为大规模贸易交易的市场。也就是说大连不景气的时候奉天尚还繁荣昌盛，同样道理，青岛作为自由港经营，正如上海是各国共同的交易场所一样，将来青岛的发展会超出我们所能想象的。只要山东铁路在我们手上，青岛开放就甚为有望。不过，即便青岛开放吸引外商，最后的商业战争还应该在济南一决胜负。希望我国的实业家们在济南倾注力量，建造起华中商业发展的一大根据地"。所以，在战后不到一个月的时间里日本在济南的人数激增。但与此同时，英国人也注意到济南，日德战争刚一结束，就已经在当地开设领事馆办事处，并希望在战争结束一两个月内就成立独立的领事馆。青岛守备军注意到占领青岛后英国人的活跃，[2] 向中国各地领事馆要求调查英美势力及日本与

---

① 「青島の現在及将来」、『満州日日新聞』，1916 年 5 月 30 日、神戸大学経済経営研究所　親聞記事文庫、支那経済事情（5 - 044）。

② 「済南経済事情」、『福岡日々新聞』、1914 年 11 月 19 日、神戸大学経済経営研究所蔵、新聞記事文庫、中国（5 - 039）。

他们的利害关系。① 调查的内容包括：①英美人数（战乱前）：官吏、传教士、教习、商人、妇女儿童；②英美的对华借款（甲午战后）；③聘用文武官（英美人）概况；④英美向中国军队贩卖武器、弹药情况（最近五年情况）；⑤英美获得的开采矿山的利权；⑥英美人的通信机关；⑦英美在商业上的地位（"一战"前）：主要进出口额，与别国的比较。

① 「7. 大正 3 年 12 月 24 日から大正 6 年 5 月 2 日」、JACAR（アジア歴史資料センター）Ref. B03030416800、各国ノ対支勢力調査書雑纂（1－2－1－32＿001）（外務省外交史料館）。

第二章 "二十一条"与美国对华政策的调整

  1914 年 11 月 10 日，日本正式接收青岛以后，外务大臣加藤高明认为对华交涉时机已到，于次年 1 月 18 日向中国提出了旨在灭亡中国的"二十一条"。

  对"二十一条"的研究早在中日交涉结束之后便已开始，是研究中、日两国近代史及中日关系史的重要课题。其交涉过程不但涉及中、日两国的外交与内政，而且深受欧美列强的影响，故而在国际关系史研究领域也积累了不少成果。就日美关系而言，随着日美两国外交文书的公开，细谷千博、池田十吾、北冈伸一、高原秀介等日本学者将威尔逊总统的外交政策与国务卿布赖安的对日认识相区别，对日美两国政府在该问题上的交涉过程及美国从接受到反对的应对态度进行了研究。[①] 概括而言，"二十一条"提出以后，美国政府混杂着支持与反对两种声音。支持者认为"日本为该国人民之众而代谋出路，其意图扩充区域，实属正当。又云如日本可向满洲移民，则无须向美国移民，如是，日、美交际上之阻力，并得解除矣"。"日本之要求，不碍外人之权利，况日、美之商务较中、美之

---

  ① 細谷千博「『二一要求』とアメリカの対応」、『一橋論叢』第 43 巻第 1 号、1960 年 1 月；池田十吾『第一次世界大戦期の日米関係史』、成文堂、2002 年；北岡伸一「二十一ヵ条再考——日米外交の相互作用」、『年報近代日本研究』第 7 号、1985 年 10 月；高原秀介『ウィルソン外交と日本 理想と現実の間 1913－1921』、創文社、2006 年。中国对于美国反应的专门性研究不多，较早的成果有宣谛之《美帝侵华一百年》，世界知识社1950 年版等，但资料及意识形态所限，对脉络梳理地并不清楚。

商务为要。盖日、美之商务倍于中、美也。美国仅以其反对之处告知日本，因明知与日本抗议，亦不足改其政策也。如请英震慑日本，则反致欧洲大事为之牵动，此美国总统亦不愿为也云云。"① 同时由于加利福尼亚的排日案，在一些美国人看来，从中国利益中分割一部分不足以妨碍美国的利益补偿日本是值得的。这一看法以美国国务卿布赖恩为代表，也取得了曾任中国代理公使，时任美国国务院远东司司长卫理的支持。但是，对于理想主义者威尔逊总统而言，他更重视的是美国对华影响力的提高。尤其是主持"二十一条"对外交涉的日本外务大臣加藤高明向英美两国政府通报"二十一条"时，隐瞒了最关键的"第五号"内容，所以，当"二十一条"全文暴露于舆论之后，极大影响了威尔逊对日本的态度及布赖恩等人在对日对华政策上的主导权。这也是美国相继出现 1915 年 3 月 13 日及 5 月 11 日两次不同声明的原因。

那么该如何理解美国前后两种态度的转变，或者说这种转变对美国的对华对日态度产生了什么样的影响。日本学者笠原十九司认为，日本在"二十一条"问题上的外交策略，不但让英美两国决心牵制日本在华的领土扩张，也衍生出其对北京政府抵抗政策与中国反日运动采取同步与援助对策的构造。这种构造在日后反对中日军事协定、收回山东主权运动以及五四运动中变得更为明显。② 但，这种构造是什么，笠原并没有给出进一步的阐释。

有鉴于此，本章拟梳理日本出台"二十一条"之后美国的应对过程，在此基础上分析美国政策转变之原因，进而提炼出"二十一条"之后美国对华牵制日本扩张势力之构造。这也是"一战"之后日本调整对华政策的重要背景。

---

① 收驻英施公使〔肇基〕电：《203 电陈英报载华人抵制日货及英美对日本要求之看法》(1915 年 3 月 27 日)，《中日关系史料 二十一条交涉：中华民国四年至五年》(上)，中研院近代史研究所 1985 年编印，第 180 页。

② 笠原十九司『第一次世界大戦期の中国民族運動』、汲古書院、2014 年、131 頁。

第一节　日本对华"二十一条"的提出

1914 年 4 月，大隈重信第二次组阁以后，一改其以往以经济扩张为主，不采取武力和苛刻侵华政策的"中国保全论"，在"一战"爆发后先后出兵山东，提出"二十一条"。对于大隈重信对华态度的转变，已有研究认为原因有三。第一，大隈重信的中国观，经过三国干涉还辽、日俄战争和辛亥革命后逐步发生变化。三国干涉还辽与日俄战争的胜利，使大隈重信认识到列强所谓合作与协调皆依国际利害、势力均衡而变化，日本须以远东和平之保卫者姿态，把"扶助中国视为上天交给日本的使命"[1]，排斥欧美列强在中国的势力。辛亥革命后大隈对中国的走向极为担心。他认为中国离开日本的指导和合作将无法独立，而第一次世界大战爆发以及中国南北分裂状态更加深了他的这种看法。第二，大隈重信内阁是日本元老[2]井上馨向山县有朋推荐，最终经他们与大山严、松方正义等召开元老会议后向日本天皇推举而成。大隈答应组阁，即意味着与日本元老山县有朋等人妥协。所以元老会议之权威时时压制大隈内阁，对其外交方针产生了不小的影响力。第三，大隈重信第二次组阁时，得到多数日本国民的欢迎，有"大众政治家"之美名。而当时日本部分民众及舆论希望通过强硬手段在中国获得更多的权益。[3]

加藤高明是大隈第二次组阁时期的第一任外务大臣，主持了"二

---

① 大隈侯八十五年史编纂会编『大隈侯八十五年史』第 3 卷、原书房、1970 年、89 页。

② "元老"是日本对几位特殊任务的称谓。能不能成为元老的重要标志是，是否接受过明治天皇赐予的"元勋优遇"之诏或大正天皇即位时颁赐的"匡辅大政"的诏敕，以及能否参与奏荐后继内阁首相。近代日本被公认为元老的有伊藤博文、黑田清隆、山县有朋、松方正义、井上馨、西乡从道、大山岩、西园寺公望、桂太郎九人。参见张艳茹《近代日本的元老、宫中势力与内阁》，"序言"，中国社会科学出版社 2014 年版。

③ 木村時夫「对華二十一条要求と大隈重信」、『早稲田人文自然科学研究』（23）、1983 年 3 月、1 — 24 頁。

十一条"的制作与对外交涉。加藤高明曾担任驻英大使，与英国外相爱德华·格雷（Edward Grey）交好，是日本外务省内坚定的日英同盟论者。他曾负责日朝合并时期的对英交涉，1913 年出任第三次桂太郎内阁外务大臣时，既已向英国提出日本将与中国交涉在旅顺、大连、关东州的永久租借问题及延长南满洲、安奉铁路的特许期限，而这一要求与日后"二十一条"中的第二号第一条内容相重合。加藤与大隈重信的主张一致、把中国问题的解决看作是日本外交政策中最重要的悬案。

与此同时，日本陆军也因第一次世界大战的爆发，积极寻求政治上的独立。以参谋本部为中心的陆军中坚层提出的"根本解决中国问题"的方针，即巩固日本在满蒙的特权、抢占德国在山东的利权以及扶植日本在华势力。1914 年 8 月，参谋次长明石元二郎在写给陆相冈市之助的信中指出，日本无论如何必须进攻胶州湾，"胶州湾问题不过是根本解决中国问题的一个可乘之机"。他提出，"一、为保障远东和平，保全中国领土，日中两国成立协商（用同盟字样亦可）。二、尊重各缔约目的既得权利。三、尊重在南满内蒙拥有优越权利的日本政府的建议。但内容以密约定之，最终目的是等到改订日英同盟时将它合并。……用类似自治或类似租借形式都可以。四、委托日本进行行政军事改革（用密约亦可）。五、中国如对外国让与利权或向外国举债，应事先征求帝国政府的同意（密约)"。[1]

继明石之后，日本驻华武官町田经宇向外务次官松井庆四郎递交了《对时局之我见》，列举了在中国应获得的项目，主要内容包括："获得使日本能在满蒙巩固其立脚地的各种必需的利权"；在"中国中央政府扶植我之势力"，"将来不仅在中国的军事方面，而是在外交、财政方面也要安插日本人做顾问，由中日合办或由日本包办武器的制造和供

---

① 「日支協約要領」（1914 年 8 月 7 日、福田陸軍少将）、外務省編纂『日本外交文書』1914 年第 2 冊、外務省、1965 年、903 頁。关于明石元二郎的这一提议，北冈伸一认为这是陆军为日后与中国谈判的筹码（北冈伸一『日本陸軍と大陸政策 1906—1918 年』、東京大学出版会、1978 年、167 頁），但笠原十九司认为这一建议体现了陆军上层的基本意图（笠原十九司『第一次世界大戰期の中国民族運動』、汲古書院、2014 年、138 頁）。

应等项";在中国关内获得利权,继承山东的德国利权为核心,包括杭州南昌间、九江武昌间的铁路铺设权,以及在福建省沿岸不经日本允许不许构筑防御设施等权利。町田认为,日本在"中国中原毫无设施,将来万一有事,连一个干涉权的基础都没有",必须借机抢占地盘。①

在军部与日本元老喙日本外交政策的背景下,加藤高明致力于实现"外交一元化",即把军部与政府的"二重外交"改为由外务省主导,同时注意吸收日本陆军的对华政策。最后出炉的"二十一条"中即吸收了不少陆军将领的意见。②

1914年11月10日,日本正式接收青岛以后,外务大臣加藤高明认为对华交涉时机已到,遂向大隈首相请求召集临时内阁会议。11月11日,加藤高明在临时内阁会议上就《对华交涉训令案》取得内阁成员的同意,12日便电告日置益回国。18日加藤高明拜访山县有朋,23日拜访井上馨,29日拜访松方正义,1915年1月9日拜访大山严,取得了日本元老对这一训令案的谅解与支持。此训令案即为"二十一条"要求的原案。③

1915年1月8日,加藤高明命令日本驻华公使日置益开始与中国进行交涉,18日,日置益面见袁世凯递交"二十一条"原案④:

第一号 关于山东问题

日本国政府及中国政府,互愿维持东亚全局之和平,并期将

① 「欧洲大戦ニ当リ我国ガ中国ニ於テ獲得スベキ事項ニ関スル意見」(1914年9月21日、在北京町田陸軍少将)、外務省編纂『日本外交文書』1914年第2冊、914—919頁。

② 仅日本外务省编纂的《日本外交文书》(「一五 中国問題ニ関スル意見書雑纂」、『日本外交文書』1914年第2冊、865—953頁)收录的就有《帝国中华民国兵器同盟策》(帝国中華民国兵器同盟策、筑紫陸軍少尉)、《中日协约案纲要》(日支協約案要領、福田陸軍少将)、《欧洲战乱之趋势与我对华政策》(欧州戦乱ノ帰趨卜我対華政策ニ関スル件、大島陸軍次官)、《欧洲大战我国应在华获取权益之所见》(欧洲大戦ニ当リ我国ガ中国ニ於テ獲得スベキ事項ニ関スル意見、在北京町田陸軍少将)等。

③ 小幡酉吉傳記刊行会『小幡酉吉』、小幡酉吉傳記刊行会、1957年、94—96頁。

④ 「中国ニ対スル要求提案ニ関シ訓令ノ件」(1914年12月3日、加藤外務大臣ヨリ日置公使宛)、外務省編纂『日本外交文書』1914年第3冊、561—568頁。

现存两国友好善邻之关系益加巩固，兹以定条款如下：

第一款，中国政府允诺，日后日本国政府拟向德国政府协定之所有德国关于山东省依据条约，或其他关系，对中国政府享有一切权利、利益让与等项处分，概行承认。

第二款，中国政府允诺，凡山东省内并其沿海一带土地及各岛屿，无论何项名目，概不让与或租与别国。

第三款，中国政府允准，日本国建造由烟台或龙口接连胶济路线之铁路。

第四款，中国政府允诺，为外国人居住贸易起见，从速自开山东省内各主要城市。

第二号 关于南满洲及东蒙

第一款，中国政府允诺，日本在南满和东蒙享有优越地位，要求旅顺、大连租借期和南满、安奉两铁路管理期限都延长到九十九年；日本臣民在南满、东蒙享有土地所有权及租借权，并提供开矿权，中国聘用顾问，须事前与日本商议，该地区的铁路经营管理权由日本掌管。

第三号　要求中国同意汉冶萍公司由日中合办，在扬子江非经该公司同意，不得开采，在扬子江流域有垄断权。

第四号 中国沿岸港湾及岛屿不得割让或退让。

第五号 包括内容庞杂的要求。

大隈内阁中与对外政策的执行紧密相关之人物，大致分为两派：一派主张加强日英同盟，另一派主张在扩大日英同盟的同时，也要逐渐增加日俄同盟比重，兼顾日法关系。前者以外相加藤高明为代表；后者以元老山县有朋、井上馨、驻法大使石井菊次郎和驻俄大使本野一郎为代表。在对美政策方面，无论是加藤高明还是山县有朋以及加藤的继任者石井菊次郎，都以协调为主要方针，即在不损害日本利益的前提下，避免引起美国对日本产生恶感。但是，加藤高明的主张是出于对日英同盟以及英美关系的顾虑，并没有真正意识到美国势力在东亚的崛起。当时日本的舆论，例如《大阪朝日新闻》（1915 年 2 月 21

日的社论）也认为英国碍于日英同盟以及欧洲战场的战事不会阻挠，美国为了解决日美之间在移民问题上的矛盾，只会在形式上对中国的请求表示同情，整个舆论会向承认"二十一条"方向发展。① 只有山县有朋等日本元老早在提出"二十一条"时便言明"不能轻视美国，轻信其不干涉日中两国事务"②，表现出对美国扩张在东亚权益的警惕。

第二节　美国最初的反应

美国驻华公使芮恩施是最早将"二十一条"消息传递给美国国务院的人。他的消息来源一为中国官员，他"同中国内阁大臣和外交部官员的交往并不限于正式的会见和宴会"，经常相互拜访，"免掉种种官场客套，谈至深夜"③；一为英美驻华报人。1915 年 1 月 22 日，芮恩施从中国官员口中得到"二十一条"的消息④；23 日，伦诺克斯·辛普森（Simpson Bertram Lenox）⑤ 把得到的关于"二十一条"

---

① 「日支交渉と米国　米国の対英仏露照会」、『大阪毎日新聞』1915 年 2 月 21 日、神戸大学経済経営研究所蔵、新聞記事文庫、外交（16 - 010）。

② 徳富猪一郎編『公爵山県有朋伝』下巻、山県有朋公記念事業会、1933 年、922—923 頁。

③ ［美］保罗·S. 芮恩施著，李抱宏、盛震溯译：《一个美国外交官使华记》，第 103 页。

④ ［美］罗伊·沃森·柯里著，张玮瑛、曾学白译：《伍德罗·威尔逊与远东政策 1913—1921》，第 102 页。

⑤ 伯特伦·伦诺克斯·辛普森（1877—1930），又名辛博森，笔名普特纳姆·威尔（Putnam Weale）。英国人。生于中国宁波。中国海关税务司辛盛之次子。曾在瑞士留学，能操流利的法语、德语和汉语。后进中国海关，在北京总税务司署任总司录司事。1900 年八国联军攻占北京后，曾参加劫掠。1902 年辞海关职，就任英国报社驻北京通讯员。1911 年辛亥革命后任伦敦《每日电讯报》驻北京记者。1916 年被黎元洪聘为总统府顾问，并为其在北京创办英汉合璧的《东方时报》。1930 年协助阎锡山接收海关，招致帝国主义列强的强烈反对。9 月，阎锡山的反蒋运动失败，遂将海关交出。是年 11 月遇刺身亡。著有《满人与俄国人》《远东的新调整》《来自北京的有欠审慎的信函》《东方的休战及其后果》《东亚正在到来的斗争》《为中国的共和政体而斗争》《中日两国真相》《来自太平洋的一则欠审慎的记事》《为什么中国看中了赤色》《消逝了的帝国》《张作霖反对共产主义威胁的斗争》《中国的苦难》等书。参见黄美真、郝盛潮主编《中华民国史事件人物录》，上海人民出版社 1987 年版，第 611—612 页。

要求全部要点的确切情报告诉了芮恩施，芮恩施随即电告美国国务院，"请威尔逊总统亲自注意日本提出的这影响到美国人在华的权利和合法前途的二十一条要求"。[①] 25 日，伦敦《泰晤士报》的驻华代表带来了他所能收集到的所有信息。[②] 27 日，代表美国主流媒体的《华盛顿邮报》(*The Washington Post*) 和《纽约时报》(*The New York Times*) 大幅报道了日本对华提出的"二十一条"，并评论这一问题将对美国也产生影响。而这两份报道均注明消息来自美国驻华公使芮恩施。[③]

获知消息后，美国政府内部反应经历了两个阶段。

最初负责对东亚政策的人物主要有三，一是总统威尔逊、二是国务院远东司司长卫理 (Edward Thomas Williams)，三是国务卿布赖恩 (William Jennings Bryan)。美国外交决策是一个十分复杂的过程，影响决策者做出最后决定的因素是多方面的。总统领导的行政部门是外交政策的具体制定者和执行者，但往往受国会的制约，难以为所欲为。从深层的意识形态角度讲，美国外交决策潜在地受到根深蒂固于美国社会中的文化价值观的影响。[④] 美国著名外交史学家布拉德福德·帕金斯 (Bradford Perkins) 曾言："无论哪一国家，决策者都不仅受到他们得到的信息的影响，还要受到价值观的影响，价值观被用

---

① Mr. Reinsch to Mr. Bryan, Twenty-one demands of Japan on China, Jan. 23, The United States, Department of the State, *Papers Relating to the Foreign Relations of the United States* (hereafter FRUS) 1915, p. 79；［美］保罗·S. 芮恩施著，李抱宏、盛震溯译：《一个美国外交官使华记》，第 108 页。

② ［美］保罗·S. 芮恩施著，李抱宏、盛震溯译：《一个美国外交官使华记》，第 103—105 页。

③ 奈良冈聪智『对華二十一か条要求とは何だったのか 第一次世界大戦と日中对立の原点』、211 页。1915 年 1 月 23—27 日的五天时间里，芮恩施每得到"二十一条"的新内容立刻通知国务院，目前仅 FRUS 中收录的就有 1 月 24 日、26 日和 27 日三条电报。参见 FRUS, 1915, pp. 79 - 80。对美国的报道，加藤外务大臣电告日本驻美国大使珍田捨己，要求他向美国驻华通信员做出适当的解释，日本对华要求不侵犯列强的势力范围，日本也没有割让中国领土的意图和相关条款，保持中国领土完整是日本的外交方针。参见「我外交方針ハ中国領土保全ニアル旨通信員側ニ適宜説明方ニ関スル件」(1915 年 1 月 28 日、加藤外务大臣ヨリ在米国珍田大使宛)、外务省编纂『日本外交文書』1915 年第 3 册上卷、外务省、1968 年、547 页。

④ 王晓德：《美国文化与外交》(修订版)，天津教育出版社 2008 年版，第 119 页。

来理解信息。"①

所以他们的看法既受自身政治理念的影响，也与当时的国际环境、个人经历、对日本和中国的认识有关。

威尔逊在当选总统之前没有到过东亚，但他所处的时代，正值美国社会、政治和经济大变动时期，美国对外扩张也进入历史上的一个重要时期。他在步入政坛之前作为一个深谙美国历史的著名学者，就意识到了美国正在走出孤立主义的藩篱，并试图在理论上论证这一发展趋势的合理性以及必然性。他曾经断言1898年美西战争的结束一方面标志着美国孤立状态的结束，更为重要的是标志着美国在世界事务中发挥广泛作用的新时代的到来。② 他认为东亚将"能更深入地触及未来世界的发展"，所以希望能够扩大美国在中国和日本的影响。③他"特别对中国感兴趣"④，曾向国务卿布赖恩表示中国"在我的思想中非常重要"，美国应该给予中国"某些特殊的服务"。在当选总统之前，一位名叫威灵顿·古的年轻外交官曾向他与时任政治学教授的芮恩施极力宣扬日本的威胁性，据说得到了威尔逊的支持。⑤

获知芮恩施关于"二十一条"的报告以后，威尔逊找到时任美国国务院远东司司长卫理和国务卿布赖恩，要求他们提供建议并搜集与之相关的所有信息，列明日本在门户开放方面应承担的义务。

卫理是美国国务院中少数有中国经历的外交官，同时也是传教士出身的亲中派。他曾在中国长居十五六年，其中1887—1896年在外国基督教传道会工作，1896年接受了上海美国总领事馆翻译的任命在上海领事馆任领事，1898年成为清政府翻译，1901—1908年被任命为美国驻华公使馆书记官。1908—1909年任美国驻天津领事，

① 王立新：《意识形态与美国外交政策——以20世纪美国对华政策为个案的研究》，"导言"，北京大学出版社2007年版，第33页。
② 王晓德：《美国文化与外交（修订版）》，第140页。
③ ［美］罗伊·沃森·柯里著，张玮瑛、曾学白译：《伍德罗·威尔逊与远东政策1913—1921》，第24页。
④ 同上书，第7页。
⑤ ［美］费正清（John King Fairbank）著，傅光明译：《观察中国》，世界知识出版社2002年版，第29页。

1909 年被任命为美国国务院远东司次长。1911 年作为美国驻华公使馆书记官再次来华，至 1913 年任驻北京美国公使的一秘，在嘉乐恒（Calhoun）离任和芮恩施到任期间当了几个月的代理公使。[①] 他对中国与日本的情况非常熟悉，热衷于在中国推广美国的经验，扩大美国对中国在文化、知识和政治上的影响力。[②] 他对日本坚持门户开放的承诺心存怀疑，认为在中国问题上，日本有其"自私的权益"，且"在朝鲜问题上已经是无耻地违反了她曾做出的承诺"。[③]

就以上威尔逊总统与卫理对日本和中国的基本印象来看，接到"二十一条"消息以后的直接反应是对日不信任。不过，在落实到具体的行动上时，威尔逊并没有像芮恩施所坚持的那样在中国采取积极行动。欧洲战事造成的国际环境自然是令其保持谨慎态度的重要因素，美国国务卿布赖恩的对日态度及"二十一条"第五项条款有无的不确定信息也发挥了不可忽视的作用。

布赖恩是个追求实际的公正与和平统治的理想家，历来重视在国际政治中的和平秩序。他认为中日两国应该相互让步达到平衡，而美国应该在中日关系中保持中立。20 世纪初，他曾经与一位名叫山本的日本人交往，1907 年应其之邀来日本和中国旅行，从而形成了对日本和中国的初步印象。在日本，布赖恩受到了明治天皇、东乡平八郎、大隈重信等人的热情接待，并先后在早稻田大学和东京基督教青年会发表演讲。他对日本制定宪法、逐渐向代议制发展的趋势表示赞赏，欣赏大隈所主张的自由主义，认为日本是亚洲融合东西文化的典范。但相反地，中国街道的脏乱与无序给他种下了非

---

① 参阅 7.「ウィリアムス」ノ会議要務参与排斥宣伝方ノ件、JACAR（アジア歴史資料センター）Ref. B06151005600、啓発其他宣伝雑件（2‐4‐3‐0‐55）（外務省外交史料館）。［美］费正清编，杨品尔等译：《剑桥中华民国史 1912—1949 年》上卷，第 175 页。

② Dimirti Daniel Lazo, *An Enduring Encounter: E. T. Williams, China, And the United States*, unpublished Ph. D. dissertation, University of Illinois at Urbana Champaign, 1977.

③ ［美］罗伊·沃森·柯里著，张玮瑛、曾学白译：《伍德罗·威尔逊与远东政策 1913—1921》，第 104 页。

常深刻的印象。① 这种对日本的好感，让他在日后发生的加利福尼亚排日土地法案中反对法案通过，也影响了他对"二十一条"问题日本对华政策的判断。他没有意识到"大隈受人称赞的那种自由主义是典型日本式的，是与西方对自由主义的理解完全不相同的"。② 所以，当芮恩施的报告递交到布赖恩的手中时，尽管他遵循芮恩施所建议的方针，向美国驻伦敦的大使佩奇（Walter Hines Page）确定"二十一条"的性质，但他内心却认为芮恩施的亲中性报告"可能是夸大了的"。③ 2 月 8 日，日本政府通过驻美大使珍田捨己正式向美国政府通报"二十一条"中日交涉的相关情况，但却在递交的文件中隐匿了第五项要求的内容。④ 对此，芮恩施立即回电，称日本向美国提交的"二十一条"文件只是其中的一部分，原件中存在不利于美国的、排他性的危险的要求。⑤ 面对来自芮恩施以及日本的两份相互矛盾的信息，布赖恩选择信任珍田捨己的声明，认同珍田的解释，认为"那些说要求涉及全中国云云的说法为夸大其词的虚假信息"。⑥ 即便是在 2 月 17 日中国方面公布"二十一条"的全部内容后，布赖恩仍然有意识地努力为日本的地位着想。他于 19 日电告芮恩施，"日本向美国递交二十一条相关内容时，日本已经在中国政府的反对下撤回第五项要求，现在已经不存在这一项内容了"。⑦

---

① 原野彦太郎编『真面目の人』、教文館、1911 年、94 — 95 頁；高原秀介『ウィルソン外交と日本』、創文社、2006 年、37 頁；嬌溢生『独笑珍話』、実業之日本社、1907 年、342 頁。

② ［美］罗伊·沃森·柯里（Roy Watson Curry）著，张玮瑛、曾学白译：《伍德罗·威尔逊与远东政策 1913—1921》，第 96 页。

③ 同上书，第 105 页。

④ Minister Reinsch to the Secretary of State, AMERICAN LEGATION, Peking, February 8, *FRUS*, 1915, pp. 83 – 84.

⑤ Ibid., pp. 88 – 89.

⑥ 「対支交渉綱領英文箇条書ヲ国務長官ニ手交ノ旨報告ノ件」（1915 年 2 月 8 日、在米国珍田大使ヨリ加藤外務大臣宛）、外務省編纂『日本外交文書』1915 年第 3 冊上卷、557 — 558 頁。

⑦ Minister Reinsch to the Secretary of State, AMERICAN LEGATION, Peking, May 4, *FRUS*, 1915, p. 136.

值得注意的是，总统威尔逊与布赖恩并不相同。他在给芮恩施的电报中说"对于目前的交涉感觉予中国以任何直接劝告，或为她进行任何直接干涉，均属害多益少"，"我一直在扮演谨慎的朋友的角色"，"现在我正慎重注意情形，准备步骤于适当时机行之"。① 这为日后美国分别于 3 月 13 日及 5 月 11 日出现两次对"二十一条"的不同声明埋下了伏笔。

尽管日本驻美大使珍田捨己及日本外务省不断否认"二十一条"第五项要求的存在，但英美舆论界仍不时爆出与之相关的消息。② 迫于舆论的压力，2 月 20 日，加藤高明向美国驻日大使承认了第五项内容的存在。③ 布赖恩虽然震惊，但却表现出对日本的同情，2 月 22 日，他在给总统的备忘录中解释说"如果中国同意割让满洲而能确保它的其余部分的自由的话——可能是有价值的"。④

由于卫理和蓝辛两位国务院远东问题上的决策人物表现出与布赖恩同样的看法："日本移民的潮流转向满洲可能多少缓和我们太平洋沿岸的局面。"建议"美国不在南满、山东提出条约权利要求，日本同意不再反对美国关于禁止日侨租用土地的法案。除此之外，日本应信守门户开放原则"。⑤ 1915 年 3 月 13 日，美国国务院在布赖恩的主持下起草了对日本的照会，强调美国重视中国的独立、完整及贸易自由，和保护美国在中国的合法权益。对日本在南满及东蒙利益的要求，美国表示了反对，但同时宣称"美国坦然承认由于领土的邻近，

---

① ［美］罗伊·沃森·柯里（Roy Watson Curry）著，张玮瑛、曾学白译：《伍德罗·威尔逊与远东政策 1913—1921》，第 105 页。

② 相关报道内容可参见外务省编纂『日本外交文书』1915 年第 3 册上卷、571 — 587 页。

③ 「国务省ヨリノ觉书ニ关シ其误谬指摘及详细说明ノ件」（1915 年 2 月 20 日、加藤外务大臣在本邦米国大使会谈）、外务省编纂『日本外交文书』1915 年第 3 册上卷、577 — 581 页。

④ 邓楚川：《威尔逊与中国》，杨生茂、林静芬编《美国史论文选》，天津人民出版社 1984 年版，第 394 页。

⑤ ［美］罗伊·沃森·柯里著，张玮瑛、曾学白译：《伍德罗·威尔逊与远东政策 1913—1921》，第 106 页。

使日本与这些地区建立了特殊的关系"。①

显然，布赖恩等人在考虑"二十一条"问题时，一方面重视的是中国形式上的独立、完整及美国在华的权益等"门户开放"政策的精神，另一方面也是当时他们面临的现实问题，即加利福尼亚的排日法案引起的日美紧张关系。

第三节 芮恩施、传教士及在华美国人的努力与美国态度的转变

美国国务院 3 月 13 日的表态，显然不符合中国的预期。同时也引起了美国公使芮恩施的不满。② 在中国政府的支持下③，3 月 18 日，卫理公会主教写长信给国务卿布赖恩，称日本的"二十一条"与美国海约翰的门户开放政策相抵触，同时也不利于美国在华的商业活动。除此以外，他还指出中国对美国的重要性，希望美国能够在道德、经济、政治上对中国发挥影响力以抵抗日本。④ 4 月 8 日，北京外国人联合教会的牧师哈伯德⑤（Charles F. Hubbard）等在华美国传教士及教师通过芮恩施致电总统威尔逊，希望美国能够派代表参加中日两国之间的交涉，要求暂停中日交涉，日军撤回在中国驻扎的大批

---

① Mr. Bryan to Mr. Chinda, Mar. 13, FRUS, 1915, pp. 105 – 111. 中文翻译参见 ［美］罗伊·沃森·柯里著，张玮瑛、曾学白译《伍德罗·威尔逊与远东政策 1913—1921》，第107 页。

② Mr. Reinsch to Mr. Bryan, Mar. 17, FRUS, 1915, p. 112.

③ 「在支米国宣教師連合ヨリ米国大統領宛請願電報ヲ報道スル北京電報ノ要領報告ノ件」（1915 年 4 月 19 日、在米国珍田大使ヨリ加藤外務大臣宛）、外務省編纂『日本外交文書』1915 年第 3 冊上巻、687 － 688 頁。

④ To William Jennings Bryan, From J. Mashfad, March 18, 1915, 转引自笠原十九司『第一次世界大戦期の中国民族運動——東アジア国際関係に位置づけて——』、汲古書院、2014 年、97 頁。

⑤ 此人毕业于阿姆斯特大学，是长老会牧师，因对中国问题感兴趣，于 1914 年 5 月来到北京。参见 Reception to dr. and mrs. hubbard. (1914, May 28). Peking Daily News (1914 – 1917) Retrieved from http：//search. proquest. com/docview/1420660688？ accountid = 41097，2015 年 12 月 10 日。

军队。同时他们还严厉批评了日本的帝国主义与军国主义，高度评价了中国希望和平的愿望与统治能力，甚至建议美国政府利用中日交涉延期提供的时间空隙，做好对日战争的准备。文件中声明："从道义上和本身利益来考虑，这个西方最强大的共和国应站在这个东方最大的共和国一边，以期在这关键时刻伸张正义。"①

芮恩施要求美国驻中国各地的总领事及领事随时向其汇报各地的情况。这是芮恩施就任驻华公使以后的新举措："在中国的美国领事们都受公使馆的节制管辖"，这"对领事及外交事务起了巩固的作用，这种情况是空前的，只在中国出现"。②

美国驻青岛领事报告说3月以后，战时编成的日军往青岛、济南、天津和满洲持续增兵；美国驻奉天领事报告称日本正在南满铁路沿线扩张势力。福州、汕头等地的领事还把当地抵制日货的情况事无巨细报告给了芮恩施。芮恩施将这些内容全部整理之后报告给了美国国务院。③

4月14日，芮恩施秘密致电威尔逊，他引用天津一家报纸的评论，上面刊登的是"一位日本著名人士的话说，希望美国有所行动是没有用的，因为美国国务卿'深深受到珍田男爵的影响，使他不会说一句反对日本愿望的话。'该报尖刻地说，看来这是真的，因为美国不再维护门户开放政策"。④芮恩施告诉威尔逊日本正在中国制造一

---

① Charles A. Hubbard et al. to Wilson, April 8, 1915, The Papers of Woodrow Wilson, Vol. 32, pp. 508 – 509.「在支米国宣教師ノ米人利益保護要求運動ニ関スル北京電報報告ノ件」（1915年4月17日、在米国珍田大使ヨリ加藤外務大臣宛）、外務省編纂『日本外交文書』1915年第3冊上卷、687頁；「在支米国宣教師連合ヨリ米国大統領宛請願電報ヲ報道スル北京電報ノ要領報告ノ件」（1915年4月19日、在米国珍田大使ヨリ加藤外務大臣宛）、外務省編纂『日本外交文書』1915年第3冊上卷、687 — 688頁。中文翻译部分参见〔美〕罗伊·沃森·柯里著，张玮瑛、曾学白译《伍德罗·威尔逊与远东政策1913—1921》，第110页。

② 〔美〕罗伊·沃森·柯里著，张玮瑛、曾学白译：《伍德罗·威尔逊与远东政策1913—1921》，第27页。

③ Mr. Reinsch to Mr. Bryan, Mar. 17, 22, 24, 25, 30, 31, Apr. 2, 5, 7, 9, 12, 17, 23, 24, 27, May. 3, 4, 7, 9, FRUS, 1915, pp. 112 – 145.

④ 〔美〕罗伊·沃森·柯里著，张玮瑛、曾学白译：《伍德罗·威尔逊与远东政策1913—1921》，第110页。

种不信任美国的舆论,"他非常担心,如果我国政府继续不明确否认的话,类似这种报道将会激起中国舆论的愤怒"①,并请求批准进行一场反宣传运动,以表示美国并未放弃在华的义务和权利。②

可以说,芮恩施的努力与在华美国传教士的报告在日本隐匿"二十一条"第五项要求曝光以后对威尔逊产生了巨大的影响。4月14日,就在芮恩施发来那封长电以后,威尔逊指示布赖恩:①向日本驻美大使珍田捨己通报美国非常关心日本政府对中国的强硬态度,对于美国政府承认日本所有要求的看法与事实不符;②训电驻华公使芮恩施以非正式的形式向中国政府表示"美国政府没有放弃中国在条约上的任何权利,对中国产业上、政治上的福祉等相关事项的关心未减分毫。我们确信并期待目前的交涉不会影响到美国的权利、义务,不侵害美国的利益,等待交涉的结果"。③

在传教士问题上,国务卿布赖恩与威尔逊有不同的意见。4月8日威尔逊接到北京、天津等地美国传教士的长电以后曾询问布赖恩是否获知此事,对它有什么意见。布赖恩认为发出这个文件是不明智的:传教士此举既批评了日本政府,又在反对日本计划的同时强调了美国的物质利益。他认为由美国传教士提出这样一个抗议,会使他们

---

① Bryan to Wilson, with enclosure, April 14, 1915, *The Papers of Woodrow Wilson*, Vol. 32, pp. 519 – 520.

② [美] 罗伊·沃森·柯里著,张玮瑛、曾学白译:《伍德罗·威尔逊与远东政策1913—1921》,第110页。

③ 「米国政府ガ在支同国公使ヲシテ非公式ニ中国政府ニ通告セシメタル事項ニ関スル聞込ニ付露国公使内告ノ件」(1915年4月19日、在中国日置公使ヨリ加藤外務大臣宛)、外務省編纂『日本外交文書』1915年第3冊上巻、333頁。在这份报告中,日置益报告说,北京、天津等地的在华美国人针对中日交涉的电报影响了美国政府的判断,使威尔逊训令公使芮恩施非正式转达了美国政府对中国政府的支持。1. That the Chinese Government shall not make the treaty rights of America. 2. That the American Government will not recede an iota from the principle of territorial integrity and equal opportunity. 3. That the negotiation may be concluded to mutual satisfaction. ;「中国側態度硬化ノ原因ハ米国公使ノ通告ニ在ル旨報告ノ件」(1915年4月19日、在中国日置公使ヨリ加藤外務大臣宛)、外務省編纂『日本外交文書』1915年第3冊上巻、335 — 336頁;「日中交渉ニ付在支米国公使ヨリ中国政府ヘノ通告ニ関スル北京電報ヲ京津タイムズ紙掲載ノ件」(1915年4月20日、加藤外務大臣ヨリ在米国珍田大使宛)、外務省編纂『日本外交文書』1915年第3冊上巻、688頁;細谷千博「『二一要求』とアメリカの対応」、『一橋論叢』第43巻第1号、1960年1月、42頁。

在日本和中国的活动受到猜疑，这就会损害而不是帮助美国在华的事业。①

目前有资料证明威尔逊后来发现传教士发出抗议的电报费用超过7000 美元，而由北京通过合众社发出的有关消息的费用都是由中国政府支付的这一事实②，也认识到中国采取的措施是"在处于软弱的形势下，依靠善意的压力、团体的活动，利用外国人的同情心，使一个强国对抗另一个强国"。但，威尔逊并不只甘于做中国"谨慎的朋友"，而希望成为中国的保护者，阻止日本的要求。这一点从 4 月 16 日威尔逊发给布赖恩的电报中可见：我"相信'我们必须尽一切可行的方法去保护中国'"，"我们必须十分谨慎地在表面上承认日本任何要求或劝告的合理性问题"。③

威尔逊所考虑的"一切可行的办法"，其一乃是联合英法俄三国共同声明谴责日本；其二在联合声明行不通的情况下，采取单独行动，抗议日本的要求。其目的既是为了打消 3 月 13 日美国国务院声明带来的负面影响，同时也是为明确美国态度，给日本的继续扩张造成压力。

5 月 11 日，当日本最后通牒的消息传到美国以后，威尔逊命令美国国务院向日本发出照会，称"中日两国所订协议或条约如果损害美国在华条约和侨民的权利，妨害中华民国政治和领土主权之完整及众所周知的门户开放的国际政策，美国概不承认"④，以作为美国对华

---

① ［美］罗伊·沃森·柯里著，张玮瑛、曾学白译：《伍德罗·威尔逊与远东政策1913—1921》，第 110 页。

② 「在支米国宣教師連合ヨリ米国大統領宛請願電報ヲ報道スル北京電報ノ要領報告ノ件」（1915 年 4 月 19 日、在米国珍田大使ヨリ加藤外務大臣宛）、外務省編纂『日本外交文書』1915 年第 3 冊上卷、687－688 頁。

③ ［美］罗伊·沃森·柯里著，张玮瑛、曾学白译：《伍德罗·威尔逊与远东政策1913—1921》，第 110—111 页。

④ The Secretary of State to Ambassador Guthrie, DEPARTMENT OF STATE, Washington, May 11, *FRUS*, 1915, p. 146. 另参见「日中交渉ニ関スル米国政府ノ見解通告ノ口上書手交ノ件」（1915 年 5 月 13 日、加藤外務大臣在本邦米国代理大使会談）、外務省編纂『日本外交文書』1915 年第 3 冊上卷、792－793 頁。

对日态度的备忘录。①

第四节　美国对华外交路线的调整

从某种意义上来说，"二十一条"以后，美国的对华外交基本上从布赖恩路线转为威尔逊路线。如果说布赖恩路线代表的是对安全与经济利益等现实目标的追求，那么威尔逊路线则更注重的是对价值观和理想等意识形态的介入。这一转变，就日后的中美以及日美关系的走向来看，有双重意义：第一，美国在中国发展文化事业；第二，芮恩施、传教士以及在华美国人成为威尔逊对华政策实施过程中的忠实执行者和建言人。

对于威尔逊主义或者说威尔逊思想以及威尔逊的对华政策②，自威尔逊在任之时就议论纷繁，众说不一。但比较统一的看法，一是威尔逊对文化在国际关系中的重视，尤其是在对华政策中"对美国文化影响的重视远远超过对经济与战略利益的关注"；一是"传教士外交"③。这与威尔逊自身的家庭背景、宗教信仰有关，也与当时美国社会的潮流有关。正如有学者所指出的"行为的根本驱动力源于对利

---

① 「日中交涉ニ関スル米国政府ノ見解通告ノ覚書ニ付国務長官ト会談ノ件」（1915年5月13日、在米国珍田大使ヨリ加藤外務大臣宛）、外務省編纂『日本外交文書』1915年第3冊上卷、795頁。

② 中国对威尔逊对华政策的研究成果，较早的有邓楚川《威尔逊与中国》，《历史研究》1964年第2期。该文后收录在杨生茂、林静芬编《美国史论文选》，天津人民出版社1984年版和黄安年编《从战地到史林　邓蜀生九旬文集》，中国法制出版社2012年版。

③ 钱其琛主编的《世界外交大辞典》对"传教士外交"是这样定义的："美国一些学者对威尔逊政府对落后国家外交的称谓。美国学者林克·阿瑟解释这一术语的含义说，威尔逊处理与落后国家关系的主要动机是'公正地行动，促进国际和平事业，给其他民族带来民主和基督福音'，'而维护美国经济利益的愿望和帝国主义的扩张只是下意识地发挥着作用'。"（钱其琛主编《世界外交大辞典》上，世界知识出版社2005年版，第405页）。中国学者中，王立新把威尔逊的这一外交特点与对华政策联系起来，重新探讨了美国对中华民国的承认问题。参阅王立新《伍德罗·威尔逊政府承认中华民国问题再研究》，《求是学刊》2004年第6期。此文后收录在王立新《意识形态与美国外交政策——以20世纪美国对华政策为个案的研究》一书中。

益的追求，但如何实现利益则取决于一个人对政治的一般性看法，取决于其信仰和价值观"。①

美国波士顿大学历史学教授戴维·弗罗姆金（David Fromkin）的研究表明，自 1898 年美西战争结束以来，美国对外关系的根本问题一直是美国是否将在国际事务中扮演一种持续性的作用。② 表现在对华政策上，最著名的便是 1899 年与 1900 年美国国务卿海约翰（John Milton Hay）两次向英、俄、德、法、意、日六国递交照会中提出的"门户开放"政策。该政策呼吁"对中国保持和平，促进合法商业及用国际公法与条约上的治外法权所保证之一切方法保护美国公民的生命财产"，"保持中国领土与行政完整，保护各友邦受条约与国际法所保障的一切权利，并维护各国在中国各地平等公正贸易之原则"。③ 日俄战争以后，美国人中间出现了亲华的势头。起初是一些传教士，1906 年以后，美国商人和外交官中也出现了同样的看法，不久华盛顿政府内部也出现了积极亲华的倾向。在当时，亲华与反日即互为表里，虽然程度各不同，如美国海军与在东北做生意的美国商人，其反日与亲华就表现出不同的重心，但仍然不能否认面对日俄战争后日本的对外扩张，不少美国人开始对中国表示同情，并积极给予帮助。其中的一个典型人物就是美国在华领事司戴德（Willard Straight）。值得注意的是，这一时期诸如司戴德等人所追求的反日亲华，并不是"日美帝国主义矛盾"的体现，而是一种理想主义，即扩大美国在华道德影响力的表达。④ 而这一点与日后成为总统的威尔逊看法是一致的。

"一战"爆发之前的几年里，美国社会中出现了一种日益强烈的自信果敢，政府内外的领袖们都强调美国的特殊角色或美国对世界的特殊贡献，其中有两个十分重要的特点：威廉·霍华德·塔夫脱

---

① 王立新：《意识形态与美国外交政策——以 20 世纪美国对华政策为个案的研究》，第 35 页。

② 王晓德：《美国文化与外交》（修订版），第 139 页。

③ 《中美关系资料汇编》第 1 辑，世界知识出版社 1957 年编印，第 451—452 页。

④ 入江昭『米中関係史』、サイマル出版会、1971 年、37 — 39 页。

（William Howard Taft）总统的"金元外交"以及他们对通过国际法落实世界和平方式的信奉。金元外交是利用美国的经济资源促进经济上的相互依赖，由此建筑政治上的稳定并最终出现国际秩序；和平主义最早主要受到虔诚基督教徒的驱动。① 有学者甚至指出美国的门户开放政策，其实可以看作是"三个不同利益集团——谋取利润的实业家，渴望提高国威的政治家、外交家和致力于中国精神与文化之改造的传教士——联合的创造物"，其中传教士的影响最大，他们是决策者、外交官和公众有关中国情况的最原始的来源。②

这种说法在威尔逊的身上得到了验证。1913 年，威尔逊（Thomas Woodrow Wilson）上台后即考虑赋予门户开放政策以新的理解，"把增进美国文化影响的愿望置于塔夫脱提出的经济计划之上"。③

在威尔逊看来，美国在中国的意识形态利益比经济与战略利益要重要得多。因为当时已经表面上完成西化的日本，它的近代化是在兴产业、强军事的基础上形成的，是一个"普鲁士"式的国家。如果中国受制日本，日后在东亚也会成为对西方文明造成威胁的壁垒。④ 美国要保持对中国独一无二的道义影响，为中国的发展树立榜样，通过美国文化特别是基督教的力量来影响和改造中国，这是美国在中国的伟大使命和国家理想，也即传教士外交的主要内涵。除此以外，商人、报人等非官方人士的所见所闻，也是其思考的促进文化交流的外交努力的一部分。有学者称，从 19 世纪 90 年代起，华盛顿官员就对美国人在海外的所作所为大感兴趣，试图把这些人的活动纳入促进国家利益的轨道。⑤

另外，威尔逊在外交中对传教士的重视，与其家庭教育背景和宗教信仰不无关系。威尔逊出生于一个基督教家庭，他的父亲是著

---

① ［美］孔华润主编，王琛等译：《剑桥美国对外关系史》下，第 15—16 页。
② ［美］韩德著，项立岭、林勇军译：《中美特殊关系的形成——1914 年前的美国与中国》，"中文版序"，第 1 页。
③ 同上书，第 2 页。
④ 入江昭『米中関係史』、47 頁。
⑤ 入江昭著，王建华译：《用文化方法研究外交史》，《现代外国哲学社会科学文摘》1991 年第 5 期，第 20—21 页。

名的长老会的牧师，是海外传教事业，包括在华传教事业的坚定支持者，所以在担任普林斯顿大学校长期间，他就非常关注美国新教在中国的传教活动。他尤其注意到"在中国为建立新政府和新政权最活跃的人当中有许多是基督教青年会的会员，也有许多是在美国大学受过教育的人士。在这条战线上，直接和间接的基督教影响是明显的"。①

可以发现，在威尔逊任总统时期，美国的公使馆经常从美国的传教士中挑选它的汉务参赞。1901—1908 年的汉务参赞卫理，1887—1896 年曾在外国基督教传道会工作，1896 年他离开该会，接受了上海美国总领事馆翻译的任命。他是 1911—1913 年驻北京美国公使的一秘，在嘉乐恒离任和芮恩施到任期间当了几个月的代办——在此期间美国承认了中华民国②，发生了"第二次革命"。在 1914—1918 年期间，他是美国国务院远东司的负责人。1918 年卫理成为伯克利加州大学东方语言和文学的阿加西斯基金的教授。接任卫理的是丁家立，他在美国海外布道会的赞助下于 1882 年来华。丁家立 1886 年不再继续从事传教工作，以后的 20 年在天津进行教育活动，受到前后两任总督李鸿章和袁世凯的赞许。他于 1886—1895 年任中西书院院长，1895—1906 年任天津新建的官办大学（1900 年后称北洋大学）的总教习。1902—1906 年他还是直隶的高级和中级学堂的学监。1908—1919 年，除了一段短期间歇外，他在美国公使馆任汉务参赞，1919—1920 年以一秘的身份代理馆务。由于他广交中国官员，包括袁世凯总统，丁在公使馆是有影响力的。裴克，1903—1918 年任助理汉务参赞，1913—1914 年和 1919—1926 年任汉务参赞，生于天津，父母均为传教士。他于 1906 年在加州大学毕业后任见习翻译，1914—1919 年期间在驻青岛、汉口和天津的领事馆任职。裴克 1945

---

① ［美］罗伊·沃森·柯里著，张玮瑛、曾学白译：《伍德罗·威尔逊与远东政策1913—1921》，第 24 页。

② 王立新曾在研究中明确指出，美国能够在列强中较早地承认中华民国，很重要的原因就是基于威尔逊宗教背景的意识形态在起作用。参见王立新《伍德罗·威尔逊政府承认中华民国问题再研究》，《求是学刊》2004 年第 6 期。

年退职以前于 1935—1940 年任大使馆参赞，在处理美国与中国的关系方面一直是一个突出的人物。①

到 1920 年"就美国驻华商务馆的报告，已经有超过 3000 人的美国传教士在中国，美国在华的教育及医疗机构有四分之三是由美国传教士经营。美国每年为这些团体提供的各项财政支出高达 1200 万元"。②

也正源于此，美国学者 J. 瑞德（James Reed）曾断言，传教士对威尔逊的对华政策"产生了极大的、可能是决定性的影响"。③ 费正清甚至评论说："传教士在美国政策形成过程中的作用，无论是对中东还是对中国，在 20 世纪第二个十年的威尔逊总统任期内都达到顶点。这个时代的政治人物经常受传教士宣称的道德责任和行善动机所驱使，而不是受国家利益观念和谋取商业利润的希望所驱使。"④

芮恩施是威尔逊这一政策的忠实执行者，是中国问题方面的主角。⑤ 芮恩施出生于进步主义氛围浓厚的美国中西部，是美国国际政治学界的先驱人物。他对中国问题的关注早在 19 世纪末 20 世纪初便已开始，在其《帝国主义论》一书中，芮恩施对 19 世纪领土扩张型帝国主义和 20 世纪商业扩张型帝国主义进行了区别分析，还特别注意了列强在处于世纪转换期的中国的行为。芮恩施认为，商业扩张型帝国主义需要在资源开发上追求国际合作，因此主张保持中国的机能完整，而不是去分割中国。他重视中国的文化，把中国看成是将来影

---

① ［美］费正清编，杨品尔等译：《剑桥中华民国史 1912—1949 年》上卷，第 175 页。

② 佐藤綱次郎『支那一ヶ月旅行』、二酉社、1920 年、68－69 頁。

③ James Reed, *The Missionary Mind and American East Asia Policy*, 1911—1915, Washington：Harvard University Press, 1983, pp. 150.

④ 王立新：《伍德罗·威尔逊政府承认中华民国问题再研究》，《求是学刊》2004 年第 6 期，第 147 页。

⑤ ［美］罗伊·沃森·柯里著，张玮瑛、曾学白译：《伍德罗·威尔逊与远东政策 1913—1921》，第 27 页。

响整个世界的重要因素。①

日俄战争结束后，芮恩施曾在《北美评论》（The North American Review）发表《日本与亚洲领导力》的文章。他注意到自甲午战后日本在亚洲的影响力，并认可在当时情况下，为遏制俄国势力对日本采取友好态度。不过文中也难以掩饰其对日本野心的疑虑，所以强调东西方文明的相辅相成。②

当他被威尔逊选为驻华公使以后格外注意在中国扩大美国的影响力，致力于对中国文化事业的开展。他与日本佐藤刚次郎谈话时强调"要帮助中国改变现状，需列强各国对中国进行文化方面的宣传"。③"作为一个政治学家，他对年青的知识分子有相当大的影响。芮恩施本人注意到'日本的兴起，中国的巨大转变，民族运动在整个东方的掀起……使我们更加意识到……过去东方与西方分别存在的情况已经终结……。'""在他的全部任职期间，芮恩施都一直能够探知中国的意向"，他"所做报告及个人参考咨询意见，一向使总统对于中国问题了如指掌"。④

"一战"爆发后，芮恩施草拟了一份在中国活动的备忘录："美国在协助中国政府和影响它朝着国民自由生活的方向发展方面，享有非常优越的地位。美国不想对中国进行政治干涉，对于中国人民的努力感到真正的同情，而且在中国从事文化、教育和慈善事业方面毫无

---

① ポール・エス・ラインシュ著、高田早苗訳『帝国主義論：早稲田小篇』、東京専門学校出版部、1901 年。芮恩施的这本著作出版于 1900 年，原名为 World Politics at the End of the Nineteenth Century as influenced by the Oriental Situation，出版第二年就被高田早苗翻译成日文出版。高田早苗是大隈重信阵营中的重要人物，也是早稻田大学的主要运营者。另外需要补充的是，芮恩施的这份著作在日本至少被翻译了三次，一是高田早苗的译本，二是吉武源五郎翻译（ポール・エス・ラインシュ著、吉武源五郎訳『世界政策』、世界堂、1903 年），三是后藤新平要求铃木虎雄翻译成中文的《列国审势支那政论》（罗因须著，铃木虎雄译：《列国审势支那政治论》，台湾日日新报社 1904 年版）。

② Paul S. Reinsch, "Japan and Asiatic Leadership", The North American Review, Jan 1, 1905, p. 48.

③ 佐藤綱次郎『支那一ヶ月旅行』、二酉社、1920 年、68 — 69 頁。

④ ［美］罗伊·沃森·柯里著，张玮瑛、曾学白译：《伍德罗·威尔逊与远东政策 1913—1921》，第 27 页。

私心的表现。这一切使美国获得了中国的完全信任。"①

不过，"二十一条"日美交涉的曲折，让他发现"美国外交决策是一个十分复杂的过程，影响决策者做出最后决定的因素是多方面的"，② 而传教士可以影响美国决策者，实现外交所达不到的事情。

芮恩施采取的举措一是"在中国的美国领事们都受公使馆的节制管辖"，这"对领事及外交事务起了巩固的作用，这种情况是空前的，只在中国出现"③；二是把"青年会、教会、美孚石油公司、英美烟草公司等拉在一起"④，利用在华美国人及非官方的民间组织扩展美国商人的业务及对华文化影响力。

在芮恩施的对华思想中，促进美国的对华投资也是非常重要的一部分。这也是自塔夫脱政权时期，时任国务卿也是亲华派代表的诺克斯（Philander C. Knox）所主张的"通过美元展示美国道义力量理想主义外交"⑤ 的另一个延伸。因为芮恩施出任驻华公使与中国的官员有过接触以后，曾向威尔逊报告"一个在自然财富、人力、动力，甚至在资金方面，都拥有广大的资源的国家正在转向一个新的组织形式，在这个组织形式中所有这些力量将在更大的单位、更广大的区域进行活动，并用比以前更加强的方法来发挥它们的作用"。"在这个伟大的改革工作中，美国人是最受欢迎的伙伴和指导者；中国人自发地、诚恳地希望美国人与他们合作是为了把所有这些物资和资源建设成为一个伟大的有效的国民生活的统一体，对一个美国人来讲，不能不是一件值得自豪和高兴的事情。""必须竭尽全力来使美国人认识到这些机会是从未有过的，并认识为了增进人类普遍的福利，不是为了满足自私的剥削和政治野心而把这些物质组织起来的方式对于美国

---

① ［美］保罗·S. 芮恩施著，李抱宏、盛震溯译：《一个美国外交官使华记》，第88页。

② 王晓德：《美国文化与外交（修订版）》，第119页。

③ ［美］罗伊·沃森·柯里著，张玮瑛、曾学白译：《伍德罗·威尔逊与远东政策1913—1921》，第27页。

④ ［美］保罗·S. 芮恩施著，李抱宏、盛震溯译：《一个美国外交官使华记》，第75页。

⑤ 入江昭『米中関係史』、40页。

本身的重要性。"① 他积极推动中美之间商业性质的交流与合作，在"二十一条"交涉过程中，中国一行30多人的实业观光团在芮恩施的安排下成功访美，并受到大总统威尔逊的欢迎。当时中方代表称"中美两国乃为一朝有事唯一之亲友关系，此类关系只有中美两国"，威尔逊也宣称"美国在中国的关系绝不止物质利益"，表示出美国对中国极具同情之心，从而为日后的中美合作打下了基础。②

有学者认为芮恩施在"二十一条"的交涉中，在对美国政府的建议中除了强调对华政策的道义性以外，提出了在美国政府内部已经达成一致的美国在华的具体利益，才最终获得了美国政府上下的支持。③

但同时他也认识到中国之所以接受美国，"因为他们对那些国家的领土野心和在中国建立'势力范围'的企图非常害怕"。"中国人为了防范外国控制他们的内政，很谨慎地保护着他们的权利。但是美国的政策一贯没有侵略性质"，所以"中国会给公正的美国人以别的国家没有希望得到的特许权"。④所以他特别强调"美国对中国的积极行动，应为非政治的。对于中国的教育、中国的商务、中国的企业，美国应直接继续参加活动。而活动的立场与态度，应基于自由合作的精神"。⑤ 因为他全力支持教会的各种活动，成为美国在华传教士的首脑。他把基督教青年会看作是"帮助中国人很好地组织他们自己的社会和教育生活的机构"，给予他们最大的鼓励和帮助。据说基督教青年会在芮恩施任职期间在中国各地发展迅速，1914年末有155个组织，拥有会员21328人；到1920年组织增加到204个，会员达71338人。⑥ 同时，他大力促进美国红十字会等非官方民间组织对中

① ［美］保罗·S. 芮恩施著，李抱宏、盛震溯译：《一个美国外交官使华记》，第65页。

② 「注目せよ米支の提携 米支两国の排日の画策」、『大阪每日新聞』1915年7月3日、神户大学经济经营研究所藏、新聞記事文庫、外交（17-017）。

③ 高原秀介『ウィルソン外交と日本 理想と現実の間 1913—1921』、55頁。

④ ［美］保罗·S. 芮恩施著，李抱宏、盛震溯译：《一个美国外交官使华记》，第68—69页。

⑤ 姚崧龄：《芮恩施使华纪要》，（台北）传记文学出版社1975年版，第4页。

⑥ 黄安年编：《从战地到史林 邓蜀生九旬文集》，中国法制出版社2012年版，第122页。

国经济建设的参与，扩大美国在华的商业影响力。例如他曾经促进美国红十字会与中国企业合作，参与淮河水利工程，以减轻美国政府介入其中的印象。

对于威尔逊与芮恩施的传教士外交路线，日本舆论颇为注意。1917 年，"东京联合教会宣教师斯加达氏投论文于美国斯璞列古腓尔铎市之某杂志"，大谈"美国在华之特殊利权"。"其中一节云'特殊利权一语不可不对照事实而思考之。就历史的方面，在中华得要求特殊利权之国民果为日本乎，抑（或）将为美国乎。近百年来美国在华之贡献可为至善至钜。各地建设大学、中学，施行教育，派遣数千清洁高尚之男女牧师传播福音，最近更为中国筹办大规模之灌溉工业，又许中国多数留学生在美国各都市自由求学。且因此目的返还庚子赔款。关于禁烟问题，美国亦甚为尽力援助。既有此种种贡献，自应形成特殊之利权，非其他列强所可并论'云云。"日本报人借此一事大发议论，认为美国"竟将不有国界之宗教的贡献算入物质界以政治的意味，尤为遗憾"，并敦促在华美国人的注意。①

余　论

"二十一条"是美国对日态度发生转变的一个重要转折点。袁世凯屈服于日本的压力，接受了除第五条以外的几乎所有要求。日本由此在华势力大增，到战争结束时，已占据中国对外贸易中的首位。这令美国认识到，在中国，日本已经成为其最重要的对手。②

面对东亚这种形势的变化，威尔逊政府在分析了袁世凯政府的外交以后，形成的另一个外交战略是利用国内亲中反日之风通过中美合

---

① 《美国在华之利权》，《顺天时报》，1917 年 12 月 12 日，第 2 版。
② 具島兼三郎「中国における日米争覇戦——第一次世界大戦からワシントン会議まで」、『法政研究』22（1）、1954 年 10 月 10 日、4 頁。

作牵制日本。①

有日本舆论称，自 1915 年 5 月以来中美两国持续接近。先是互派访问团。就在前述中国实业观光团访美期间，美国民主党上议院和共和党下议院的多名议员以"研究日本对华要求"为名，访问中国，并在上海美国实业家聚会上发表演说，呼吁研究日本对华要求的所有内容；保持美国国民在太平洋的重要利益；扩张美国海军。他们支持在银行业、航海业方面的中美合作，对日本的对华政策持有成见，并暗含煽动美国舆论，强化压制日本对华政策之倾向。美国《太阳报》等主流报纸甚至公开宣扬中美商业合作乃为发展之大势，中国人不能再受日本的约束作其廉价劳动力，芮恩施也公然向大阪每日新闻社明言美国在中国问题上不欲与日本共同经营，而以自由竞争为方针，其反日味道令日本担心"在排日热浪中的中美两国，日本地位终将何去"。②

1916 年，威尔逊政府大力支持美国资本家向中国投资，在一年内成立了四笔借款。美国的第一笔贷款，是 4 月 7 日的利益坚顺公司与中国政府签订的借款额为 500 万美元的《六厘金币库券合同》。这项借款的债券由于日本的破坏而无法发行，最后贷款夭折。第二笔是广益公司疏浚山东、江苏境内大运河的贷款，共 600 万美元。对于这项贷款，日本提出分享利权，因为根据"二十一条"的规定，日本对山东运河投资有优先权，结果日本从 600 万美元的工程中分得 250 万美元。第三笔贷款是裕中公司和中国政府签订的《承造铁路增订合同》贷款 1000 万美元，取得 1500 英里的铁路修建权。签约后，法俄首先抗议美国侵犯了它们的势力范围，而英国和日本则要求美国同它们合作，共同修建铁路。由于遇到的困难太多，美国只好把修路计划搁置下来。第四笔贷款是芝加哥大陆商业信托储蓄银行同顾维钧签订的 500 万美元借款，名义上作为发展交通和实业之用，实际上是维持

① 山室信一『複合戦争と総力戦の断層——日本にとっての第一次世界大戦』、人文書院、2011 年、71—72 頁。

② 「注目せよ米支の提携 米支両国の排日的劃策」、『大阪毎日新聞』1915 年 7 月 3 日、神戸大学経済経営研究所蔵、新聞記事文庫、外交（17−017）。

北京政府的行政开支。这项贷款也遭到强烈反对。四国银行团抗议侵犯了它们的权利，日本更提出该银行有亲德倾向加以破坏。由于美国态度十分强硬，方使贷款办成。总的来说，由于日本处处作梗，美国贷款的效用大受影响。①

但是威尔逊政府实施的这项"借款外交"，也就是发展中美经济合作为手段扩大美国对华影响力的外交策略，在当时成为抑制帝国主义外交的一个转机②，最终促使日本调整对华政策。

此后尽管在中国参战、出兵西伯利亚等问题上美国在对日态度上表现出妥协的一面，但是文化输出与商战之两大外交策略丝毫没有放弃过。有学者称，20世纪初美国崛起在国际舞台的重要性不仅仅是因为它成为主要的军事和经济强国，更因为它将文化因素引入世界事务之中。③ 这也意味着日美之间的竞争并不是切实的经济利益之争，更多的带有意识形态也就是对华文化影响力竞争的意味。正如1917年6月4日，因参战问题美国照会中国政府，劝告其优先解决内争问题时，日本外相本野一郎及政务次官币原喜重郎向美国的抗议一样，他们认为日本在中国的利益涉及政治与经济④，所以对中国问题的敏感如同美国对待墨西哥，而美国却不存在值得干涉中国内政的在华利益。⑤ 这应该是日本政府当时对美国在华问题上的普遍认识。山县有朋明言，威尔逊的所谓"新外交"就中国问题而言是为了扶植自己在华的利权，⑥ 是另外一种形式的帝国主义。但他们没有看到的是，

---

① 王绳祖主编，朱瀛泉等卷主编：《国际关系史 第三卷（1871—1918）》，世界知识出版社1995年版，第419—420页。

② 伊势弘志『近代日本の陸軍と国民統制——山県有朋の人脈と宇垣一成一』、校倉書房、2014年、242頁。

③ ［美］孔华润主编，王琛等译：《剑桥美国对外关系史》下，第66页。

④ 「米国政府ノ対中国勧告提議ニ関シ日本政府ノ回答覚書ヲ同国国務長官ニ手交方並我方ノ意見及希望申入方訓令ノ件」（1917年6月13日、本野外務大臣ヨリ在米国佐藤大使宛）、外務省編纂『日本外交文書』1917年第3冊、外務省、1968年、729—731頁。

⑤ 「米国政府ノ中国内政干渉報道ニ関連シ在本邦米国代理大使ニ対シ幣原次官ノ為シタル談話ト同趣旨ヲ国務長官ニ申入方訓令ノ件」（1917年6月9日、本野外務大臣ヨリ在米国佐藤大使宛）、外務省編纂『日本外交文書』1917年第3冊、722—723頁。

⑥ 「国防方針改訂意見書」、大山梓編『山県有朋意見書』、原書房、1966年、374頁。

威尔逊政府的理想主义外交理念，即"新外交"深深扎根于各国共同利益以及世界各地超越国家边界的人们的共同志向之上的一种国际主义，其中包含一些基本的文化动力，因此，在一定程度上，威尔逊主义是将文化放置到了国际关系的中心地位。①

与美国亲中反日之风潮相重叠的是"二十一条"以后中国反日运动的兴起。美国驻华公使芮恩施、各地领事、传教士、报人参与其中，为传播美国的道义，提高美国在华的文化影响力进而实现商战目的发挥了重要作用。这也是"二十一条"以后美国形成的援助中国反日运动的基本构造。

---

① ［美］孔华润主编，王琛等译：《剑桥美国对外关系史》下，第65页。

第三章　反日运动中的英美人
——基于五四时期驻鲁基督教青年会及英美人士的考察

日本在"二十一条"问题上的外交策略，使美国在对日、对华态度上发生了重大变化。而日本刻意独占中国的企图，也导致中国国内反日浪潮高涨，并进而引发了民族主义运动的高潮。"一战"期间，美国有意牵制日本在华的领土扩张，同时也衍生出其对北京政府抵抗政策与中国反日运动采取同步与援助对策的构造。

在以往有关中国反日运动的研究成果中，大部分学者注意到中国民族主义在其中的作用，并对此进行了详细的考证与论述①，但对于在华英美人的活动与作用，却鲜少有人研究。已公开的中文资料中也几乎没有对他们的记录。② 就大背景而言，中国反日民族主义运动与美英两国的外交战略存在重合之处。具体到山东地区，可以发现五四运动期间在华英美人亦曾参与当地的反日运动中。有鉴于此，该章拟对五四期间山东反日运动中英美人的活动进行梳理，希望能够厘清两

① 比较有代表性的研究成果有彭明《五四运动史》，人民出版社 1998 年版；张惠芝《"五四"前夕的中国学生运动》，山西教育出版社 1996 年版；［美］周策纵著，周子平等译：《五四运动：现代中国的思想革命》，江苏人民出版社 1996 年版；小野信爾『青春群像：辛亥革命から五四運動へ』、汲古書院、2012 年等。

② 对在华美国人的关注，中国史学界相对成果较少，而以美国史学界的研究为多。其中又以孔华润研究为先，其代表性的著作即为 Warren I. Cohen, *The Chinese Connection：Roger S. Greene, Thomas W. Lamont, George E. Sokolsky and American-East Asian Relations*（New York：Columbia University Press, 1978）。另外，［美］何振模著，张笑川等译的《上海的美国人——社区形成与对革命的反应（1919—1928）》（上海辞书出版社 2014 年版）也是以在华美国人为考察对象的研究成果。

个问题：第一，介入反日运动的英美势力是什么；第二，他们如何介入中国的反日运动中，同时又是如何影响本国外交政策的。

第一节　英美传教士与山东反日运动的酝酿

在五四运动中，山东是舆论关注的焦点，也是继北京、天津、上海之后较早发起运动的地区。当时驻扎山东的日本青岛守备军曾经组织特务收集与山东反日运动相关的情报，并将之收录在不定期发行的油印本《民谍》[①] 中。在这些情报中，除涉及中国的学生和商人外，还包括了山东当地的英美人士，而主要是济南基督教青年会和齐鲁大学的英美人士。根据相关报告，在 1919 年 4 月 20 日济南召开的国民请愿大会上，甚至反日群众手中拿的白旗亦为当地英美人提供资金所购。[②] 同一时期日本的主要媒体《大阪朝日新闻》《国民新闻》等报纸，也经常报道一些在华英美人尤其是美国人的反日活动。

英美人之所以能参与山东的反日运动中，是因为两国的传教士长期在山东活动，在山东各界中具有相当的基础。据日本陆军省参谋本部的调查报告，至 1919 年，在山东的英美人士约 400 名，基本都是基督教徒。[③] 他们主要以济南基督教青年会和教会学校齐鲁大学作为活动的中心，同时也经营广智院[④]、共合医院等教会机构。

19 世纪 80 年代以来，基督教青年会将学生工作及海外传教运动作为主要的活动方针。1913 年，基督教青年会北美协会总干事穆德

---

① 《民谍》并非结集成册，而是散落在日本外交史料馆的各个分册中。

② 「国耻記念大会開催前後ニ於ケル英米人ノ排日煽動ニ関シ報告ノ件」（1919 年 5 月 12 日、在济南山田領事代理ヨリ内田外務大臣宛）、外務省編纂『日本外交文書』1919 年第 2 册下卷、外務省、1970 年、1175—1176 頁。

③ JACAR（アジア歴史資料センター）Ref. A04017277400，单行書・陸乙六五・各国対支経営ノ現況附表（国立公文書館）。

④ 1904 年由英国浸礼会传教士怀恩光（John Sutherland Whitewright）在济南开办，前身是青州的博物馆"博古堂"。1917 年被纳入齐鲁大学编制，成为其社会教学科，也是教育系与神学院的实习基地，在当地影响很大。参见济南广智院编《济南广智院志略》，出版者不详，1931 年版。

（John R. Mott）① 访问济南，成立青年会筹备处，成员有美国传教士、共合医院院长巴慕德（Harold Balme）②，英国传教士、广智院院长怀恩光，③ 中国基督教徒袁曰俊、解保罗、张达忱等八人。④ 是年 10 月，济南基督教青年会正式成立。该会自成立以后，即把对学生的传教工作作为重心。⑤ 1916 年，北美协会派陶德满（Lawrence Todnem）到济南担任青年会总干事。⑥ 陶德满担任总干事后办的第一件事，就是创办英语夜校，吸引希望通过英语技能获得较好工作机会的中国青年。通过英语夜校的活动，青年会培养了一批忠诚的基督徒。这些人不但直接影响了当地社会，而且在日后为密切山东劳工与基督教青年会的关系发挥了作用。⑦

---

① 穆德（1865—1955），美国基督教卫理公会教士，其生平可参见［英］马泰士（Basil Mathews）著，张仕章译《穆德传》，青年协会书局 1935 年版。

② 巴慕德（1878—1953），英国浸礼会传教医师。1906 年来华，在山东传教施医。1922 年任济南齐鲁大学校长。1926 年辞职返美。著有《中国与现代医学：关于医务传教发展的研究》（*China and Modern Medicine*：*A Study in Medical Missionary Development*）（London：United Council for Missionary Education，1921）等书。参见张宪文等主编《中华民国史大辞典》，江苏古籍出版社 2001 年版，第 484 页。

③ 怀恩光（1858—1926），英国人。早年就学于英国神学院，1880 年毕业后受浸礼会派遣来华，在山东青州传教。其间开班青州圣道学堂、青州博物馆。1904 年任教于济南共和大学神学院。1910 年在济南创办广智院。1917 年任齐鲁大学神学院教授。著有《汉语入门》等。（周川主编《中国近现代高等教育人物辞典》，福建教育出版社 2012 年版，第 693 页）

④ 参见袁叶如、王神荫、苗其训《济南基督教青年会》，《山东文史集萃》（修订本）上，山东省政协文史资料委员会 1998 年编印，第 585—587 页。另参见赵晓阳《基督教青年会在中国：本土和现代的探索》，社会科学文献出版社 2008 年版，第 54—57 页。

⑤ Annie Laurie Todnem, Lawrence Todnem, *Vignette of China that was* 1915 – 1945（Olympia Washington，1974），p. 21.

⑥ THE TSINANFU Y. M. C. A.（1916，Nov 4）. *The North-China Herald and Supreme Court & Consular Gazette*（1870 – 1941）. Retrieved from http：//search. proquest. com/docview/1324930730？accountid=41097，2010 年 8 月 1 日。

⑦ Annie Laurie Todnem, Lawrence Todnem, *Vignette of China that was* 1915 – 1945, pp. 21 – 24. 在这本类似陶德满传记的著作中，他提到了一位在其英文夜校读书的年轻人黄天良（Wong Tien-liung）。黄的父亲是一位士兵，常年不在家也不寄生活费，母亲为了养活一家老小，去给一位富商当情妇，还染上了鸦片。在青年会的帮助和建议下，黄天良受洗成为一名牧师，前往法国为那里的华工服务，他的母亲也在青年会的帮助下，戒掉了鸦片，成为一名基督教徒，继而又对身边的人发挥了影响。"一战"结束后，黄天良回到青岛，先是在英国驻青岛的领事馆工作，同时兼任青岛基督教青年会的董事，成为当地一位颇有影响力的人。

齐鲁大学源于登州文会馆，该馆由美国基督教长老会传教士狄考文（Calvin Wilson Mateer）创办。受义和团运动的影响，1902 年 6 月，美国长老会和英国浸礼会联合召开会议，决定合办"山东基督教共合大学（Shantung Christian University，1904 - 1917）"，是为齐鲁大学的前身。1917 年，山东基督教共合大学将分设济南的共合医道学院（医科）、潍县的广文学校（文理科）、青州的神科和师范科合并到济南，正式定名为齐鲁大学。① 齐鲁大学的教师均为传教士，其中有 5 名英国人和 8 名美国人。创办伊始，约有 250 名在校生，平均年龄为 15—24 岁，多为基督教徒。他们毕业后，或是前往英美留学，或是成为牧师，亦有在华英美公司所雇佣者。②

在基督教青年会以学生工作为重心的指导方针下，齐鲁大学与济南基督教青年会的关系非常密切。齐鲁大学的不少教员在济南基督教青年会中任职，而济南基督教青年会的第一任总干事、美国人赫起陆（Charles Herschleb）在卸任后也成为齐鲁大学的教员。辛亥革命后，济南成为山东的基督教中心。在传教士的积极活动下，山东省议会部分成员及一些社会精英成立了中西俱乐部，联系频繁。③ 五四运动前，基督教青年会在山东的上述活动，为五四时期美英传教士参加山东的反日运动提供了基础。

1919 年 5 月，中日两国正在巴黎和会上进行激烈的交涉。和会上的中日之争主要是关于山东问题。中国能否直接收回山东主权，取决于美、英两国在和会上的态度。英国尚处于英日同盟之中，且受限于英日密约，虽然内心并不情愿由日本直接继承德国在山东的权益，但无法公开拒绝日本的要求，美国威尔逊总统虽有心帮助中国，但无力改变和会

---

① 王神荫：《七七事变以前的齐鲁大学》，中国人民政治协商会议山东省委员会文史资料研究委员会《山东省文史资料选辑》第 1 辑，山东人民出版社 1982 年版，第 174—190 页；Charles Hodge Corbett, *Shantung Christian University*（*Cheeloo*）（United Board for Christian Colleges in China, 1955）。

② 「2. 支那各地国民大会、国連記念日集会ニ関スル件/分割 2」、JACAR（アジア歴史資料センター）Ref. B11090275600、支那ニ於テ日本商品同盟排斥一件/雑件　第一卷（3 - 3 - 8 - 5_ 1_ 001）（外務省外交史料館）。

③

态势。1919 年 5 月 22 日，巴黎和会五国会议再次讨论山东问题，日本代表要求英法意美等承认日本在山东的侵略要求，并以退会相威胁。大会最终同意了日本的要求，拒绝了中国直接收回山东的提议。①

梁启超获悉后，即从巴黎致电国民外交协会，要求警告政府与国民。5 月 2 日，林长民发文，呼吁群起抵抗日本。巴黎和会上中国外交失败的消息经林长民一文的呼吁，迅速发酵，引发了五四爱国运动。②

山东的反日运动与北京、上海等地情况类似，最初是以学生抗议的形式爆发，至五月底六月初发展成罢课、罢市与罢工的三罢运动。而这一时期，济南基督教青年会与齐鲁大学利用英美背景，暗地配合了山东反日运动的进行。

5 月 5 日晨，济南各校学生"率领学生，集中西门大街，分赴商埠、城郊，进行讲演，抵制日货，不坐日本人霸占的胶济路火车"③，开始反日活动的宣传和游行。对于济南的反日游行，日方一开始即加以监视，日方报告指出：齐鲁大学门前时常聚集着一些英美人，他们暗地与美国领事馆一同鼓动学生宣传排斥日货，并向日本人经营的学校学生喊话，要求他们不要在活动中偷懒。④

5 月 7 日，山东国耻纪念大会在山东省议会召开，齐鲁大学学生携旗整队赴会，"各旗均大书勿忘国耻、力争主权等字样"⑤，其中"几位青年学生鼓吹罢学、罢市、排斥日货"。⑥ 济南基督教青年会的总干事陶德满与齐鲁大学的教务长宝福德也列席了这次集会。会议结

---

① 唐启华：《巴黎和会与中国外交》，社会科学文献出版社 2014 年版，第 194—196 页。

② 邓野：《巴黎和会与北京政府的内外博弈》，社会科学文献出版社 2014 年版，第 98 页。

③ 胡汶本、田克深主编：《五四运动在山东资料选辑》，山东人民出版社 1980 版，第 224 页。

④ 「国耻記念大会開催前後ニ於ケル英米人ノ排日煽動ニ関シ報告ノ件」（1919 年 5 月 12 日、在済南山田領事代理ヨリ内田外務大臣宛）、外務省編纂『日本外交文書』1919 年第 2 册下卷、1175—1176 頁。

⑤ 《五月七日以来之齐鲁大学》，《申报》1919 年 6 月 8 日，第 6 版。

⑥ 胡汶本、田克深主编：《五四运动在山东资料选辑》，第 218—219 页。

束后，宝福德秘密在济南城内的一家中国餐馆宴请参加当日演说会的17名各校代表。他向学生表达了三层意思：第一，学生可以参加政治运动，因为学生参政在英美各国已非常多见；第二，中国问题尤其是眼前的山东问题，不能完全依靠政府解决，否则中国将落入日本囊中；第三，国家危亡时刻，学生作为国家的栋梁应该开展救亡运动。①概言之，就是让学生通过政治运动的途径从事反日救亡。当晚，齐鲁大学发表《为力争青岛敬告全国各界书》，呼吁"各地各界，同心同德，思来日之大难，惧山河之不复，际千钧之一发，合众志以成城，出以决心，持以毅力，使巴黎和会而能解决吾青岛也"。②

日系报纸《济南日报》③探知这一消息后，于次日即5月8日刊出其日本经理田中逸平的文章，称某大学教师陶某，以万金巨贿煽动学界进行排日运动，断言山东五七国耻纪念大会是由齐鲁大学煽惑所致。此处"陶某"应该指的是陶德满，他也列席了当天的国耻纪念大会。尽管《济南日报》错把他当成齐鲁大学的教师，不过，由此可以推断的是，济南基督教青年会也介入了这场运动。在日方交涉下，济南道尹唐柯三，奉山东督军张树元之命前往齐鲁大学请校长严禁学生集会演说，"谓此种行动非学界所当有"，遭到了齐鲁大学校长的拒绝："敝校学生都是你们中国人，你们中国人爱中国，我怎么好意思禁止呢?!"5月9日，《济南日报》发文《齐鲁大学之暴戾及近来耶稣教之衰颓》，批评"该校生受英美之贿赂，仗外人之护庇，恣意横行，违抗官府"，"西国教士乃其政府之走狗，借端唆使离间

---

① 「国恥記念大会開催前後ニ於ケル英米人ノ排日煽動ニ関シ報告ノ件」（1919 年 5月 12 日、在済南山田領事代理ヨリ内田外務大臣宛）、外務省編纂『日本外交文書』1919年第 2 册下卷、1175—1176 頁。

② 刘德军编著：《五四运动山东潮》，中共党史出版社 2005 年版，第 35 页。

③ 《济南日报》是 1916 年 8 月由日本人田中逸平、中西正树在济南创办的中文报纸，自 1918 年开始接受青岛守备军的资助，田中逸平本人也曾经为日本初期在青岛实施的军政做出巨大贡献。参见「1/3 大正 6 年 6 月から大正 9 年 5 月 12 日」、JACAR（アジア歴史資料センター）Ref. B03040600500、新聞雑誌操縦関係雑纂（B－1－3－1－001）（外務省外交史料館）。

我同种同文之中日"，① 将中国学生的反日归结为当地英美人的金钱支持和基督教传教士的鼓动。

齐鲁大学很快做出回应，对《济南日报》的无端捏造和任意诋毁表示愤怒。② 为进一步回击日方的污蔑，继而商同其他各校召开第二次联合会，并于12日组织成立山东学生联合会，由齐鲁大学学生负责具体事务。③

山东学生联合会成立以后，在学生运动中引进了救国十人团的运动方式。据时任山东省议会副议长张公制的回忆，救国十人团的组织方法出自北京大学。五四运动开始时，他和王鸿一适在北京，二人相约同去访问北大校长蔡元培。蔡拿出油印的十人团章程，由两人带回济南，交给学生。学生将章程加以补充改进，此后，十人团的组织在济南风行起来。十人团的组织方法是：先由宣传爱国运动的一个人发展团员十人，十人各再发展团员十人，十人又发展十人，如此分途并进，使组织迅速地发展壮大，分布到各阶层中去。时人评价"十人团是学生联系群众的基层组织，是学生的有力助手。当时各商店店伙差不多都成了团员，这个组织给罢市和抵制日货铺平了道路"。④

救国十人团的活动，得到了英美人士的暗中支持。该团借助齐鲁大学的场地进行秘密活动，且有意依靠英美人扩大影响。5月14日，山东各校学生代表在齐鲁大学就山东的反日运动做出决议："十人团代表由现在各校代表充当，但需为天主教徒，最好是中国人传教士，以先整顿学界，后再向商界扩大。"⑤可见积极主动利用基督教和英美

---

① 刘家宾：《五四运动在山东大事记》（上），山东省地方史志编纂委员会编《山东史志资料》1983年第3辑（总第5辑），山东人民出版社1983年版，第106页。

② 《五月七日以来之齐鲁大学》，《申报》1919年6月8日，第6版。

③ 「1. 各地騒擾（六月中）/分割1」、JACAR（アジア歴史資料センター）Ref. B11090279000、支那二於テ日本商品同盟排斥一件/雑件　第四巻（3-3-8-5_1_004）（外務省外交史料館）。

④ 中国社会科学院近代史研究所编：《五四运动回忆录》（下），中国社会科学出版社1979年版，第669页。关于救国十人团的研究，日本学者小野信尔的『救国十人団運動の研究』（京都，同朋舎1987年版）值得参阅。

⑤ 「2. 支那各地国民大会、国連記念日集会二関スル件/分割4」、JACAR（アジア歴史資料センター）Ref. B11090275800、支那二於テ日本商品同盟排斥一件/雑件　第一巻（3-3-8-5_1_001）（外務省外交史料館）。

人的影响力，在当时山东的学生运动中已经形成一定的共识。

5月18日，齐鲁大学学生会召集济南第一中学学生共约50人聚集广智院，讨论青岛问题。在这次会议上，他们确认了抵制日货的必要性，并决定马上行动。学生们聚集在以销售日货为主的商铺前演讲，散发传单，劝告大家勿用日货。5月22日晚7点，山东各校学生代表齐聚齐鲁大学，通过"抵制日货及罢课"之决议，规定要严格监督及贯彻抵制日货之方针，提倡国货，各校学生一律于5月23日正式罢课。[①] 会议结束后，齐鲁大学学生来到商埠商务总会，劝该会会员抵制日货，并声称，若不抵制日货将采取暗杀等手段。[②] 5月23日，由齐鲁大学领先，"一中、一师、工专、矿专、医专、农专、商专、法政、女师、北园师范、正谊、育英、济美、蚕桑、虹桥小学、模范小学、竞进女校、崇实女校"18所学校的学生走上街头，四处散发抵制日货的檄文。[③] 在檄文中，他们称日本"虽口中高喊亲善云云，实以武力威吓吾国。用残次之商品掠夺吾国之财富，中国钱财早晚将尽也"。与此同时，学生们提倡使用国货，称"我国商品异常丰富，且有洋货在市，完全可以不买某国商品"，因此要求各商铺"忍受些许的苦痛，最低限度将某国商品低价贱卖，一旦买进，须发声明，日后不准再进，各店之间应互相监督"。[④]

济南学生23日的罢课及游行，标志着山东三罢运动拉开帷幕。前已提及，学生界组织救国十人团的目的在于利用基督教和英美人的影响力，把反日游行由学界扩大到商界。因为，最初商人们碍于对个人经济利益的顾虑，对学生们的运动并不热心，5月7日的国耻纪念

---

① 「1. 各地骚扰（六月中）/分割 1」、JACAR（アジア歴史資料センター）Ref. B11090279000、支那ニ於テ日本商品同盟排斥一件/雑件 第四卷（3-3-8-5_1_004）（外務省外交史料館）。

② 「済南ニ於ケル排日及排日貨運動ニ関シ山東特派交渉員に取締方要請ノ件」（1919年5月24日、在済南山田領事代理ヨリ内田外務大臣宛）、外務省編纂『日本外交文書』1919年第2册下卷、1195頁。

③《李澄之的回忆》，胡汶本、田克深主编：《五四运动在山东资料选辑》，第220页。

④ 「1. 情報送付ノ件/2 日貨排斥ノ件」、JACAR（アジア歴史資料センター）Ref. B03041661600、青島民政部政況報告并雑報 第一卷（B-1-5-3-071）（外務省外交史料館）。

大会甚至都没有商界的人士参加。① 当救国十人团的运动方式在学生运动中风行以后，这种形势得到改观，山东商界开始成立救国十人团。不过，值得注意的是，山东商界救国十人团中，最早的一批团员大多来自英美洋行所雇佣的中国人：如英国祥泰木材洋行的张鲁卿、于心齐、朱镇汉、仇渊明、宋志云、苏学圭、忻显贵；美国美孚石油公司的王庆亭、任瑞兰和英国亚细亚石油公司的黄左仪。这些人无一例外都是基督教徒。在这些人的带领下，"当时各商店店伙差不多都成了团员"，为"罢市和抵制日货铺平了道路"。②

在山东学生联合会的要求下，6月9日上午，山东省议会召集各界代表会议，通知商会会长于10日上午6点开始罢市。同日，济南面粉业、电灯公司、搬运业、建筑业工人相继举行罢工，山东三罢运动形成。巴黎和会上，日本坚持继承原德国在山东的权益，其本身与英、美在华利益构成威胁。在山东的英美人，无论是出于国家外交利益考虑，还是个人之感情，并不乐见日本独占山东权益。英美传教士及相关机构很快找到了与中国反日运动的结合点，配合学生界发起了山东的反日浪潮。

第二节　基督教青年会引导"一战"归国 华工参与反日运动

在罢工运动进行过程中还有一个特殊的群体——山东归国劳工，也是罢工运动的积极参与者。三罢运动开始后，济南基督教青年会通过这些归国华工，继续发挥作用。

其实，在五四运动前，陶德满等传教士已经开始着手收容劳工，他们有意引导、利用这些从欧洲战场回来的工人为其传教及本国利益

① 李澄之：《五四运动在山东》，中国社会科学院近代史研究所编《五四运动回忆录》（下），中国社会科学出版社1979年版，第648页。
② 张公制、邵次明、杜星北：《山东学生爱国运动》，中国社会科学院近代史研究所编《五四运动回忆录》（下），第669页。

服务。山东反日运动开始后，济南基督教青年会发挥了在劳工中的影响，组织他们参与了罢工运动。

"一战"期间，英、法两国曾经在中国征集劳工用于后勤服务。①战争结束后，华工陆续回国，英美日各国对此都分外关注，尤其是美国。早在战争期间，美国就有计划以中国为中心发展在东亚的经济势力。美国基督教青年会曾募得 3000 美金作为劳工慰问专款②，为在法国的中国劳工成立了一个基督教青年会，招募了很多会讲英文的中国基督教徒，其中就包括由陶德满创办的英文夜校中培养出来的人。③很多劳工在结束了一天的工作后会到基督教青年会去活动，因此对美国人颇有好感。

就山东地区而言，美国传教士与山东出国华工一直存在联系，山东的美国传教士中有五人曾随中国劳工一道去了法国，为中国劳工服务，所以在劳工中有一定的传教基础。1919 年 2 月，当第一批山东归国劳工出现在济南大街上的时候，总干事陶德满就注意到这些稍显异类的中国人。在陶德满眼中，这些人长着一副中国人的面孔，说当地的语言，但衣着打扮却不一样；他们被当地人看作是"流氓""杂种"，得不到大家的欢迎；但是他们每个人身上都有一些钱，到达码头的时候还从英国移民局领到了 30 美元。另外，陶德满意识到，安置这些劳工，并在这些人中发展新的基督教徒则有利于在当地唤起对英美人的好感。④

与济南共合医院医师美国传教士范明孔商量后，陶德满与上海

---

① 陈三井：《华工与欧战》，台北"中研院"近代史研究所 1986 年版。

② 《4. 情报送付ノ件/2 欧州派遣苦力ノ状况》，JACAR（アジア歴史资料センター）Ref. B03041663800，青岛民政部政况报告並雑报 第一卷（B－1－5－3－071）（外务省外交史料馆）。

③ Annie Laurie Todnem, Lawrence Todnem, *Vignette of China that was* 1915－1945, pp. 21－24.

④ Annual Report Letter of Lawrence Todnem, Associate Secretary, Young Men's Christian Association, Tsinanfu, Shantung, China, for the year ending Sept. 30, 1919, Annual Reports and Annual Report Letters of Foreign Secretaries in China 1919, volume 3, Reports of Foreign Secretaries 1919，美国明尼苏达大学藏，http：//umedia. lib. umn. edu/node/555804？mode＝basic，2016 年 10 月 25 日。

基督教青年会取得联系，在济南成立了劳工招待所。① 其工作的第一步是安排三间市区的大酒店，以优惠的价格提供给回国的华工，并禁止他们赌博和发出噪音；紧接着，陶德满主持基督教青年会印制公文，向山东省长、督军、警察局长宣传他们欲接收劳工，改造他们的坏习惯并为他们安排就业的计划，取得了山东省政府官员的支持。②

陶德满在基督教青年会的建筑旁搭建了一处可容纳 500 人的公共演讲厅，为归国华工讲授公共卫生、教会影响等课程，为美国人博取当地中国人的好感做出了贡献。③

在争取山东"一战"归国劳工问题上，英国行政当局与美国领事起初存在一定的分歧，并未完全配合美方的行动。罢工运动开始后，恰逢新一批归国劳工即将到来。陶德满拜访英国青岛招工局④主任默思（George Sinclair Moss）⑤，希望直接由青年会上船接管此次从英国回国的中国华工，以给予指导及安排就业。日本青岛驻军获知消息

---

① 「米人帰還苦力招待所設立ノ目的」、JACAR（アジア歴史資料センター）Ref. B03041661700、青島民政部政況報告並雑報 第一巻（B‒1‒5‒3‒071）（外務省外交史料館）。

② Annual Report Letter of Lawrence Todnem, Associate Secretary, Young Men's Christian Association, Tsinanfu, Shantung, China, for the year ending Sept. 30, 1919, Annual Reports and Annual Report Letters of Foreign Secretaries in China 1919, volume 3, Reports of Foreign Secretaries 1919, 美国明尼苏达大学藏，http：//umedia. lib. umn. edu/node/555804？mode＝basic ，2016 年 10 月 25 日。

③ 这种课程分别安排在每天下午和晚上，主要内容有《公共卫生》《个人清洁与身体护理》《教会对改变社会的影响》《教育对国家的影响力》《地方基督教青年会在城市生活》等。Annual Report Letter of Lawrence Todnem, Associate Secretary, Young Men's Christian Association, Tsinanfu, Shantung, China, for the year ending Sept. 30, 1919, Annual Reports and Annual Report Letters of Foreign Secretaries in China 1919, volume 3, Reports of Foreign Secretaries 1919, 美国明尼苏达大学藏，http：//umedia. lib. umn. edu/node/555804？mode＝basic ，2016 年 10 月 25 日。

④ 英国招工局成立于 1916 年，原设在威海卫，1918 年 7 月迁到青岛。

⑤ 默思，1882—1959，英国人，生于日本横滨。1902 年任驻华使馆翻译生。1913 年起任威海卫行政公署长官。1916—1918 年代表英国陆军部负责在法国华工事务。1922 年起任驻汉口副领事、驻上海代理领事、驻福州领事、驻广州、南京代理领事。1932 年任李顿调查团专门委员兼翻译，参加对日冲突的调查。1935 年任驻汉口总领事。1938 年退休。参见石源华主编《中华民国外交史辞典》，上海古籍出版社 1996 年版，第 621 页。

后，意图加以阻挠。日本希望默思了解陶德满及美国政府正在从事的反日运动，向英方指出：陶德满是组织进行抵制日货的主力，救国十人团也是基督教青年会参与组织的，而美国驻济南的总领事就是整个运动的幕后推手；基督教青年会招待回国劳工是美国的既定政策，是为了在东亚出现困难的情况下获取中国人的好感。[①] 面对日方的反对，默思最初担心会引起日英外交上的麻烦，拒绝了陶德满的要求[②]，但不久以后就改变态度，开始配合他的工作。在济南，英国招工局分出办公室作为劳工招待所；在潍县，他们为总干事配备了专门的办公室，并且经常用电报通知青年会的人将要到达的船只。不仅如此，基督教青年会还可以自由使用英国招工局关于中国劳工的文件和记录。[③]

日本青岛守备军民政部在调查劳工招待所后，指出美国人设立这一机构，主要有三个目的：第一，传播基督教，劝其入教做信徒；第二，抵制日货，拒绝日本人雇佣；第三，吸纳回国劳工的储蓄。回国劳工每人大约有存款 100 元至 300 元等，仅济南一处这部分金额就约达 25 万几千元，这部分钱将存入东莱银行[④]，而"拒绝日本人雇佣"其实就是罢工运动。

[①] Annual Report Letter of Lawrence Todnem, Associate Secretary, Young Men's Christian Association, Tsinanfu, Shantung, China, for the year ending Sept. 30, 1919, Annual Reports and Annual Report Letters of Foreign Secretaries in China 1919, volume 3, Reports of Foreign Secretaries 1919, 美国明尼苏达大学藏, http: //umedia. lib. umn. edu/node/555804? mode = basic, 2016 年 10 月 25 日。

[②] 「米人帰還苦力招待所設立ノ目的」、JACAR（アジア歴史資料センター）Ref. B03041661700、青島民政部政況報告並雑報 第一巻（B－1－5－3－071）（外務省外交史料館）。

[③] Annual Report Letter of Lawrence Todnem, Associate Secretary, Young Men's Christian Association, Tsinanfu, Shantung, China, for the year ending Sept. 30, 1919, Annual Reports and Annual Report Letters of Foreign Secretaries in China 1919, volume 3, Reports of Foreign Secretaries 1919, 美国明尼苏达大学藏, http: //umedia. lib. umn. edu/node/555804? mode = basic, 2016 年 10 月 25 日。

[④] 东莱银行经理于耀西是基督教徒，大股东刘蓬山是山东基督教会会长，因青年会干事的关系，而且因为美国尚未在济南设置金融机构，所以将该银行指定为这部分资金的储蓄地点。参见「米人帰還苦力招待所設立ノ目的」、JACAR（アジア歴史資料センター）Ref. B03041661700、青島民政部政況報告並雑報 第一巻（B－1－5－3－071）（外務省外交史料館）。

日本人的判断自有其根据。1919 年 6 月，当一批 460 名山东籍归国劳工到达济南时，正值山东三罢运动进行过程中。济南基督教青年会为劳工们准备了崭新的夏装，使他们感觉颇不同于以往的华工，很有面子。[1] 不仅如此，青年会还派出他们的干部打着青年会的旗帜前去迎接，安排他们住宿，并在劳工招待所内准备了扩音器等其他娱乐设施以及茶点。一时间，这批劳工在山东赢得了"欧洲客"的名号。[2] 6 月 13 日下午，3 名中国传教士到招待所发表演说，呼吁劳工们要紧跟时局变化共同行动。次日，陶德满召集在济南的英美人来到招待所和劳工们一起开会，其中包括齐鲁大学的校长、教务长、济南基督教青年会的英美传教士。会议的主题就是罢工问题。会上，归国劳工表态："我等下层无学之人亦受到欧洲感化，在国家深处危急时刻岂能袖手旁观，对于当今人民之行动吾等概表赞同，决定回国后应放弃自己的工作与人民共行动。"全场一致决定：回乡后依然继续罢工。[3] 所以说，三罢运动开展之后，济南基督教青年会设置的招待所成为组织归国劳工参加反日运动的场所。

第三节　推动山东反日运动向纵深发展

在缺乏强大后援的情形下，学生界发动的三罢运动持久乏力。6 月 14 日晚，数十名商人齐聚济南城内的福德会馆，声称："罢市虽对大商家并无影响，但小本经营的店铺、商人实际已吃不消。青岛问题

---

① 「2. 情报送付ノ件/2 帰還苦力卜済南基督青年会及帰還苦力ノ罷業決議」、JACAR（アジア歴史資料センター）Ref. B03041661900、青岛民政部政況報告並雑報 第一巻（B－1－5－3－071）（外務省外交史料館）。

② 毛雍琛：《第一次世界大战期间赴法国的中国劳工》，青岛市政协文史资料委员会编《青岛市政协文史资料选辑第 10 辑　青岛涉外足迹》，中国文史出版社 1996 年版，第7—8 页。

③ 「2. 情报送付ノ件/2 帰還苦力卜済南基督青年会及帰還苦力ノ罷業決議」、JACAR（アジア歴史資料センター）Ref. B03041661900、青岛民政部政況報告並雑報 第一巻（B－1－5－3－071）（外務省外交史料館）。

事关外交,不属国内事务,仅靠国民运动断难解决。尤其今日大局已定,此事应当交由政府处理。且开业后依然可以继续种种提倡国货之办法,因此定于明天 15 日开业。"① 在学界,学生们的活动费也异常紧张,大多数学生将自己的衣物拿去典当,维持生活甚为困难。② 不少学生心生退意,声称"青岛问题已经解决,恢复无望"。③ 山东的三罢运动从 5 月 23 日起,至 6 月 15 日止,历经 24 天宣告结束。

为使山东的反日运动继续下去,并解决活动的经费问题,迫使幕后的英美人走向了台前,这进一步推动山东的反日运动向纵深发展。

三罢运动宣布结束的第二天,即 6 月 16 日,山东各界联合会开会,议决组织赴京请愿团,并致函各机关一律推选代表。19 日,山东学生联合会、山东报界联合会、山东农会、山东教育会、济南总商会、山东省议会等团体选派的 85 人请愿团到达北京,提出三项要求:①拒签对德和约;②废除高徐、济顺铁路合同草约;③惩办卖国贼。山东各界的请愿构成了当时国内反对签署对德和约的舆论之一,直接影响到了巴黎和会中国代表团的决策。22 日,中国政府致电巴黎和会中国代表团,转达山东各界的请求,称"山东各界代表于签字一节,颇有疑虑,山东各界以切肤之痛,呼吁尤切","告以政府必注重舆论,无论如何必达到青岛交还之目的"。④

另外一个促使英美势力直接出面推动反日运动的因素,是在反日运动的舆论中出现了反对抵制日货的声音,而该种声音与英美人在山东的政策相违背。时北京大学教师高崇德(毕业于基督教学校,曾在

① 「2. 情報送付ノ件/2 帰還苦力ト済南基督青年会及帰還苦力ノ罷業決議」、JACAR(アジア歴史資料センター)Ref. B03041661900、青島民政部政況報告並雑報 第一巻(B-1-5-3-071)(外務省外交史料館)。

② 「2. 情報送付ノ件/5 済南罷業中止ノ動機」、JACAR(アジア歴史資料センター)Ref. B03041662200、青島民政部政況報告並雑報 第一巻(B-1-5-3-071)(外務省外交史料館)。

③ 「2. 情報送付ノ件/3 各界ノ罷業中止ニ関スル会議ト各商店ノ開業」、JACAR(アジア歴史資料センター)Ref. B03041662000、青島民政部政況報告並雑報 第一巻(B-1-5-3-071)(外務省外交史料館)。

④ 《收国务院电》,1919 年 6 月 28 日,"中研院"近代史研究所藏,"外交部"档案,03-13-068-05-001。

美国留学八年）来到济南。陶德满、宝福德、怀恩光等当地英美人邀请他于 6 月 23 日下午 4 点在共合医院就中国外交失败之后的善后政策发表意见。高崇德在谈话中不但对青岛回归中国不抱希望，尤其强调反对抵制日货。他说："我支持中国人控诉日本不法之行径，欲获得各国同情之行动，却无法坦率地支持中国不顾弱国现实对邻邦日本大肆攻击。抵制日货持续时间愈久对中国愈不利。且此种行为对日本实际构不成巨大的打击，而只会徒增伤害日本感情之恶感。"① 针对此种不同声音，陶德满与其他一些传教士于 6 月 24 日召集 70 多名中国学生与回国劳工，就《美国人的期望》进行演说，鼓吹美国的民主主义，公开发表反日言论。与此同时，该会的基督教徒王宣忱也发表演说《兴业之发展与自私主义之危险》，批评了在三罢运动过程中因抵制日货而叫苦连天的中小商人，抨击他们"缺乏国家观念"，"国耻之下尚考虑自己的安危"，如此下去将有亡国之危险。②

6 月 24 日的这次集会，可以说是英美人在三罢运动之后第一次公开对抵制日货问题表态，反日立场也开始公开化。

此后第二批、第三批山东请愿团相继赴京。在全国激昂民意的要求下，北京政府罢免了曹汝霖、陆宗舆、章宗祥，但齐鲁大学的学生、美国教师及传教士似乎并不满意，称"曹、陆、章虽已罢免，但安福势力尚在"，而且"段派在中国之所以有实力完全是因为日本的保护。因此若日本断绝对其之保护，则军阀失去靠山再无法行凶也"，应彻底扫除日本势力。③ 7 月 5 日，美国传教士和齐鲁大学的美国教师等在共合医院通过决议推举张化林（济南名人，自称农民代表，鼓

① 「3. 情报送付ノ件/2 北京大学教师請願団ノ失敗ヲ予想シテ更ニ第二ノ手段ニ就キ演説ス」、JACAR（アジア歴史資料センター）Ref. B03041662800、青岛民政部政況報告並雑報 第一巻（B－1－5－3－071）（外務省外交史料館）。

② 「3. 情报送付ノ件/3 済南青年会幹事トッドネムノ民主主義ニ関スル演説其他」、JACAR（アジア歴史資料センター）Ref. B03041662900、青岛民政部政況報告並雑報 第一巻（B－1－5－3－071）（外務省外交史料館）。

③ 「3. 情报送付ノ件/5 上海平和連合会及学生連合会ノ山東商業会ニ対スル後援ト之レニ対スル各界ノ討論会」、JACAR（アジア歴史資料センター）Ref. B03041663100，青岛民政部政況報告並雑報 第一巻（B－1－5－3－071）（外務省外交史料館）。

动农民起事）赴京面见大总统以图贯彻山东赴京请愿团的要求，称若无法实现要求，则将借助美国人的援助开始大规模运动。7 月 6 日晚，这些传教士和齐鲁大学的美国教师又召集济南各校代表及山东各县的中国传教士约 50 人聚集共合医院，召开秘密会议，会议决定，由在济南的美国人向美国领事馆借款充当反日活动经费。① 此为美国人向山东的反日运动提供资金支持之开始。

同一时期，即 7 月以后，围绕山东问题的修正案在美国参议院之间引起了极大的争论，反日风潮在美国也日渐高涨起来。

在山东的美国人注意到国内形势，于 7 月 9 日电致加利福尼亚州议员约翰逊氏，"巴黎解决山东问题适增日人侵略之气焰，约中条文于中国不公允，于美国观念亦违反，直是封闭门户，违害远东和平。山东济南美国人民故极力抗议反对批准现定之和约"，向美国政界人士呼吁对中国的支援。②

10 月，原美国参议员裴顿（Theodore E. Burton）与法学博士贝克（H. Baker）来到山东，两人此次山东之行宣称有两个目的，一是视察日本在山东的设施；二是调查中国各地人民、政府对美国的感情。裴顿原为美国国会议员中的重要人物，1916 年还曾被推举为美国候选总统之一。在华美国人鉴于其"平日与美国社会颇接近"，而对其寄予厚望，认为他"此次东来必能代达美人惓惓之意也"。在他抵达上海尚未到达山东之前，即有不少在华美国侨民前往与之相见，"言中美亲善之必要"。③ 16 日，裴顿与贝克到达济南站，齐鲁大学的一名学生及一名医科教员前去迎接，他们手里拿着一张用英文写的便条，内容是邀请其次日访问齐鲁大学，裴顿与贝克应允。次日 9 点，两人访问美国驻济南领事馆，与领事会谈称"目前将中国拉近我方乃为当前第一要务及不可错失之良机"。后又至齐鲁大学，直至晚 7 点

① 「5. 情報送付ノ件/6 済南共合医院内ニ於ケル秘密会議」、JACAR（アジア歴史資料センター）Ref. B03041664400、青島民政部政況報告並雑報 第一巻（B－1－5－3－071）（外務省外交史料館）。

② 《旅济美人对山东案之公愤》，《申报》，1919 年 7 月 13 日，第 6 版。

③ 《美报论裴顿氏来东之观察》，《申报》，1919 年 11 月 8 日，第 6 版。

方回旅馆，8 点左右，两名美国驻济南领事馆馆员及齐鲁大学医科教员（应是宝福德①）来访，停留约两个小时。② 裴顿、贝克与齐鲁大学的学生有无会面，是否代表美国政府做出什么承诺，目前还不得而知，但裴顿在上海期间就已频频接触中国朝野，讨论中国与日本之间的问题③，所以可以肯定的是，对于学生的反日运动他们是知情而且是支持的，其目的是为了在中国扶植亲美之势力。

就在裴顿、贝克离开济南之后不久，10 月 19 日，驻北京美国公使馆员裴夫理士受美国驻华代理公使之命来济南调查中国人抵制日货的情况以及英美侨民与中国人合作反日的情况。来济后，裴夫理士首先前往齐鲁大学访问教务长宝福德，更准备了数千元美元用作中国学生及其他各界反日运动之用，称此后若有必要还将继续提供资金。结束与宝福德的谈话后，裴夫理士在宝福德的指引下参观校内设施后离开，投宿美国驻济南领事馆。次日在齐鲁大学邀请下他参加了在该校讲堂举行的集会。参会的有陶德满、怀恩光等 20 名英美人和齐鲁大学学生夏雨亭、济南商会会长崔商盘、新闻联合会会长张思纬、国货维持会刘仲永、省议会副议长张公制等大约 30 名中方代表。在这次集会上，裴夫理士带来了"商战"的反日方针。他指出，目前英美与日本之间的矛盾在于"一战"期间日本"在东亚扩张势力，让以往英美两国在中国的商业计划被日本侵占，以致英美如今在中国毫无立足之地"。同时他还声称得到本国密电，"要求英美中三国通力合作抵制日本，扼杀其野心"，提出最为有效的手段就是依靠英美援助，将中国的抵制日货运动进行到底。④

---

① 日本青岛驻军民政部的报告并未指出齐鲁大学的来访者名称，但该校副校长宝福德即是医科教授，故猜测应是此人。

② 「15. 情報送付ノ件/6 元米国上院議員ノ行動ニ関スル件」、JACAR（アジア歴史資料センター）Ref. B03041669900、青島民政部政況報告並雑報 第一巻（B−1−5−3−071）（外務省外交史料館）。

③ 《美报论裴顿氏来东之观察》，《申报》，1919 年 11 月 8 日，第 6 版。

④ 「16. 情報送付ノ件/2 北京米公使代理派遣員ノ来済ト其ノ言動」、JACAR（アジア歴史資料センター）Ref. B03041670100、青島民政部政況報告並雑報 第一巻（B−1−5−3−071）（外務省外交史料館）。

11 月 2 日，陶德满等约 25 名英美人士和约 30 名中方各界代表，在齐鲁大学召开会议，裴夫理士在会上报告了此次在山东的调查情况，并就目前抵制日货的方针提出意见。他说：

> 抵制日货为非常重大之问题，需用永久之努力才能杜绝日货，杜绝日货才可见抵制日货之成效，方可说达成了目的。故若想即时见效绝不可能。究其原因在于近年日货输入中国数量颇多，随处可见。现在济南华商的日货存储种类颇多，数量也颇巨大。现在日货占据所有日需品之大半，故现在若不允许将之卖出，则商界所受打击颇大，反而会使我们的行动困难。所以对目前的储备日货需改变以往方针，此时积极贩卖，将之卖尽，不再输入。这一举措将在今后完全断绝日货。我来到本地以后通过调查吸取了不少经验。现据调查，济南各大商家对于抵制日货毫不懈怠，而各界也都赞成推广不遗余力，其他小资本商虽然贩卖日货颇多，但不过是一些旧的存货。所以只要今后防止再进新货，便可获得成效。至于中西感情甚为圆满，中英美三国人士联手反日喜不自禁。若维持现状，始终保持不懈，定能达成目的。①

裴夫理士的这番演讲与此前（10 月 20 日）他在该校的演讲目的可谓一致。他把抵制日货看作是"商战"的一个手段，强调的是商业利益而非外交问题。所以他提出改变方针，对日货"积极贩卖，将之卖尽，不再输入"，而非中国学生所提出的立刻毁掉。

裴夫理士访问济南后不久，11 月 13 日，宝福德邀请中外人士在齐鲁大学的大讲堂举行演说会。与会者中，中方代表共 32 人，包括济南商会联合会长、董事、国货维持会会长刘仲永、董事郑文珠、胡德元（以上二人为基督教徒）、国货提倡研究会代表朱蕴韬等；英美

---

① 「18. 情報送付ノ件/3 米公使館員ノ日貨排斥方針其他ニ関スル演説要旨」、JACAR（アジア歴史資料センター）Ref. B03041671600、青島民政部政況報告並雑報 第一巻（B-1-5-3-071）（外務省外交史料館）。

方面共28人，包括陶德满、张达忱、卜道成、怀恩光及其他美国商人。会上宝福德发表演说：

> 目前中国商人甚是热心提倡国货，既已为我方肯定之举。但临渴掘井，不免感觉稍有些迟了。不过只要确守自己的宗旨，积极开展还是能补救的。况且现在抵制日货在于提倡国货，只须热度不减，终会取得成效。这也是我们欧美各国所极力期待的事。再有，若想迅速取得抵制日货之功效，尚须依靠中西合作一并进行。何以这样说，照目前情况而言，虽然依靠中国人的民心及努力可以将日货排除干净，但若在短时间之内强制实行，商家货物恐无法应付营业，从而遭受巨大损失。这就需要进口欧美商品来补充。因此现在欧美各国都在热切期盼与中国商人有更深入的贸易往来，但无争夺、谋取华商权利之心，只望能凭中西之力抵制日本，这一点已为华商诸位所洞悉。现我驻山东领事奉美国政府训令，迅速与中国人合作抵制日本，以期恢复美国过往在山东商务之原状。我已接受领事之重托，所以今天邀请各位前来以增进相互之感情，更加获得贵商会及各界人士之同情，希望依靠大家的鼎力相助恢复美国从前之商务。

大谈为尽早实现抵制日货之目的，应进口欧美商品，明确地将抵制日货与进口欧美商品联系到一起。对此，参加会议的山东商界联合会长回应，称现在中国人不但欢迎国货，对欧美商品也表示极大的欢迎，同时对于欧美商业的恢复也表示同情。希望将来同心协力迅速达成抵制日本的目的。还向在座的英美人表态将进一步督促各商家进口欧美商品。[1]

至此，济南基督教青年会与齐鲁大学的英美人在反日活动中从幕后走向台前，并将抵制日货与美国在华的商业利益明确地联系在一

---

① 「20. 情报送付ノ件/4 齐鲁大学米教师日货排斥达成ノ為メ欧米货输入ヲ勧告ス」、JACAR（アジア歴史資料センター）Ref. B03041672500、青岛民政部政况报告并杂报 第一卷（B－1－5－3－071）（外務省外交史料館）。

起，而裴顿与裴夫理士的来访也使他们的活动变成了美国政府默许下的行为。

第四节　持续反日：自发行动与政府行为的结合

当在山东的英美人从幕后走向台前参与反日，并将抵制日货与英美在华商业利益明确联系在一起之际，济南又出现了一件标志性的事件。1919 年 10 月 1 日，一份名为《大民主报》（*The Great Democrat*）的中文日报在济南创刊①，该报的创刊标志着山东英美人的反日活动不但进一步与中国其他地区的美国在华人士密切了联系，而且与美国政府的行为联系到一起。山东英美人士的反日活动由起初的自发行为开始向政府行为转换，开始将自发行动与政府行为相结合。

该报的经营者是克劳（Carl Crow，美国人），时任战时美国的政治宣传机关——公共情报委员会（Committee on Public Information）的远东代表。克劳曾自称是第一位获得"二十一条"要求全部内容的美国人。② 美国公共情报委员会是 1917 年 4 月 13 日根据美国总统威尔逊的命令而成立的政治宣传机构，除了在美国国内进行战争动员和信息审查以外，该委员会还负责向包括中国在内的各个国家进行宣传工作，在中国的工作尤其得到了美国驻华公使芮恩施（Paul Samuel Reinsch）的支持。据克劳记述，自从"二十一条"以后，美国人知道了"日本所玩的把戏"，明白"战胜德国是一件最重要的事，但同

---

　　① 甘惜分主编：《新闻学大辞典》，河南人民出版社 1993 年版，第 321 页。还有一说为 1919 年 11 月 10 日，参见「14 情报送付ノ件/7 米支合弁大民主报ニ関スル件続报」、JA-CAR（アジア歴史資料センター）Ref. B03041669200、青岛民政部政况报告並雑报 第一卷（B－1－5－3－071）（外务省外交史料馆）。

　　② 《新兴书店敬告时代知识丛书读者及代销商并警告翻印本丛书者》，Carl Crow 著，宗姬译：《我为中国人说话》，新兴书店 1938 年版，第 2—6 页。克劳的这番自称显然是夸大的，因为早在 1915 年 1 月 22 日美国驻华公使芮恩施就从中国官员口中得知了"二十一条"的消息。参见［美］罗伊·沃森·柯里著，张玮瑛、曾学白译《伍德罗·威尔逊与远东政策 1913—1921》，第 102 页。

时，这里却产生了一个迫切的危险，中国和他的富饶的潜伏的市场，就将落入了日本的手里"。所以美国"领事馆里美国职员所做大部分的工作，就在牵制日本在华的活动"，并将之称为"是在中国所进行的一次战争"。① 1918 年 9 月克劳就任美国公共情报委员会远东代表以后，被"分配了在上海的美国总领事馆和北京的公使馆"，"差不多每天与公使馆、领事馆职员发生接触，颇受他们的信任"。②

1919 年 1 月，美国驻济南领事向公使芮恩施报告说，当地有四家中文报纸通过济南基督教青年会总干事陶德满询问，能否依靠美国创办一家报社以便与当地日本人控制的中文报纸《济南日报》相抗衡。③ 值得一提的是，克劳在中国广泛开展宣传工作主要依靠在各地的美国传教士和标准石油公司、胜家缝纫机公司、英美烟草公司等英美公司的员工。④ 其间具体过程如何尚不得而知，但毋庸置疑的是，济南制造反日舆论的需求与以克劳为代表的其他美国在华人士以及美国政府的行为相契合。济南基督教青年会、齐鲁大学以及美孚石油公司、慎昌洋行等美国人积极参与，成为《大民主报》的发起人。⑤ 在克劳的积极活动下，美国传教士怀恩斯⑥、齐鲁大学教授奚尔恩⑦以及基督教信徒亲美派中国人共计 29 人筹集 10 万元资本，在美国内华

---

① Carl Crow：《我为中国人说话》，第 18—19 页。

② 同上书，第 18 页。

③ Records of the Department of State Relating to Internal Affairs of China，1910 – 1929），美中国社会科学院近代史研究所藏，国家档案馆微缩资料 329，Roll 221，893. 911/8。

④ 松尾式之「中国におけるアメリカのプロパガンダ活動：1918 – 1919の合衆国広報委員会」、『アメリカ・カナダ研究』第 14 号、1997 年 3 月、19 页。

⑤ 「9. 青岛」、JACAR（アジア歴史資料センター）Ref. B03040834700、新聞紙ノ主義持主、主筆系派勢力等調査方在外大公使及領事ヘ訓令一件/清国ノ部 第三巻（B－1－3－2－032）（外務省外交史料館）。

⑥ 「14. 情報送付ノ件/7 米支合弁大民主報ニ関スル件統報」、JACAR（アジア歴史資料センター）Ref. B03041669200、青島民政部政况報告並雑報 第一巻（B－1－5－3－071）（外務省外交史料館）。"怀恩斯"英文名不详，日文记载为"ハイエス"。

⑦ 奚尔恩（John J. Heerem，1875—1941），美国新教北长老会来华传教士，1911 年来华，曾任济南齐鲁大学史学及政治学教授。参见卢龙光主编《基督教圣经与神学词典》，宗教文化出版社 2007 年版，第 257 页。

达州注册成立大民主报社，① 为避免中国官府的干涉，将总部设在美国，济南的报社以分社形式从事舆论宣传的工作。②

《大民主报》的经理是中国人周朗山，此人也是一名基督教徒，曾在青岛的日人报纸《青岛新报》编辑插图，后来到美国人在济南办的慎昌洋行（Amderson Meyer Co）任职。③ 主笔是天主教徒董郁青④，此人曾在天津同属美系的反日报纸《益世报》做记者。⑤ 董郁青和某位中国人座谈时曾经谈到，强国常常欺负弱国，日本对中国就是眼前活生生的例子。不过日本无法匹敌英美，"只要有英美人的援助，日本人就不足为惧"，"作为美系报刊的《大民主报》只要美国官府不进行干涉，就对日本大肆攻击，趁此机会以报过往之仇"。⑥ 由此奠定了《大民主报》的反日基调。其对日本的消息来源，一是来自青岛的一名本社职员，能够经常与为当地日本官方做事的中国人取得联系；二是来源于山东铁路沿线一带的教会、青年会以及学界。

尽管该报在创刊时声称"以宣扬民主主义，促进中美亲善为宗旨"，但鉴于其特殊的创刊背景，早在正式发行之前就已经引起日本驻济南领事馆的注意。发刊以后，围绕其"反日"舆论，日本和美

---

① 「9. 青島」、JACAR（アジア歴史資料センター）Ref. B03040834700、新聞紙ノ主義持主、主筆系統勢力等調査方在外大公使及領事ヘ訓令一件/清国ノ部 第三卷（B-1-3-2-032）（外務省外交史料館）。

② 甘惜分主编：《新闻学大辞典》，第 321 页。

③ 「9. 青島」、JACAR（アジア歴史資料センター）Ref. B03040834700、新聞紙ノ主義持主、主筆系統勢力等調査方在外大公使及領事ヘ訓令一件/清国ノ部 第三卷（B-1-3-2-032）（外務省外交史料館）。

④ 《14. 情報送付ノ件/7 米支合弁大民主報ニ関スル件続報》，JACAR（アジア歴史資料センター）Ref. B03041669200，青島民政部政況報告並雑報 第一卷（B-1-5-3-071）（外務省外交史料館）。

⑤ 董郁青，笔名濯缨，满族，河北省通县人，天主教徒。他在清末就投身报界，对清朝的文献掌故及北京的风俗政教很熟悉。大约在 1920 年前后被聘为《益世报》副刊"益智粽"编辑，也担任社论撰述。自《新新外史》在《益世报》连载后，声名大噪。其间读者非常喜欢该小说，"要求刊印专书之函以数千计"。参见张元卿《民国北派通俗小说论丛》，山西古籍出版社 2001 年版，第 28 页。

⑥ 「21. 情報送付ノ件/4 大民主報ノ排日記事材料ノ蒐集方法」、JACAR（アジア歴史資料センター）Ref. B03041673200、青島民政部政況報告並雑報 第一卷（B-1-5-3-071）（外務省外交史料館）。

国驻济南领事频频交涉，在地方上掀起了一场规模虽小但是程度激烈的舆论战。比如，1919 年 11 月，反日风潮刚刚稍微缓和，山东土匪又开始猖獗，这成为令当地人民头疼的事情。对此《申报》《晨报》等都曾有过连篇累牍的报道。就在此时，11 月 17 日，《大民主报》在"本省特载"一栏，连续刊登了三则与日本有关的消息，其中两则就是有关日本军队运送枪支弹药给当地土匪的消息。这两篇消息不但对枪支的数量去处记载详细，编辑的点评更刺激了当地日本领事馆的神经："此不利于地方不利于商民之事揆诸辅车唇齿之友谊，殊嫌未合。记者甚愿日本领事克尽维持邦交之责任，苟有此种事实，发现莫待我国官吏之查禁，即先严重阻止是吾人所殷盼者也。"①

对于该消息的真实性，受史料限制现在尚无从得知。不过日本驻济南总领事立即将其列为"反日"舆论，不但向美国驻济南领事提出抗议，要求撤销，还报告给日本驻华公使小幡酉吉，称此种舆论有伤日本威信，希望通过小幡向美国驻华公使提出抗议并要求取消。但美国驻济南领事却极力维护，并对《大民主报》的工作赞赏有加，称其"每逢日本与中国有事，极力论其是非，为鼓吹民气不遗余力"，带动了济南其他各中国报纸"努力振奋民心，以实力开展反日，奋争主权"，改变了以往济南舆论界一遇有事"非但不能鼓吹民气，亦不能提倡护国精神"，"一再遭受外侮"的情况。与此同时，他还与当地各中国报社经理及编辑举行座谈，称"希望各位将来依靠舆论的力量在中美对外事务上做充分的势力鼓吹。眼下中美两国都在反日，但是对日本并不需要特别的实力，仅靠文笔便可达成目的"。②

在《大民主报》以及美国驻济南领事的影响下，国货维持会等其

① 「31. 支那二於ケル米国関係ノ新聞取締ノ件/2 大正 8 年 7 月 2 日から大正 8 年 12 月 29 日」、JACAR（アジア歴史資料センター）Ref. B03040647900、新聞雑誌出版物等取締関係雑件 第三卷（B-1-3-1-074）（外務省外交史料館）。

② 「32. 情報送付ノ件/2 斉魯大学校長ノ排日言動」、JACAR（アジア歴史資料センター）Ref. B03041702200、青島民政部政況報告並雑報 第二卷（B-1-5-3-072）（外務省外交史料館）。

他各团体也开始讨论依靠美国人的帮助创办机关报。1919 年 11 月 11 日，他们在济南基督教青年会召开会议，讨论认为：经各界努力，自十人团组织以来，现在济南、周村商业银行已有存储 7000 多元，应利用这部分钱办一份名为《共和报》的报纸。创刊手续与《大民主报》相同，在美国登记，以避免遭受中国官府的干涉。这份报纸于 1920 年 1 月正式发刊。[①]

结　语

五四期间参与山东反日运动中的英美人是以济南基督教青年会和齐鲁大学为中心的传教士，其中尤以美国人为主。辛亥革命以后，这些传教士把在山东传教的重心转移到济南，创办英文夜校吸引大批青年人，并通过他们对当地社会产生了间接的影响。与此同时他们还与当地的社会精英交好，为日后参与当地的反日运动埋下了伏笔。

威尔逊在华的"传教士外交"，已为广大学者所熟知，但是对于传教士如何介入外交事务中，此前的研究并没有描绘出一幅清晰的图案。本案例可以说提供了一个较为直观的观察对象。由于英美两国在宗教信仰上的共性，五四运动中，在山东的英国传教士与美国人站在了一起，但在官方层面上，仍不能完全视为一体。如英国驻山东招工局仍顾及日方的态度，在运动开始，并非全盘公开予以配合。

五四时期，与北京、上海等地的反日运动一样，山东的反日运动以学生运动为始，经历了罢课、罢市与罢工的三罢运动，是一场以中国人为主导的爱国主义运动。在其发展过程中美国传教士的势力参与其中，为山东反日运动的进行提供了精神及金钱上的支持，并利用中国人的反日情绪，最终将其与美国的在华利益联系到一起。

---

① 「19. 情報送付ノ件/4 山東各界更ニ其ノ機関紙発刊ヲ企図ス」、JACAR（アジア歴史資料センター）Ref. B03041672100、青島民政部政況報告並雑報 第一巻（B-1-5-3-071）（外務省外交史料館）。

　　同时通过日本情报机构的描述，也可以发现从始至终日本就没有把五四运动看成仅仅是中国人的反日，亦将之视为日本与美国在华利益争夺的一部分进行考量。发生在山东的反日运动演变成多种政治势力介入的过程。

第四章　日美在华舆论战

第一次世界大战是一场总体战，舆论宣传也是交战国之间相互攻防的一个工具。在远离欧洲战火的中国，美国和日本也展开了一场舆论战。舆论战的主角是美国在华人士及日本报人。

"一战"期间，中国因"二十一条"、中日军事协定、山东问题等掀起反日风潮，在华美国人的舆论活动不但成为当时中国抵制日货运动的组成部分，而且对美国和日本政府的对华政策也产生了一定的影响。

在以往中国的反日运动研究中，中外学者普遍以"日本帝国主义之臆测"的主观认识而忽视了探讨美国是否参与其中的真相，所以探究美国在华人士的反日舆论不但能够丰富对美国外交政策的认识，亦能为中国反日运动研究提供另一个讨论的面向。

第一节　"一战"期间美国在华新闻宣传的开始

第一次世界战争爆发不久，英国和法国分别通过路透社和哈瓦斯通讯社在美国从事宣传，德国也在美国雇用代理人进行针对美国人民的宣传活动，试图赢得美国民众对德国战争目标的支持。[1]

为了应对战局，有系统地构建面向海外的新闻宣传，1917 年 4 月

---

① 王立新：《踌躇的霸权：美国崛起后的身份困惑与秩序追求（1913—1945）》，中国社会科学出版社 2015 年版，第 480 页。

13 日，美国成立了公共情报委员会（Committee on Public Informa-tion），由乔治·克里尔（George Creel）担任主席。除了在美国国内进行战争动员和信息审查以外，该委员会还负责向包括中国在内的各个国家进行宣传工作。克里尔是威尔逊自由国际主义思想的坚定信奉者和支持者，把公共信息委员会的建立视为传播威尔逊进步主义、民主思想和国际理想的机会。他把委员会对外宣传的任务确立为让世界各地的人民相信：美国是不可战胜的，因此他们应该与美国站在一起；美国是一个自由和民主的国度，在战争中没有私利，因此值得信赖。用他自己的话说："首要的任务是宣传美国的决心和军事实力以及美国胜利的必然性，但同样重要的是宣讲美国的动机、目标和理想，让我们的朋友、敌人和中立国家都逐渐把我们看作（是）一个无私的和热爱正义的民族。"①

但是对于美国的新闻机构而言，光缆横跨太平洋的成本非常高，而获得中国订户的数量也有限。所以，对中国的新闻宣传并非一开始就获得美国政府的足够重视。当时中国的国际新闻主要来自英国的路透社和日本的通信机构，其中涉及美国的消息极少。随着战事的发展，在华的美国公使及领事们首先注意到没有足够的美国新闻，中国无法了解美国在战争中发挥了什么作用。为了弥补这种缺陷，1917年 12 月美国海军部开始从圣地亚哥无线电台发送一些消息到马尼拉，希望日本从马尼拉接到消息后在亚洲其他地区传播。1918 年初，旧金山—夏威夷—关岛线路取代了以往通过马尼拉站广播的通信，使消息可以直接从关岛传送到上海。美国驻上海的领事馆可以每天收到报告。② 但是，日本人从中做手脚，处处妨碍美国人的新闻宣传工作。活跃在中国的美国报人卡尔·克劳（Carl Crow）说："他们的干涉手段非常微小，不过却令人生厌。每天我们通过美国的海军无线电，在上海接到关于当天战事的消息，然后就把消息译出，供给中国报馆。

---

① 王立新：《踌躇的霸权：美国崛起后的身份困惑与秩序追求（1913—1945）》，第 480—481 页。

② 松尾弌之「中国におけるアメリカのプロパガンダ活動：1918 — 1919の合衆国広報委員会」、『アメリカ・カナダ研究』第 14 号、1997 年 3 月、19 頁。

但是日本军事当局却在济南扣住了这种消息，只送出一些被删摘过的译文。经日本删摘之后的消息或完全忽视美国的胜利，或者把美国胜利的程度降低。""日本的这种宣传工作，主要作用就在于让中国人深信，日本的陆军高出其他一切国家，美国的军事实力是特别没用的。因为种种理由，美国人在中国人的眼睛里，一向被视为他们的最好的朋友，许多人相信如果中国遇到危难，可以依靠美国这个国家进行防卫活动。日本的宣传工作就是为了破坏这种希望，把美国描写成一个没有力量对抗日本强有力的军事机构，无法进行任何实质性抵抗的薄弱无力的国家。"①

日本人的阻挠使美国人无法保证把收到的消息切实提供给中国的报纸，再加上对于美国的报道也都是零星的，降低了其在中国报纸中的实用性。一位美国外交官把在北京看到的问题向克里尔抱怨，并建议说有必要马上"改善美国在中国的新闻服务"。② 而这一时期类似的抱怨也源源不断地涌现在克里尔的面前。

面对这一困境，克劳发挥了至关重要的作用，他推动了美国公共情报委员会对华新闻宣传的工作，同时把美国在华报人的活动与美国政府的行为联系在了一起。克劳是密苏里新闻帮③的一员。他于1906年进入密苏里大学，1911年作为美联社（United Press）驻华特派记者来到上海，协助密勒创办了《大陆报》。1913年去东京，任《日本广告报》经理、代理主编，兼任美联社驻东京记者。④ 1915年5月7日，日本就"二十一条"向中国发出最后通牒之后，他从俄国驻日大使那里获得了这一消息，并将之发给美联社。⑤ 1917年美国参加第

---

① Carl Crow 著，宗姬译：《我为中国人说话》，新兴书店1938年版，第19—21页。

② 松尾弌之「中国におけるアメリカのプロパガンダ活動：1918 — 1919の合衆国広報委員会」、『アメリカ・カナダ研究』第14号、1997年3月、19頁。

③ 所谓密苏里新闻帮是"美国新闻史专家对上世纪初一批在远东出没、具有密苏里背景的新闻记者的称谓——尤指那些密苏里大学（下称密大）出身的新闻学子"。参见张威《"密苏里新闻帮"与中国》，《国际新闻界》2008年第10期，第76页。

④ 曹世文、黄季方编著：《美国名人词典》，华夏出版社1991年版，第262页；Carl Crow：《我为中国人说话》，第1页。

⑤ 《新兴书店敬告时代知识丛书读者及代销商并警告翻印本丛书者》，Carl Crow《我为中国人说话》，第2—6页。

一次世界大战后，他再次来到中国。①

1918 年 7 月，克劳直接写信给克里尔，称他愿意作为美国公共情报委员会的中国代表工作。他说："在中国有 400 多家中文报纸，把美国新闻翻译成中文供给这些报纸是向广大中国人传播信息的最佳途径。"他还说，没有中文报纸向路透社订阅消息，威尔逊总统（Thomas Woodrow Wilson）的几个演讲是用英文印刷的，但却没有出现在中文报纸上。因此，中国的广大公众一直不了解美国的意图。克里尔知道威尔逊总统在任期伊始就对中国有浓厚兴趣。1913 年，正是威尔逊总统决定承认中华民国，并任命芮恩施（Paul S. Reinsch）为美国驻华公使，这些都被视作是向中国示好。开展对华新闻宣传有助于扩大美国在中国的影响，在这一点上，克劳的建议无疑与威尔逊的理念是一致的。于是克里尔接受了克劳的建议，并在 1918 年 9 月 10 日任命克劳为美国公共情报委员会在中国的代表，月薪 500 美元。克劳在上海设立了办事处，并聘请了两名助理、两位译者和一些办公室人员。②

克劳就任后做的第一件事就是在上海创办东方新闻社。该新闻社不但负责对美国新闻进行翻译，还免费向 300 多家中国报纸提供消息。③据克劳在一次招待上海报界的宴会上称，东方新闻社"之组织虽由美人发起，而其目的则为中国。盖有许多方法可为中国报界采用"，体现出其从创办伊始就极力宣扬中美友好的宗旨。不仅如此，他还早早"于北京等处设立分社"，联系许多美商广告刊登在中国报纸上。④到 1918 年 11 月，克劳已经毫不讳言美国的新闻在中国报纸中占据了主导地位。⑤1919 年 1 月 3 日，克劳以东方新闻社社长之名，在法租界杜美路哥伦比亚俱乐部邀请上海各报记者，公开表示"本社

---

①　曹世文、黄季方编著：《美国名人词典》，第 262 页。

②　松尾式之「中国におけるアメリカのプロパガンダ活動：1918 — 1919の合衆国広報委員会」、『アメリカ・カナダ研究』第 14 号、1997 年 3 月、19 頁。

③　同上。

④　《东方新闻社宴报界纪》，《申报》，1919 年 1 月 4 日，第 10 版。

⑤　松尾式之「中国におけるアメリカのプロパガンダ活動：1918 — 1919の合衆国広報委員会」、『アメリカ・カナダ研究』第 14 号、1997 年 3 月、19 頁。

将来尚须改为中美合办且甚愿完全由中国人接办，又本社之名称现拟改为中美新闻社"，将名称改作中美新闻社，又名中美通信社（Sino-American News Agency）。①

但是仅靠克劳在上海的员工远远无法将对华宣传工作覆盖全中国。所以克劳办公室的另一项工作是建立在中国义务代理的系统。半年以后，即1919年4月前后，克劳在中国每个省共获得了400名义务代理人。这些代理人都是美国人。他们是标准石油公司、胜家缝纫机公司、英美烟草公司的员工和美国传教士。克劳吹嘘自己的代理网络是"远东最有效的组织。其他国家现在没有，以后也不可能建立的组织"。②

不仅如此，克劳还收集了25000多名中国各地的官员名单，包括省议会议员、商会成员、县长以上级别的官员和几乎所有的著名学者。他把美国的历史、工业发展的情况、妇女地位等代表美国进步内容的文章汇集成小册子，翻译成中文送给这些人。克劳认为，这样的工作将会"使美国政府直接向中国人说话"，从而让这些中国的"统治阶级"了解美国。③他还"奉华盛顿国务部的训令，把所有威尔逊战时的演说，译成中文发表"，几个月后，威尔逊的演说辞积少成多，在中国变成了一本流行最广的书，销至数版之多。克劳曾回忆说"我接到了许多评论的信，多到使我办公处的中国翻译员没有时间阅读他们。我记得这总数不下一万多封。写信的人在中国识字人里，各种阶级都有。其数之多，最后使我们无法去念他们"。"有许多记者，都来定购这书，分送朋友。"还"有一位现在南京国民政府担任要职的华北军阀，曾定购五百本——他把这书分送他的军官，每人一册，强制他们阅读"。这种宣传，使中国人"对于威尔逊总统所说的民族自决，和弱国对于强国的权利，觉得非

---

① 《东方新闻社宴报界纪》，《申报》1919年1月4日，第10版。
② 松尾弌之「中国におけるアメリカのプロパガンダ活動：1918－1919の合衆国広報委員会」、『アメリカ・カナダ研究』第14号、1997年3月、19頁。
③ 同上。

常深信"。① 借助美国人的力量抵制日本，即所谓"以夷制夷"的想法开始在中国人中酝酿起来。

第二节　美国在华报人的反日倾向

日本妄图独霸中国的野心久为驻华美人所关注，在华美人对日本在华的种种侵略行为适时予以揭露。密勒是具有反日倾向的在华美国报人，同时也是前面所提到的"密苏里新闻帮"在中国活动的先驱。"1900 年，密勒先生作为《纽约先驱报》的驻外记者，来华采访报道义和团事件。在那时和后来的采访活动中，他结识了不少中国政治领袖，如袁世凯、唐绍仪、伍廷芳、上海第一家近代化银行的创办者Tong. F. C. ，国民党领袖孙中山先生。"②

密勒对远东的政治事务非常感兴趣，早在 20 世纪初便有两部著作主张美国在远东的国家利益，同时强调日本的政治野心将会有损美国的利益。③ 他不讳言自己是一个从事反日说教（anti-Japanese preachment）的人，④ 所以在日本的外交档案中，他被称为"排日主义者"。⑤

---

① Carl Crow：《我为中国人说话》，第 33—34 页。这本畅销书是由蒋梦麟翻译的《美总统威尔逊参战演说》，由商务印书馆出版。第 1 版在两周内便售罄，又印刷了第 2 版。据说商务印书馆还曾向中小学推销该书。参见余姚、蒋梦麟译述《美国总统威尔逊参战演说》，商务印书馆 1918 年版；George Creel, How We Advertised America：The First Telling of The Amazing Story of the Committee on Public Information That Carried the Gospel of Americanism to Every Corner of the Globe，New York：Harper and Brothers，1920，pp. 361－362，转引自王立新《踌躇的霸权：美国崛起后的身份困惑与秩序追求（1913—1945）》，第 484—485 页。

② 鲍威尔（Powell, John B）著，邢建榕等译：《我在中国二十五年——〈密勒氏评论报〉主编鲍威尔回忆录》，上海书店出版社 2010 年版，第 9—10 页。

③ 这两本著作分别是密勒《新远东》（Thomas F. Millard, The new Far East），纽约 1906 年版；密勒《美国与远东问题》（Thomas F. Millard, American and the Far East Question），纽约 1909 年版。

④ 《前言》（"Introduction"），密勒《美国与远东问题》（Thomas F. Millard, American and the Far East Question），纽约 1909 年版。

⑤ 外务省政务局『支那ニ於ケル新聞紙ニ関スル調査』（1918 年 6 月）、JACAR（アジア歴史資料センター）Ref. A04017266200、単行書・支那ニ於ケル新聞紙ニ関スル調査（大正六年末現在）、国立公文書館。

或许是由于记者出身，来到中国的密勒希望通过舆论宣传对美国的对华政策产生影响，创办一份能够凭借标题吸引人的美国式的英文报纸来报道中国的新闻。密勒邀请同是密苏里大学出身的美国记者克劳帮忙，在克劳的辅助下，1911 年《大陆报》（*The China Press*）在上海诞生了。① 据说这是中国第一家美国报纸，鼓吹中美合作，同时吸收了中国的股份。成立之初，"上海的一些著名中国人士，包括唐绍仪和一些银行家""都许诺承购密勒先生新办报纸的股份"。② 可以说《大陆报》的创办与经营为密勒提高在中国人中的影响力打下了基础。1918 年巴黎和会召开以后，密勒充当了中国代表团的顾问。③

随着第一次世界大战的进行，来中国的美国人不断增多，为了"使美国人明了远东局势之发展，同时也使东方人明了西方的发展"，1917 年 6 月 9 日，离开《大陆报》的密勒在上海创办了《密勒氏评论报》（*Millard's Review*）。④ 相较于当时其他外商报纸追求商业、广告利益的做法，密勒更希望将杂志办成一份独立的、不以盈利为目的的英文政治期刊，秉承他一直以来的美国办报风格，"促进外国人与中国人之间的联系。像报道美国新闻的纽约大报一样，在头版刊登有关中国的故事"。当然，这里所谓的"外国人"应该就是指美国人。《密勒氏评论报》创刊后，"每期的发行数是 4000—5000 份左右"⑤，以其独特的风格吸引了广泛的读者群，其中不仅包括在上海的英美

---

① 山腰敏宽「中国におけるウィルソン主义の宣伝と五四运动」、『现代中国研究』（14・15）、2004 年 9 月、80 页。关于《大陆报》的诞生，中国的一些词典，如熊月之主编的《上海名人名事名物大观》（上海人民出版社 2005 年版，第 398 页），及张宪文、方庆秋主编的《中华民国史大辞典》（江苏古籍出版社 2001 年版，第 70 页）等主张是由孙中山委托密勒创办的，但关于这一史实并未在鲍威尔的回忆录中得到证明，目前也尚未找到相关史料。所以本书关于《大陆报》创刊问题，以鲍威尔的回忆录为准。

② 鲍威尔著，邢建榕等译：《我在中国二十五年——〈密勒氏评论报〉主编鲍威尔回忆录》，第 9—10 页。

③ 《补白》，《潮梅商会联合会半月刊》1929 年第 1 卷第 6 期，第 85 页。

④ 此刊英文名称原为"*Millard's Review of the Far East*"（《密勒氏远东评论》），一度更名为"*The Far East Weekly Review*"（《远东每周评论》），1922 年 11 月，鲍威尔收购《密勒氏评论报》产权，自任主编和发行人。1923 年 6 月退休的密勒去世后，鲍威尔把该刊英文名称改成"*The China Weekly Review*"（《中国每周评论》），但考虑到读者对原中文名称《密勒氏评论报》（该报在两行英文刊名下还标有一行中文名）已经习惯，故沿用不变。

⑤ 陈其钦：《评〈密勒氏评论报〉》，《图书馆杂志》1991 年第 6 期，第 48 页。

人，还有其他在华的外国人："斯堪的纳维亚人、法国人、德国人、俄国人、葡萄牙人、荷兰人和大量的东方犹太人"以及中国其他地方的外国传教士、商人、公司职员，等等。其中"最大的英文读者群却是年轻一代的中国知识分子，他们就读于中国学校或教会学校，有的已经毕业，这些年轻人对外部世界的事务，有着非常浓厚的兴趣，特别关注第一次世界大战的情况。像其他人一样，他们极想了解美国人对大战的态度，以及其他一些国际事务"。"所有这些年轻人，那时都正在学习英语，而且许多人把《密勒氏评论报》当作教科书。"这些青年学生还为了询问《密勒氏评论报》一些有意强化的美国式词语专门致函报社，显示出对美国态度的极度关心。除了在校学生以外，曾接受过教会学校教育的人，包括许多年轻的女性，也是《密勒氏评论报》的热心读者。他们遍布在各种贸易公司、工厂、银行和报社，有的还在大学、学院和政府机构中任职，可以说代表了城市中的精英群体。广泛且为数众多的读者群，为《密勒氏评论报》的发展打下了基础，从而也让在华的美国人意识到"美国在世界事务中的重要性"。①

1917 年秋天，密勒专程回美，并致信美国国务卿蓝辛（Robert Lansing），希望得到美国政府的支持。他要求政府为其出具"一封信函以为私用"，但当时并没有得到美国国务院的回应。直到 1918 年，在美国公使芮恩施的引荐下，密勒再次与美国国务卿取得联系，并得到热情回应：《密勒氏评论报》有利于美国在华商业利益的发展，定会给予鼓励。对于美国政府最初拒绝的态度，密勒的解释是当时美国政府还没保护海外出版物的先例。② 但从前文可知，1917—1918 年，正是美国对华新闻宣传从无到有的转折期。而且 1917 年正值日美两国签署"石井—蓝辛"协定，美国承认日本在华特殊利益；日本同意

① 鲍威尔著，邢建榕等译：《我在中国二十五年——〈密勒氏评论报〉主编鲍威尔回忆录》，第 12—15 页。

② 密勒致蓝辛的信，1918 年 6 月 27 日，Records of the Department of State Relating to Internal Affairs of China，1910–1929，中国社会科学院近代史研究所藏，美国国家档案馆微缩资料 329，Roll. 221，893.911/25。

两国有权"维护"中国领土完整以及门户开放、机会均等。所以对于有反日倾向的《密勒氏评论报》和密勒本人，美国政府保持了审慎的态度。

但是美国驻华公使芮恩施对密勒等在华美国报人的反日倾向没有表示反对。这是因为，自"二十一条"以后，在华的美国人"都知道日本所玩的把戏"，他们明白"战胜德国是一件最重要的事，但同时，这里却产生了一个迫切的危险，中国和他的富饶的潜伏的市场，就将落入了日本的手里，协商国在欧洲的收获，就将由在中国的损失而推翻了"。所以美国"领事馆里美国职员所做大部分的工作，就在牵制日本在华的活动，并企图采用诡计，以制胜他们的阴谋"，并将之称为"是在中国所进行的一次战争"。①

1918 年 2 月，《密勒氏评论报》的鲍威尔②在美国驻华公使芮恩施的授意下提出一份计划书，主要内容是为了挽回美国在华宣传中逊色于日本的劣势，指出中国发行了大量的中文报纸，需要向这些中文报纸提供消息。这与克劳向克里尔提出的建议相同。

当公共情报委员会中国办事处成立以后，美国驻华公使馆的书记官（副领事）伯尔（R. A. Burr）不但兼任中美通信社主干，而且经常向北京和天津两地的《益世报》提供不利于日本的消息。不仅如此，他还与克劳一起利用英美烟草公司的中国人从事抵制日货的活动，煽动北京六大中文报纸联名向威尔逊总统发了一封长文电报，批评日本在巴黎和会上的态度，请求美国帮助。③ 如果没有芮恩施的支持，美国公使馆馆员很难做到这一点。

1919 年 1 月，美国在济南领事向公使芮恩施报告说，当地有四家中文报纸通过济南基督教青年会总干事陶德满询问，能否依靠美国创

---

① Carl Crow：《我为中国人说话》，第 18—19 页。
② 鲍威尔是 1917 年在密勒的邀请下来中国帮助创办《密勒氏评论报》的密苏里大学新闻学院的毕业生。
③ 上海日本商業会議所『山東問題に関する日貨排斥の影響』第 1 輯、上海日本商業会議所、1919 年、435 頁。

办一家报社以便与当地日本人控制的中文报纸《济南日报》相抗衡。① 这也从侧面印证了早在五四运动爆发以前，中国内部就出现了有计划反日的征兆。与此同时，美国的在华报人中也存在有反日倾向的代表，在这一意义上，中国人的反日诉求与部分在华美国人实现了步调上的一致性。

第三节　"一战"结束后日本舆论中的反美报道

美国在中国新闻宣传的开展以及威尔逊在中国影响力的提高，使日本感到恐慌。"一战"结束后不久，日本的媒体中出现了一些诋毁美国人的报道。尤其在五四运动爆发以后，日本国内的主流媒体如《东京朝日新闻》《国民新闻》等纷纷发文评论，断言此次学生运动乃受英美唆使，为外文报纸流言所惑，是"某大国为扶植自己的势力欲将日本驱逐"于中国之外所造成。②

与之相呼应，日本的在华报纸也开始了对英美人尤其是美国人的猛烈抨击。其中，1917 年由日本大陆浪人中西正树在山东济南创设的中文报纸《济南日报》成为此次日本在华反美报道中的先锋。

《济南日报》的反美报道最早缘于 1919 年 5 月 7 日在山东济南召开的国耻纪念大会。当日，齐鲁大学学生整队携旗赴会，"各旗均大书勿忘国耻，力争主权等字样"，③ 其中"几位青年学生鼓吹罢学、罢市、排斥日货"。④ 而齐鲁大学的一位美籍教师与济南基督教青年

① Publicity in Tsinanfu，1919 年 2 月 25 日，Records of the Department of State Relating to Internal Affairs of China，1910 – 1929，中国社会科学院近代史研究所藏，美国国家档案馆微缩资料 329，Roll. 221，893. 911/8。

② 『暴動と外務省緊張　日支国交の由々敷大事』，『国民新聞』、1919 年 5 月 8 日，转引自胆红「五四運動と日本のジャーナリズム」、『国際公共政策研究』第 11 巻第 2 号、2007 年 3 月、187 頁。

③ 《五月七日以来之齐鲁大学》，《申报》，1919 年 6 月 8 日，第 6 版。

④ 《李澄之的回忆》，胡汶本、田克深主编《五四运动在山东资料选辑》，山东人民出版社 1980 年版，第 218—219 页。

会的总干事陶德满（Lawrence Todnem，美国人）也出席了大会。① 当晚，齐鲁大学的这位美籍教师在济南城内一中国餐馆秘密宴请17位参加大会的各校代表，鼓励学生通过政治运动开展反日救亡的活动。他对学生代表们说，学生参与政治活动在英美各国已非常多见，而中国问题尤其是眼前的山东问题，已然不能完全依靠政府解决；现在国家处于危亡时刻，学生作为国家的栋梁应该开展救亡运动，否则中国将落入日本囊中。② 随后，齐鲁大学学生会即发表《为力争青岛敬告全国各界书》，呼吁"各地各界，同心同德，思来日之大难，惧山河之不复，际千钧之一发，合众志以成城，出以决心，持以毅力，使巴黎和会而能解决吾青岛也"。③

5月8日《济南日报》刊出其日本经理田中逸平的文章，称某大学教师陶某，以"万金巨贿"煽动学界进行排日运动，断言山东五七国耻纪念大会是由齐鲁大学煽惑所致。5月9日，《济南日报》又发表社论《齐鲁大学之暴戾及近来耶稣教之衰颓》，"略谓该校生受英美之贿赂，仗外人之护庇，恣意横行，违抗官府，且谓西国教士乃其政府之走狗借端唆使离间我同种同文之中日云云"。④ 同时，指出中国大部分的东西，已经因为基督教失去了自己的主权。基督教信徒大多是坏的。眼下的欧洲战争也是由基督教引起的。英国和美国的传教士是他们政府的公务员。5月10日《济南日报》在社论中，呼吁大家注意欧洲国家对亚洲国家侵略所带来的痛苦。称美国人现在正试图挑拨中国和日本之间的感情，务必要注意抵消英国和美国在中国不断提高的影响，宣传该影响只能对黄色人种造成伤害。而日本和中国就是同属黄色人种的兄弟。中国和日本携手解决两者之间的误会，不仅有利于两国的利益，也有利于整个亚洲的利益。5月11日的社

---

① 「国耻記念大会開催前後ニ於ケル英米人ノ排日煽動ニ関シ報告ノ件」（1919年5月12日、在済南山田領事代理ヨリ内田外務大臣宛）、外務省編纂『日本外交文書』1919年第2册下卷、1175—1176頁。

② 同上。

③ 刘德军编著：《五四运动山东潮》，中共党史出版社2005年版，第35页。

④ 刘家宾：《五四运动在山东大事记》（上），山东省地方史志编纂委员会编《山东史志资料》1983年第3辑（总第5辑），山东人民出版社1983年版，第106页。

论，又指出身为巴黎和会主席的威尔逊秘密支持中方反对日本代表，并将中日之间的条约视为废纸。① 5 月 16 日《济南日报》《美国人的心理分析》以美国在密西西比河东岸对待印第安人的历史为例，称美国人"对待东亚人就如对待弃儿一样"。中国人如果依靠美国，将会陷入无尽的、无可挽回的灾难。②

连续四天的反美报道，不但引起了在华美国报人的注意，也引起了美国在华领事及其他地方美国人的关注。美国领事在给芮恩施的信中直指其性质为"反美"。

对于这种舆论上的"口水之争"，美国官方一直没有表态。直到 5 月 17 日《济南日报》再发《论今日之威总统》的社论后，因涉及对美国元首的攻击，美国公使芮恩施在向国务卿请示以后进行反击。《济南日报》在社论中称：

> 美国大总统威尔逊，假仁假义大言不惭之流亚也。藉倡世界永远和平之名，为执欧美亚洲牛耳之具。究其提倡诸事，无不为伸张美国权力者。若海洋自由，所以握太平洋势力也。人类自决所以削各强国藩篱也。其他诸端历历可指，自私自利之隐衷。若司马昭之心，路人皆见也。宜其今日在欧会席上，言语主张，毫不发生效力乎。当美国甫加入欧战之初，威氏之声望固在也，故一言一动颇为世人所注目，彼弱小诸国竟仰其鼻息，以赖其援助。而威氏亦以霸主自居，遂大言不惭，奢谈人道。③

---

① Anti American statements from a Japanese owned Chinese papers at Tsinanfu，1919 年 7 月 3 日，Records of the Department of State Relating to Internal Affairs of China，1910－1929，中国社会科学院近代史研究所藏，美国国家档案馆微缩资料 329，Roll. 221，893. 911/31。

② A SCURRILOUS CAMPAIGN, *The North-China Herald and Supreme Court & Consular Gazette*，May 24，1919，http：//search. proquest. com/docview/1369870643？accountid＝41097，2014 年 4 月 5 日。

③ 有心：《论今日之威总统》，《济南日报》，1919 年 5 月 17 日，参照「31. 支那ニ於ケル米国関係ノ新聞取締ノ件/1 大正 8 年 5 月 30 日から大正 8 年 6 月 19 日」，JACAR（アジア歴史資料センター）Ref. B03040647800、新聞雑誌出版物等取締関係雑件 第三巻（B－1－3－1－074）（外務省外交史料館）。

由上可知在五四反日运动的初期，《济南日报》已经把批判对象对准了美国，尤其是威尔逊总统和传教士。其目的一方面是为了瓦解中国人对威尔逊的信任，另一方面是为了消除基督教在中国人中的影响力。但是，正如美国一官员在给国务院的评论中所说，对舆论行为极其谨慎的日本，竟然允许日本青岛守备军的喉舌《济南日报》进行如此公开大胆的攻击，显然代表了政府的一种态度，表明日本政府将要有所行动。① 随着反日运动的发展，日本的反美报道也从初期的笼统性，逐渐变得更有针对性，批评更为有力。在这些舆论家的观察中，在中国从事反日宣传的主要有《密勒氏评论报》、《大陆报》、中美通信社和美国的公使馆官员。

5月10日，《大阪每日新闻》刊发的《美国官员的排日论》为这一判断做了脚注，认为美国公使馆官员是藏在学生运动幕后的支持者。据该报称，美国公使馆官员伯尔以往就曾主张中日开战，五四运动那天一直追踪曹汝霖家人避难的车，并在公使馆街将之扣留。并称他经常在北京的一家英文报纸上以 C. M. 为名投稿，宣传排日，且与中美通信社有关系，日后还会进入该社成为主干。《大阪每日新闻》怒斥其"既然身在公使馆，却又行中伤友邦之事，简直是岂有此理"。② 于是学生运动由美国公使教唆和赞助的传闻从5月开始在中国传开。与此同时市面上还流传一种宣传册说芮恩施曾挪用联军战争工作团宣传运动（The United War Campaign）的收入去资助学生运动。③ 日本国内广泛传布这种指控，并且进一步谴责英美在华侨民和传教士也援助了学生运动。

---

① 济南一家日本控制的中文报纸的反美活动（Anti American statements from a Japanese owned Chinese papers at Tsinanfu），1919 年 7 月 3 日，Records of the Department of State Relating to Internal Affairs of China，1910 – 1929，中国社会科学院近代史研究所藏，美国国家档案馆微缩资料 329，Roll. 221，893. 911/31。

② 上海日本商業会議所『山東問題に関する日貨排斥の影響』第 1 輯、436 页。

③ "根据芮恩施的报告，5 月间曾有人向美国公使馆兜售对他进行这种指责的小册子的草稿照片，据称全国已散布了成千上万的此种小册子。该草稿被认为是曹汝霖的手迹，或者是出于曹所属的交通系的某些成员之笔，但从照片无法确认其作者。"参见周策纵著，陈永明译《五四运动史》，岳麓书社 1999 年版，第 290 页注②。

日本在华机构上海商业会议所在对此次反日风潮进行了详细调查以后，在报告《就山东问题抵制日后的影响》（山東問題に関する日貨排斥の影響）中亦把中国反日风潮的高涨归结于英美人的作用："英美人对日本在华迅速发展的嫉妒；在北京的英美人以山东问题为契机，与旧交通系联合，计划打倒新交通系。"并声称"此次在华美国的新闻及其他言论机关对于此次排日风潮一致进行了有违道德的煽动"。①

5月26日，英文报纸《华北明星报》（*North China Star*）爆出消息，称日本小幡酉吉公使向中国政府抗议，指责中国政府不惩办学生，警察不开枪射击学生，小幡此举引起舆论一片哗然。北京的日本机关报《顺天时报》于28日作出回应，刊登《华北明星报访员之造谣与警察厅之更正》一文予以辟谣，同时指出这不过是为了"令学生益增长恶感以离间中日而故意造谣"。②此事由于是《华北明星报》的美国人访员爱番司爆料，后来又有美国公使馆书记官伯尔到京师警察厅对《顺天时报》的辟谣进行抗议，引起当地日本人的极度不满。③

5月末，一封署名"日本及中国一友人"的英文信函寄到在北京的各日本报社特派员和通信社。信里说：

> 虽然日中关系绝不可分，但近来英美人尤其是美国人还是教唆排日运动，令人深感遗憾。举例来说，美国公使馆书记官伯尔经常向《华北明星报》、上海的《大陆报》等美国的机关报提供排日新闻，而同时自己身为中美通信社的主干，致力于制作排日新闻。外交部参事某某向他的哥哥同时也是北京英文报纸的主笔，某通信社提供排日材料。该英文报社主笔的排日活动，乃是中国在野权贵，以排日闻名的某两三位人与他们同属进步党的领

---

① 上海日本商業会議所『山東問題に関する日貨排斥の影響』第1辑、436頁。
② 《华北明星报访员之造谣与警察厅之更正》，《顺天时报》1919年5月28日，第2版。
③ 《华北明星报之误传与警察厅再更正》，《顺天时报》1919年6月10日，第7版。

袖,是前些天学生排日运动的首谋者。他们为了破坏亲日内阁以取代之所以采取该行动。

从上述文章的口吻来看,基本可以判断出自日本人之手。不仅如此,该报道的记者还说"这些美国人不满足于以事实为基础的排日宣传,还弄一些虚构的言论批判日本的行动,宣传美国主义",明确指出美国在华报人的反日舆论目的在于对华宣传美国主义,扩大美国在中国人中的影响力。

5月28日,芮恩施前往日本驻华公使馆,直接向日本驻华公使小幡酉吉交涉,称双方曾"订有协定,凡是报刊如有说错的地方必须加以纠正",而此次涉及"攻击一个友好国家元首的事","按照英美司法,侮辱外国元首将构成特别犯罪,且日本也存在同样的规定,所以请日本政府对《济南日报》给予严办"。对此小幡酉吉以"按照日本出版法,如果报纸对外国元首进行诽谤攻击时恰巧这位元首在日本,那么这家报纸的确应受处罚"为由为《济南日报》进行开脱,并借机指责美国的报纸上也经常出现反对日本的报道,表示这些日本舆论上的过激乃是由于在华日本报人和主笔对美国存有感情上的不满。芮恩施自然不能接受小幡酉吉的开脱及指责,直指"这家报纸是臭名远扬地受日本当局支配的,对日本当局惟命是从,我看不出日本公使对它提出责问会有什么困难。我仅要求撤销那篇文章;要是一家中国报纸这样无力地攻击了日本天皇,日本人一定会要求禁止发行的"。同时,芮恩施还出于外交上的考虑,把在华美国人对日本的不满与美国对日本在华政策中的立场撇清,否认美国与中国之间存在政治关系。最终该报刊载了措辞温和的道歉和撤销那篇文章的启事。小幡也训令济南领事,要求对中西正树等报人以及共同通信社的排英排美舆论进行监督,保持克制。①

---

① [美]保罗·S.芮恩施著,李抱宏、盛震溯译:《一个美国外交官使华记》,第253—254页;「31. 支那ニ於ケル米国関係ノ新聞取締ノ件/1 大正8年5月30日から大正8年6月19日」、JACAR(アジア歴史資料センター)Ref. B03040647800、新聞雑誌出版物等取締関係雑件 第三巻(B-1-3-1-074)(外務省外交史料館)。

第四节　美国人对日人反美报道的反应

日本反美舆论的出现，使美国在华报人的反日情绪达到高潮，同时也让此前一直保持谨慎克制的美国政府加入这场美日之间的舆论战中。日本和美国真正互相成为对方眼中的敌人。

对反美报道做出反应的主要有美国在华报纸、对中国问题和美国在远东利益感兴趣的美国人和克劳的公共情报委员会中国代表处。

美国在华报纸首先做出反应，1919 年 4 月 5 日，《密勒氏评论报》刊文《日本人的反美宣传》，对"一战"结束后日本国内《万朝报》《大阪朝日新闻》《大阪每日新闻》等媒体的反美报道进行了介绍。这些报道的内容大多没有什么具体的事例，而多攻击或讽刺美国主义或者美国的种族观。[①] 《济南日报》的系列反美报道刊登以后，1919 年 5 月 25 日《密勒氏评论报》用极长的篇幅详细介绍了自 5 月9 日以来《济南日报》发表的每一篇社论，强调日本正在试图用人种关系引起中国人对白种人的恐慌，把美国人在华的政策攻击为"鹬蚌相争，渔翁得利"。[②] 英国人的英文报纸《字林西报》也注意到《济南日报》的反美行为，不仅像《密勒氏评论报》一样占用大幅版面详细介绍反美社论，更将其称作是日本在华开展的"一场最下流的运动"，同时预言日本的在华舆论将会呼吁更为激烈的反美运动。[③]

《密勒氏评论报》报道以后，引起了一位名叫布尔克（A. J.

---

① The Japanese Anti-American press campaign, *Millard's Review of the Far East*, April 5, 1919, http://search. proquest. com/docview/1326717413? accountid = 41097, 2014 年 4 月 25 日。

② Editor expresses his love for Americans and Britons, *Millard's China National Review*, May 24, 1919, http://search. proquest. com/docview/1319840244? accountid = 41097, 2014 年 4 月 25 日。

③ A SCURRILOUS CAMPAIGN, *The North-China Herald and Supreme Court & Consular Gazette*, May 24, 1919, http://search. proquest. com/docview/1369870643? accountid = 41097, 2014 年 4 月 5 日。

Burke）的美国人的关注。此人自称在东亚待了 21 年，其中有 10 年是在中国，其他时间待在日本或朝鲜等地。当他看到《密勒氏评论报》对日本反美的报道以后，直接致信威尔逊的秘书塔莫提（Joseph P. Tumulty），信中不但附上了报道的全文，还阐述了自己对日本反美舆论的看法。他认为虽然在这场反美宣传中，看不到日本政府，但其实日本早在 1900 年开始就有计划地在美国、日本、中国以及其他国家，从各种角度对美国进行攻击。日本的目的是使中国人对美国产生怀疑和愤恨，防止两国人之间产生任何真正的友谊，从而阻止美国以任何方式援助中国。他呼吁美国国会能通过日本的宣传看到美国面临的危险，呼吁美国人在时刻警惕日本将会给美国带来的致命打击。[1]布尔克的这种看法在美国人中是否具有代表性，就目前的资料来很难断言。但可以确定的是，美国在华报人对"一战"后对日本在华野心以及由此对美国利益威胁的担心，并不是孤立的个案，至少在部分美国人心中引起了共鸣。

还有些游离于密苏里新闻帮和美国政府之外的美国在华报人利用此时机积极进行反日宣传，依靠自身在中国的人脉资源，以在这场日美舆论摩擦中获得美国政府的支持。其中的代表人物就是索克思（G. E. Sokolsky）。

索克思出生于一个来自别利思托克（Bialystock，位于波兰和立陶宛边界）的俄裔犹太人移民家庭，他曾在哥伦比亚大学新闻学院学习，1917 年前往革命中的俄国进行新闻冒险。次年即 1918 年 3 月到中国。在中国他先替《华北明星报》写稿，1919 年来到上海后为《英文沪报》（Shanghai Gazette）工作。[2]反日运动爆发以来，他不断以山东问题来鼓动学生运动，[3]自称"1919 年的学生运动和抵制日货

---

① 布尔克致约瑟夫·图默迪（Joseph P. Tumulty）的信，1919 年 8 月 16 日，RECORDS OF THE DEPARTMENT OF STATE RELATING TO INTERNAL AFFAIRS OF CHIN，1910 - 1929，中国社会科学院近代史研究所藏，美国国家档案馆微缩资料 329，Roll. 221，893. 911/54。

② 上海市档案馆编：《租界里的上海》，上海社会科学院出版社 2003 年版，第 114 页。

③ 上海日本商業会議所『山東問題に関する日貨排斥の影響』第 1 輯、433 頁。

在很大程度上都是我的功劳"。① 因此他被看作是同情中国的美国人，在中国的商人和学生中拥有极大的影响力。② 上海日本商业会议所的情报搜集人员把他的行为看作是美国政府授意下的反日活动向外务省报告，但那时虽然"竭力与美国领事馆的馆员建立关系，并且不时地向美国国务院发送有关中国政治局势的报道"，但他其实不是美国政府的雇员。③

就《密勒氏评论报》等美国在华报纸的反应来言，虽然表达了对日本反美舆论的不满，但碍于传播媒介的身份，并没有出现大肆攻击日本的字句，其发挥的作用更多在于向其他西方国家（尤其是英国和美国）传播日本在华反美的动态。相较之下，作为美国公共情报委员会中国代表的克劳在《大陆报》做出回应，颇有替美国和英国政府进行回击的意味。他首先否认了日本报纸指责英美人谋划、鼓动中国人抵制日货、进行罢工，并试图逼迫北京政府驱逐亲日派的说法，称此种言论"皆属胡说八道"，中国人的反日运动乃是源于山东问题的自发行为。并指责日本的对华政策不利于中国，英美人鼓励中国人采取有效的办法避免国家灭亡，一方面是为了中国不再重蹈台湾之覆辙，另一方面也是为了在华英美人的利益，并隐晦声言若日本人让中国陷入危机，英美人一定会劝告中国人抵制日本与中国的亲日派。克劳的这个态度与前文所述美国驻华领事馆"舆论战"的思维一致。"帮助中国抵制日本是对中国的友谊行为，同时也是英美人为了自卫而采取的策略"，不但间接承认了美国的反日行为，更把日美之间的这种舆论摩擦上升为一种舆论宣传的"自卫"战。④

克劳的回应并没有止步于和日本媒体的"口舌之争"上。他向美国驻华公使馆提交了一份报告，把中国的报纸分成英文、其他语言、

① 上海市档案馆编：《租界里的上海》，第113—114页；梁川主编《辛亥革命与当代中国社会发展》，宁夏人民出版社2006年版，第347页。

② 上海市档案馆编：《租界里的上海》，第114页。

③ ［美］顾德曼（Bryna Goodman）：《美国胡佛研究所所藏索克思档案》，《档案与史学》2000年第1期，第75页。

④ 上海日本商业会议所『山東問題に関する日貨排斥の影響』第1辑、432—433頁。

日本控制的中文报纸和中国人控制和编辑的报纸等几大类，并对各报纸的流通、隶属关系进行了详细的介绍。在谈到日本控制的中文报纸时，克劳认为，多年来，日本半官方报纸和政府注意保护对各地主要中文报纸的领导地位，以影响中国的公共舆论。他呼吁美国注意，在过去的两年里，这些报纸已经成为日本攻击美国和英国的工具。那么如何有效地应对日本的这种攻击，克劳称在 6 月 9 日的报告中曾提出有不少中国人向他询问依靠在美国注册创办报纸的可行性，美国可以向他们提供这种保护。克劳的建议得到了驻华公使芮恩施的肯定。[①]中国的反日运动让芮恩施认识到"唤起舆论，使之成为一种持续起作用的力量"；"组织舆论，使之一直具有表达它的意志的手段"；"只有这样，舆论才能迫使政府抵抗日本对中国主权的进一步侵犯。那样做虽然需要花费一些时日，但却是能够做得到的"。[②] 在中国反日思潮不断高涨的情况下，克劳的"这些建议有助于推进美国的利益，并促进中国和美国之间的良好感情"。[③] 在芮恩施的帮助下，1919 年 8 月，克劳的这份报告被提交给美国国务院。

　　显然克劳与美国驻华公使馆的建议得到了美国国务院的认可。1919 年 10 月以后，《大民主报》（*The Great Democrat*）等在美国内华达州注册，由中美通信社出资经营的中文报纸在济南等地相继出现。[④]而 1919 年发生的《益世报》被封与重开也显示了中国在日美舆论摩擦中左右摇摆的态度。

---

① Newspapers in China, connections and registration of Chinese papers under American Protection，1919 年 8 月 7 日，中国内部事务 1910—1929（RECORDS OF THE DEPARTMENT OF STATE RELATING TO INTERNAL AFFAIRS OF CHIN，1910 – 1929），中国社会科学院近代史研究所藏，美国国家档案馆微缩资料 329，Roll. 221，893. 911/40。

② ［美］保罗·S. 芮恩施著，李抱宏、盛震溯译：《一个美国外交官使华记》，第 285 页。

③ Newspapers in China, connections and registration of Chinese papers under American Protection，1919 年 8 月 7 日，中国内部事务 1910—1929（Records of the Department of State Relating to Internal Affairs of China，1910 – 1929），中国社会科学院近代史研究所藏，美国国家档案馆微缩资料 329，Roll. 221，893. 911/40。

④ 参见高莹莹《五四前后英美人在山东的反日活动》，"中国社会科学院近代史研究所第 12 届青年学术论坛"论文，北京，2010 年。

结　语

早在 20 世纪初，以密勒为代表的密苏里新闻帮的美国报人开始在中国活跃。他们凭借新闻记者的敏锐，注意到美国在华利益的重要性以及与日本野心的冲突。他们有意识地与美国政府接触，希望能够得到官方的支持。"一战"爆发给日本提供了扩大在华权益的"天佑"之机，但"二十一条"也让威尔逊政府意识到日本已经成为其在东亚的最重要的对手。

美国参战以后，美国驻华公使芮恩施就利用在华美国传教士和教师翻译了威尔逊的一些演讲，并免费提供给中文报纸。[①] 威尔逊也为了应对时局组建公共信息委员会，有意识地建构在中国的宣传网络，以扩大美国在华的影响力。美国在华报人之诉求与美国政府的利益实现了一致。

威尔逊总统所提出的民族自决等十四点和平原则，广为中国人所熟知，朝野上下对美国的好感逐渐增加。对于将要举行的巴黎和会，中国寄望于美国，希望能通过美国的支持，收回被日本侵占的山东。巴黎和会中国外交失败的消息传回国内，激发了国内早已存在的反日情绪。中国反日运动的根本原因在于日本拒绝直接归还山东和胶济铁路，而这正是中国参加"一战"的主要目的之一。在华美国报人配合中国反日情绪，积极宣传美国主义，并利用中美新闻社及时"使华人知在华美人实赞助彼等合理合法之要求"[②]，并通过与日本之间针锋相对的舆论战抵制日本在华扩大影响力。作为回应，日本在华舆论也做出了有针对性的批驳。

美国在华人员的反日宣传，其目的并非仅仅是帮助中国，亦是出于维护美国在华利益的需要。在美国外交政策允许的范围内，一定程

---

① 王立新：《踌躇的霸权：美国崛起后的身份困惑与秩序追求（1913—1945）》，第 484 页。

② 《美人对山东问题之不平鸣》，《申报》1919 年 5 月 23 日，第 7 版。

度的反日宣传，有利于美国整体国家利益的最大化。巴黎和会前后，美国一方面允许了在华美人的反日宣传，另一方面亦在对日外交方面进行了多方的妥协，在山东问题谈判的关键时刻，最终同意了日本的要求。分析巴黎和会上山东问题的交涉，结合在华美人的反日宣传，可见舆论宣传与国家外交方针的复杂互动。总体而言，美国在华的反日宣传获得了中国人的好感，并给日本造成了舆论压力。

第五章　中国的反应：反日运动中的《益世报》案

　　"一战"期间日美在华的势力角逐，某种意义上讲是为战后东亚秩序重构争夺领导权，也是新旧外交相互抗衡的反映。作为这场利益争夺的客体，中国并非处于完全被动的状态①，其对日美在华竞争的反应与所做的相关努力，为日美调整其对华政策产生了重要的影响。

　　中国的反应，来自官方与民众两方面。官方的反应体现在外交上的应对，所谓"联美制日"、"亲日派"与"亲美派"等称谓，即是根据北京政府面对日美竞争所做决策给出的标签。但正如曹汝霖否认自己是"亲日派"一样，"联美制日"多数情况下是中国为了获得更大国家利益的情况下采取的以夷制夷的外交手法，而非外交方针。

　　民众的反应，乃相对于官方而言，其所涉范围较广。为便于考证，目前学界较多以知识分子为对象进行讨论。其中，中国知识分子对舆论的运用，即为比较重要的一面。这一时期，中国的知识分子对于舆论之社会担当已经开始有清晰的认识，以报刊舆论重建知识阶层

① 在很长一段时间里，中国学界将"一战"时期北京政府的外交看作是卖国和消极的，近年来随着研究的不断深入，大量的研究证明无论是在"一战"爆发宣布中立问题上还是其他，北京政府都曾积极做出诸多努力，试图在国际势力相互抗衡之间寻找中国的最大利益。相关研究可参见王建朗《北京政府参战问题再考察》，《近代史研究》2005 年第 4 期；石源华《中华民国外交史》，上海人民出版社 1994 年版，第 86—93 页；侯中军《一战爆发后中国的中立问题——以日本对德宣战前为主的考察》，《近代史研究》2015 年第 4 期。

的"文化权势",成为五四前后一代知识群体人生的重要选择之一。①
不少有留美背景或者受过西方教育的年轻人是通过舆论活动尤其是有
英美背景的报纸参与政治,甚至成为中国政府的一员。② 他们在日美
竞争、重构东亚秩序的潮流中,试图借助美国的力量牵制日本,成为
反日运动中的一员,代表了这一时期所谓"英美派"知识分子的时
代选择。③

　　北京《益世报》是五四时期第一家遭封禁的美系中文报纸。此事
历时十个月,以《益世报》断绝与美国的所有关系,主编潘蕴巢被
判刑 1 年而告一段落。在这次事件中,日美两国公使公开介入,而中
国政府及相关人士对此事的态度和应对,反映了中国政府内部面对有
日美竞争背景的所谓舆论界的"国民外交"时的分裂和纠结。本章

---

　　① 唐海江:《建构"文化权势":成舍我在五四前后的社交圈与世界报系之建立》,周
奇编《传播视野与中国研究》,上海人民出版社 2014 年版,第 236 页。尽管已有部分成果
问世,但目前对五四时期知识分子的研究,仍多以教育界的活动为中心,而对于同一时期
比较活跃的舆论界人士,鲜少将其舆论活动作为考察对象进行探讨,尤其较少将他们的行
为与国际环境的变动联系起来进行分析。
　　② 如曾经担任《密勒氏评论报》记者董显光等人即是其中的代表人物。
　　③ 对中国的知识分子,自这一时期开始便有"英美派"与"法日派"之分,但这种
区分的标准、囊括的范围及其在历史上的意义如何,至今仍存在进一步讨论的空间。就目
前的研究而言,多以教育界为讨论的中心。"当时北京学界,有法日派与英美派的较量。为
什么会是法日派呢,一则是这些人大都是留日的,其中一部分人后来又留法。还有就是,
民国初年李石曾、吴稚晖倡导赴法勤工俭学以后,大批青年学生赴法留学,到了一九二〇
年前后,回国者甚多。这些人,在留学资格上、年龄上,和当年留日的学生都差不多,待
到大批留学英美的学生回国,进入社会文化各个领域之后,就显得他们落后了。也就和早
年的老留日生,自然地结成同盟,与英美派处于对立的地位。这是就大体而言,并非每个
人都作这样的选择,都持这样的立场。"参阅韩石山《少不读鲁迅 老不读胡适》,陕西人民
出版社 2012 年版,第 113—114 页。另外,"以留学生的数量讲,日本的最多,亲日派就产
生于留日学生之中,但所占的比数并不大,因为日本的教育精神强调了狭隘的爱国主义,
所以大多数日本留学生是反对日本帝国主义的。数量上占第二位的是留美学生,第一是美
国在华所办的大学特别多——如燕京、金陵、圣约翰、岭南、沪江、湘雅、协和、东吴、
之江、文华、华西、齐鲁……遍于南北东西各大都市;第二是美国首先把庚子赔款用于对
华文化教育方面,特别是用于派遣留学生方面。留美学生回国后,虽然不是多数变成亲美
派,却大多数对美国有好感,或多或少地信赖美国。英国是第一个打开中国门户的,一直
到抗日战争为止,操纵中国政治最有力的是英帝国。英美两国语言文字相同,在国际政治
斗争中常采取平行政策(虽然彼此间也有矛盾),所以亲英派与亲美派就很易联成一气,通
常就叫做英美派"。参见翊勋《蒋党真相》,生活·读书·新知三联书店 1955 年版,第
105—106 页。

拟通过对北京《益世报》从开办到被查封过程的梳理，分析美国开展在华舆论宣传的目的、对中国报纸的产生影响，以及潘蕴巢等舆论界人士在这场争夺中的政治诉求。

第一节　美国在华舆论宣传的开展与收购《益世报》

《益世报》创刊于 1915 年 10 月 10 日，是比利时天主教传教士雷鸣远（Vincent Lebbe）联合天主教徒刘俊卿、杜竹轩（萱）、杨绍清等人在天津创办的。初创之时，办报资金共 8 万元，其中由杨绍清认股 3 万元，其余为雷鸣远向天津、北京、浙江绍兴以及外国教友广泛征募而来。1916 年，雷鸣远派杜竹轩、杨绍清去北京创办了北京《益世报》。[①]

相对于基督教，天主教在中国的活动相对保守。有学者称"'庚子事变'后，天主教会虽然也并非完全置身于中国的文化事业之外，例如在天津创办《大公报》，但是在整体上仍然奉行一种消极的文化态度和政策"。[②] 但是，当"二十一条"交涉发生之后，面对中国风起的爱国主义运动，雷鸣远意识到天主教应该将中国的爱国力量化成其自身的武器，"置身在民众之前，引导他们"。[③] 他积极参与天津爱国会的运动[④]，创办报纸宣讲爱国主义，参与中国的慈善事业和社会事业。尽管他自身并不认为这是一种参与"政治"的活动[⑤]，但其

---

① 俞志厚：《天津〈益世报〉概述》，中国人民政治协商会议天津市委员会、文史资料研究委员会《天津文史资料选辑》第 18 辑，天津人民出版社 1982 年版，第 73、75 页。

② 王玉鹏：《雷鸣远与近代中国天主教本地化运动的发端》，《基督宗教研究》2014 年第 1 期。

③ 雷鸣远致赵主教信，1917 年 9 月 25 日，《雷鸣远神父书信集》，参见 http：//www. xiaodelan. net/bookinfo. asp？ id = 8082，2016 年 8 月 3 日。

④ 雷鸣远致父母信，1915 年 5 月 25 日，《雷鸣远神父书信集》，参见 http：//www. xiaodelan. net/bookinfo. asp？ id = 8077，2016 年 8 月 3 日。

⑤ 雷鸣远致汤作霖信，1916 年 7 月 19 日，《雷鸣远神父书信集》，参见 http：//www. xiaodelan. net/bookinfo. asp？ id = 8078，2016 年 8 月 4 日。

已然意识到中国日渐高涨的爱国主义将"扩展国家的生命"。① 他的这种通过宗教参与中国事务，尤其利用中外冲突拓展教会力量的努力与美国总统威尔逊推行基督教的"传教士外交"② 有异曲同工之处。

威尔逊的远东政策引起雷鸣远的共鸣。1917 年，雷鸣远在给赵主教的信中，多次表达了对美国政府不反对传教与中国事务相结合的赞美。③ 他的这种"有自由主义倾向并致力于社会福利工作"④ 的态度得到了中国人天主教徒刘俊卿、杜竹轩、杨绍清等人的支持⑤，并引起许多美国人的兴趣，这些都为日后美国公司收购《益世报》埋下了伏笔。⑥

1918 年，雷鸣远因老西开事件⑦被遣使会调离天津，前往欧洲。有资料显示，在雷鸣远动身前往欧洲以前，时任美国驻华公使馆副领

① 雷鸣远致赵主教信，1917 年 9 月 25 日，《雷鸣远神父书信集》，参阅 http：//www. xiaodelan. net/bookinfo. asp？id = 8082 ，2016 年 8 月 3 日。

② 钱其琛主编的《世界外交大辞典》对"传教士外交"是这样定义的："美国一些学者对威尔逊政府对落后国家外交的称谓。美国学者林克·阿瑟解释这一术语的含义说，威尔逊处理与落后国家关系的主要动机是'公正地行动，促进国际和平事业，给其他民族带来民主和基督福音'，'而维护美国经济利益的愿望和帝国主义的扩张只是下意识地发挥着作用'。"（钱其琛主编《世界外交大辞典》（上），世界知识出版社 2005 年版，第 405 页）。中国学者中，王立新把威尔逊的这一外交特点与对华政策联系起来，重新探讨了美国对中华民国的承认问题。参见王立新《伍德罗·威尔逊政府承认中华民国问题再研究》，《求是学刊》2004 年第 6 期。此文后收录在王立新《意识形态与美国外交政策——以 20 世纪美国对华政策为个案的研究》（北京大学出版社 2007 年版）一书中。

③ 雷鸣远致赵主教信，1917 年 9 月 25 日，《雷鸣远神父书信集》，参阅 http：//www. xiaodelan. net/bookinfo. asp？id = 8082 ，2016 年 8 月 3 日。

④ ［美］保罗·S. 芮恩施著，李抱宏、盛震溯译：《一个美国外交官使华记》，第 125 页。

⑤ 雷鸣远致汤作霖信，1916 年， 《雷鸣远神父书信集》，参阅 http：//www. xiaodelan. net/bookinfo. asp？id = 8078 ，2016 年 8 月 3 日。

⑥ ［美］保罗·S. 芮恩施著，李抱宏、盛震溯译：《一个美国外交官使华记》，第 125 页。

⑦ 老西开位于天津和平区中西部，因位于天主教堂以西故名。1916 年，法国为扩充租界欲强行侵占该地，雷鸣远发动《益世报》大力声援反法罢工运动，触怒了法国主教杜保禄。参见俞志厚《天津〈益世报〉概述》，中国人民政治协商会议天津市委员会、文史资料研究委员会《天津文史资料选辑》第 18 辑，第 73 页。

事伯尔（Roger A. Burr）曾就收购《益世报》事宜与其接洽。[1] 伯尔是一位被日本人视为反日的美国人，他主张中日开战，并且常在北京的英文报上以 C. M 为名投稿，宣传排日。[2] 1918 年 5 月，伯尔出资 6 万墨西哥元收购天津、北京的《益世报》。[3] 天津《益世报》的收购比较顺利，但北京《益世报》经由其经理杜竹轩向京师警察厅"呈报，益世报改组，经理、编辑、发行各职务由美国人何耳担任"时却未获批准备案。[4]

差不多同一时期，在美国在华报人克劳和驻华外交官的积极呼吁下，美国公共信息委员会在上海的密勒氏评论报社内设立中国代表处，并组织成立了一家为中国报纸提供消息的中美通信社。[5] 伯尔是其在北京的负责人。因此可以说雷鸣远离开中国以后，《益世报》在伯尔的积极活动下，被纳入美国在华舆论宣传的范围之内。从此之后，《益世报》逐渐改变了以往多关注本地消息之风格，愈来愈多地在社论中涉及中日关系、南北议和等中国的外交及内争问题，并突出了对美国新外交及威尔逊的推崇。[6] 不仅如此，《益世报》还向中国

---

① 伯尔 1919 年 5 月 1 日才离开公使馆。The Ambassador in Japan（Morris）to the Acting Secretary of State, June 16, 1919, FRUS, 1919, p. 702. 俞志厚《天津〈益世报〉概述》，中国人民政治协商会议天津市委员会、文史资料研究委员会《天津文史资料选辑》第 18 辑，第 73 页。

② 上海日本商業会議所『山東問題に関する日貨排斥の影響』、第 1 輯、436 頁。

③ American acquires controlling interest in chinese newspaper.（1920, Jul 02）. The Canton Times（1919 – 1920）Retrieved from http：//search. proquest. com/docview/1416403022？ accountid = 10086.

④ 《7. 驻华日使干涉益世报言论与美国人"收买"该报有关文件》（1919 年 5 月—1920 年 6 月），中国第二历史档案馆编《中华民国史档案资料汇编》，第 3 辑，"文化"，江苏古籍出版社 1991 年版，第 411—427 页。这一消息在美国外交档案中也有提及。Report on Political and Economic Conditions for the Quarter Ending September 30, 1919, FRUS, 1919, p. 389.

⑤ 「上海地方中国人ノ親米熱ト米国系新聞雑誌ノ排日記事ニ関シ報告ノ件」（1918 年 11 月 30 日、在上海有吉総領事ヨリ内田外務大臣宛）、外務省編纂『日本外交文書』1918 年第 3 冊、外務省、1969 年、643 — 644 頁。

⑥ "一战"结束后不久，《北京益世报》接连发表《威总统演说欧战之结果》（《北京益世报》，1918 年 11 月 24 日，第 2 版）、《受历史上空前欢迎之威总统》（《北京益世报》1918 年 12 月 30 日，第 3 版）等文，宣扬威尔逊主义。

各界征集有关中国时局及巴黎和会之意见，公开声明可择优介绍于欧美各报。① 这亦显示出该报与欧美舆论界之特殊关系。

日本政府早就注意到美国的反日舆论部分来自中国。② 当陆徵祥路经日本时，内田康哉外相曾当面劝告陆："会议时各国不免利用新闻政策，极望中国不用素持反对日本主义之新闻家，以免届时挑拨两国感情。"③

日本在华舆论界迅速捕捉到政府之态度，巴黎和会召开后不久，日本政府在华北势力最大的中文报纸《顺天时报》即发表社论《中日之亲善关系　勿为第三者所离间》，对在华英美人尤其是美国的对华政策提出质疑。文中称"囊者西欧某著述家（久居中国熟悉中国情形）战前之著述论及人种问题，以为世界将有黄白人种战争。欲免此大惨状，惟在牵制将为黄种霸王之日本。其将以邻接之俄国牵制之乎，则俄国已无此能力。其将以美国牵制之乎，则上海又有五千里之距离，不得已惟有扶掖教导中国发达其潜势力，俾与日本拮抗，中日互相冲突则可以妨害黄色人种之发达云云。此书乃欧战以前之著述，所论固与战后之世界大势未能符合，然其主义所在，则不难窥见。本此观念以考究今日所纷传之排日的材料，则知大自平和会议代表问题，小至一私人之非行，莫不用为攻击全体国民之材料，固亦无足怪矣"。④《顺天时报》把巴黎和会召开以来出现的各种英美不利于日本之消息，解读为黄白人种之争，是欧美人抵制日本在华势力、促成中日冲突、妨碍东亚发展之行为。

《益世报》的"亲美"立场公开化，源自巴黎和会召开不久后发生的小幡日使恫吓事件。关于该事件，以往学者较多关注的是中国舆论的反应及其意义，认为这"是巴黎和会投下的第一颗舆论试金石，

① 《本报征求意见》，北京《益世报》1918 年 11 月 23 日，第 2 版。
② 「中国ノ门户开放及中国ノ参战态度ニ对スル警告ニ関スル对日誹谤論説及新聞記事報告ノ件」（1918 年 11 月 17 日、在米国石井大使ヨリ内田外务大臣宛）、外务省编纂『日本外交文书』1918 年第 3 册、633 — 634 页。
③ 《我国讲和专使团会议纪录》第 14 次会议，1919 年 2 月 11 日，转引自邓野《巴黎和会与北京政府的内外博弈》，社会科学文献出版社 2014 年版，第 62 页。
④ 《中日亲善之关系 勿为第三者所离间》，《顺天时报》1919 年 1 月 23 日，第 2 版。

考验中国公众舆论""对外交事务的热情究竟是怎样的？这种热情又是因何而起？是外交造成舆论，还是舆论来形塑外交呢？"① 其实还需要注意的是，中国舆论的反应除了自发的因素以外，还有外在的影响。比如，此次事件的发酵首先是在美国等在华外交人员及舆论界开始的，中国舆论的消息来源来自它们。

1919 年 1 月 28 日，顾维钧在第二次五国会议上对山东问题发言，宣布将公布中日密约，引起日方强烈不满。31 日，尽管正值中国春节假期，日本驻华公使小幡酉吉依然要求拜访外交部次长陈箓，当日并未得见。2 月 1 日，在小幡的多次要求下，他见到陈箓，要求中国政府严办此事，甚至以武力和借款相威胁。② 此事随即被美国驻华公使馆获悉。2 月 2 日，美国驻华公使芮恩施携同外文报社记者一同前往外交部询问消息。③ 虽然事后陈箓曾郑重否认向外界透露了小幡造访的消息，但此事于 2 月 3 日被中美通信社、《华北明星报》（*North China Star*）、《京津泰晤士报》（*Peking&Tientsin Times*）等外文通信机构和报纸大肆报道，称日使向中国外交部施压，引起外界一片哗然。当天小幡酉吉即派船津辰一郎拜访时任驻英公使，同时是中国巴黎和会代表团成员之一的施肇基，要求中国政府严重注意。④ 2 月 5 日，春节假期刚过，英国及法国公使即相继探访外交部。⑤ 他们对此事均表"异常不平，极力推重顾、王"（正廷），力劝中国政府不可退让。⑥ 小幡日使恫吓事件，迅速在美国等在华外交人员及舆论界中发

---

① 应俊豪：《公众舆论与北洋外交——以巴黎和会山东问题为中心的研究》，台北：台湾政治大学历史学系 2001 年版，第 139 页。
② 「日本ハ中国委員ノ行動ヲ掣肘スル為、中国政府ヲ圧迫シツツアリトノ北京通信ニ関シ中国側ニ厳重注意ノ件」（1919 年 2 月 3 日、在中国小幡公使ヨリ内田外務大臣宛）、外務省編纂『日本外交文書』、1919 年第 3 冊上卷、外務省、1971 年、124 — 125 頁。
③ 北京《益世报》，1919 年 2 月 6 日，第 3 版。
④ 「日本ハ中国委員ノ行動ヲ掣肘スル為、中国政府ヲ圧迫シツツアリトノ北京通信ニ関シ中国側ニ厳重注意ノ件」（2 月 3 日　在中国小幡公使ヨリ内田外務大臣宛）、外務省編纂『日本外交文書』、1919 年第 3 冊上卷、124 — 125 頁。
⑤ 北京《益世报》，1919 年 2 月 6 日，第 3 版。
⑥ 中国社会科学院近代史研究所《近代史资料》编译室主编：《一九一九年南北议和资料》，知识产权出版社 2013 年版，第 137 页。

酵开来。

北京《益世报》是中国舆论界中最早做出反应的报纸之一。2月5日早，北京《益世报》刊出《纪日人对于中国巴黎代表之态度及日使往晤陈代长》，此文节译自《华北明星报》及《京津泰晤士报》4日的报道。北京当局对《益世报》的言论异常警惕，当日下午，"地方官奉警厅命将益世报主笔传去加以警戒，谓登载关于日本要求之新闻务须慎重将事，否则将有严重之后果"。中美通信社甚至还探听到"北京警厅现方准备行事将有不利于益世报"的消息。①

2月8日，《顺天时报》刊登社论《山东问题之里面观 人种问题与中日离间》②，并一再强调"中日之亲善乃中日共存之根本"，直指英美等外国在华记者离间中日关系，把中国亲英美一派称为"英美人之走狗，忘却根本"。

面对《顺天时报》的指责，北京《益世报》编辑潘蕴巢于2月9日发表社论《离间与误传欤》与之针锋相对。他以美国在华英文报纸《大陆报》（*The China Press*）对日本侵华事实的报道为例进行反击，对《顺天时报》的指责直言"不敢当不敢当"③，间接表明了其"亲美"的立场：

> 凡一问题之发生，必观察两方面之言论，庶可近于事实之真而得其平允。语曰兼听则明，偏听则暗，盖所以去蒙蔽也。自日使小幡见我陈次长后，外间遂传一种可惊可骇之消息，使人不能无疑。本报既逐日披露，想阅者当习闻之矣。惟日本方面对于此事之言论何如乎。阅者则不可不留意也。北京之华文日报惟《顺天时报》观其今日之言论及所载之消息，心平气和、从容不迫，诚不失为大国之风度。使其国对我之种种行为皆若《顺天时报》之态度，吾侪小民孰不愿亲之善之，为最诚挚之携手。虽隶其麾下，而求保护，当亦弱国人之所甘也。乃近数年来，日人对我之

---

① 《中日新交涉之进行》，《申报》1919年2月11日，第6版。
② 《山东问题之里面观》，《顺天时报》1919年2月8日，第2版。
③ 蕴巢：《离间与误传欤》（社论），北京《益世报》1919年2月9日，第2版。

行动无不令我可畏而不敢爱或者不得不认为日本人之过欤。

昨日（八日）《顺天时报》之论说及要闻斤斤焉辩此事之发生为"英美人之离间"及"我国人之误听"，记者不敏，诚愿此言之果确然。试观大陆西报所列举日本自一九一四年以来对我之行为，如（一）占领青岛；（二）蚕食山东一大部分；（三）提出二十一款之要求；（四）侵略满洲；（五）缔结日俄密约；（六）妨碍中国加入欧战；（七）保护北京腐败之武人派；（八）对华借款以攘夺权利；（九）设民政署于山东；（十）订一九一八年之军械借款；（十一）他项密约与蓝辛石井之特别利益条约等等。窃独怪亲善我者何竟贻人以离间之口实至若是之多也。

以上种种犹可谓日本旧内阁之失策。今内阁已觉其不合，故内相、外相迭次声明抛弃其旧政策，将欲实行亲善矣。然则此次之交涉果为吾人之误会欤。《顺天时报》之辩白云"小幡公使访问外交部以为现在巴黎之中国委员并无何等知照，即欲在议和会议提议中日曩昔缔结之条约，为悖国际之礼仪，若欲发表条约及协约应知照协约之一方。俟双方了解后再行提议可也"。然据二十八日西电所传则谓"会中议及山东问题牵涉中日密约应否宣布日本代表谓应请示其政府，我国代表谓决不反对，意见遂起冲突"。夫所谓绝不反对者，果作何解乎。意谓日本政府苟认可宣布时，我国绝不反对而已。岂我代表迫日本代表之必宣布乎。本为平等之发表意见，而小幡氏竟惶惶访问外部，责我代表以无礼，急遽若是。虽使其意无他，然欲免外间之疑虑则难矣。

虽然《顺天时报》亦有不刊之善言焉，"中国当然应主张之权利自应彻头彻尾以主张之（山东问题是否我国应主张之权利请国人注意研究），今日国民自决主义既为世界大势所趋，大小强弱国之关系将被保证，则应主张之权利不可放弃"。又曰"中日之亲善乃中日共存之根本，中日共存乃东亚和平之第一义谛"。如是云云。我国人何敢不拜嘉而深望其结果之如是。若曰"故意投石使起波澜离间两国之亲交，徒为一部分英美人之走狗忘却根本，专逐末节，蛙鸣螺噪岂不可叹"云云，则敬谢不敏，曰不敢当不敢当。

日本方面对《华北明星报》、《京津泰晤士报》等英文报纸和北京《益世报》等中文报纸提起抗议，京师警察厅也对北京《益世报》做出警告，甚至美国舆论曾担心将有不利于该报的举动，但最终以中国外交部在报纸上刊出声明而告终。

《益世报》与《顺天时报》之交锋，虽然短暂，但透露出中国舆论界在日美竞争中持"亲美"态度的势力已趋向公开，美国在华报人受此鼓舞，进一步借其推行威尔逊主义和十四点和平宣言的宣传。

1919 年 2 月 15 日，世界报界联合会会长威廉（Walter Williams），此人亦是克劳在密苏里大学的导师，身负在华宣传威尔逊主义的任务来到北京。北京《益世报》经理杜竹轩成为京津一带负责与之接洽的代表人物。在与北京报界举行的联合会上，杜竹轩明确表示了对威尔逊主义的支持和期待，同时指出这也是北京《益世报》与美国合作的基础。[①] 在这一宗旨下，同一天，万国新闻记者俱乐部在北京成立，提出的宗旨是"增进国际上之友谊，解除国际上之误会"。[②] 值得注意的是，该会副会长辛博森即为此前日本《顺天时报》公开指责为离间中日亲善关系的"西欧某著述家"。[③]

第二节　查封《益世报》——对欧美舆论的利用与对反日舆论之追责

"二十一条"以后，反日舆论在中国即已扎下根基，段祺瑞政府施行的"亲日"政策"经由报纸媒体揭露，形成公众舆论的愤慨，渐渐

---

① 《中美报界联欢记》，北京《益世报》1919 年 2 月 16 日，第 2 版。

② 蔡鸿源、徐友春编：《民国会社党派大辞典》，黄山书社 2012 年版，第 12 页；《万国新闻记者俱乐部年会纪》，《申报》1920 年 3 月 18 日，第 6 版。

③ 《中日亲善之关系　勿为第三者所离间》，《顺天时报》1919 年 1 月 23 日，第 2 版；《山东问题之里面观　人种问题与中日离间》，《顺天时报》1919 年 2 月 8 日，第 2 版。

— 132 —

演变成'仇日'的，或至少是'疑日'的民族情绪"。① 当第一次世界大战即将结束之时，北京政府政权内部也发生更迭，徐世昌就任大总统，钱能训成为国务总理。与段祺瑞这样的实力派军阀不同，徐世昌是手中并不直接掌握一兵一卒的文人，他的政治资本很大程度上要依靠执政时的"政绩"去获取和保持。② 而巴黎和会为其提供了活动的空间。

为取得外交人事决定权，同时避免惹来"亲日"之嫌，在选派和会代表时，徐世昌比较倾向于顾维钧等亲英美系的外交家。而顾维钧即是"二十一条"时，北京政府利用外国和中国新闻界，通过"舆论政策"解决外交问题的负责人。③

徐世昌本人亦非常重视舆论之作用，他就任总统之后不久，邀请上海报界的重要人物史量才、狄楚卿、余毅民、孙叔子、张春帆等人前来北京参加茶话会，还在总统府设立"新闻记者处"，"以表示尊重舆论之诚意"。④ 但徐世昌对"舆论"的理解，与"二十一条"时袁世凯的"舆论政策"并没有什么不同，其主要目的在于通过英美系外交家及英美在华报人激起世界舆论对中国的同情，而并非想扶持中国新闻界本身。他"提出报律"，所以《益世报》评论其"虽终日言开发民智，吾未见其有济也"。⑤

巴黎和会召开之际，顾维钧沿用"二十一条"时的舆论政策，积极利用欧美舆论以牵制日本。他通过美国驻法、驻华使馆，向威尔逊及美国舆论宣传日本在华的"帝国主义"行为，引起日本政府的不满。前文小幡日使恫吓事件亦是顾维钧"遍告新闻记者"而引发。⑥自1919年1月以来，日本驻华公使馆不断向北京政府抗议，要求顾

① 应俊豪：《公众舆论与北洋外交——以巴黎和会山东问题为中心的研究》，第78—79页。

② 罗毅：《巴黎和会山东问题交涉与北京政府"联美制日"外交的形成》，栾景河、张俊义主编《近代中国　文化与外交》，社会科学文献出版社2012年版，第533页。

③ ［美］周策纵著，陈永明等译：《五四运动史》，第25页。

④ 《府中设新闻记者处》，《晨报》1918年12月11日，第3版。

⑤ 郁青：《开发民智》（论评），北京《益世报》1918年12月2日，第2版。

⑥ 《施代理参事履本往晤日本小幡公使〔酉吉〕问答》，（1919年2月6日），《中日关系史料　巴黎和会与山东问题（1918—1919）》，台北，"中研院"近代史研究所2000年编印，第41页。

维钧立即停止这种有违外交的做法。① 而最让日本感到不安的就是美国反日势力与中国政治力量的结合。天津的日本驻屯军司令官金谷范三向陆军次官山梨半造报告称，"欧战宣布停战以来，当地英美官民不断接近中国官民，双方频频召开宴会或以其他形式加强相互之亲善关系。尤其是美国官方，为实现中美亲善而中伤日本，离间中日关系。中国人亦有对之响应之倾向，因此务必阻止"。②

巴黎和会上中国外交失败的消息通过上海的美系报纸《大陆报》先一步传到中国，"谓关于索还胶州（青岛）租借之对日外交战争，业已失败"。次日，北京《晨报》即刊登出林长民的《外交警报敬告国民》。③ 5 月 4 日，在学生浩浩荡荡前往赵家楼之前，北京《益世报》刊登了来自中美通信社的消息《国民自决会出现》，呼吁与日本断绝关系。"国民自决会"的消息令小幡酉吉深感不安，他担心国民自决会、《益世报》等皆与欧美同学会有关。④ 欧美同学会正是顾维钧、伍朝枢等英美派外交官组织成立，其中不少成员是美国驻华公使芮恩施在威斯康星大学的学生。⑤ 当时日本已有消息称，美国向天津《益世报》提供了 20 万元、向北京《益世报》提供了 15 万元的资金从事反日宣传。⑥ 小幡命令船津辰一郎提请中国政府电训各地长官未雨绸缪严厉取

---

① 相关抗议文书可参见「中国出先官憲ノ日本反对運動ニ関シ中国政府ヨリ右出先ニ注意アリ度旨申入方訓令ノ件」、（1919 年 1 月 8 日、内田外務大臣ヨリ在中国小幡公使宛)、「在仏中国公使ノ反日行動ニ関シ中央政府ヨリ注意セラレ度旨徐総統ニ伝達方曹汝霖氏ニ依頼ノ件」（1919 年 1 月 17 日、在中国小幡公使ヨリ内田外務大臣宛)、外務省編纂『日本外交文書』1919 年第 3 冊上巻、90 — 91、97 — 98 頁。

② 「日支人招宴に関する件」、JACAR（アジア歴史資料センター）Ref. C03022485800、密大日記 大正 08 年 4 冊の内 4（防衛省防衛研究所)。

③ 刘宜庆：《被忽视的细节和被湮没的声音——从个体记忆和公共舆论看"五四"》，《人物》2009 年第 5 期，第 26 页。

④ 「巴里講和会議ニ於ケル山東問題処理ニ憤激ノ北京学生ノ暴動及其後ノ状況ニ関シ詳報ノ件」（1919 年 5 月 8 日、小幡酉吉ヨリ内田康哉)、外務省編纂『日本外交文書』1919 年第 2 冊下巻、1151—1152 頁。《北京益世报》本身并没有指明此则消息来源，是小幡酉吉在报告中点明，从侧面亦反映出日本在华外交官员对中外舆论之关注。

⑤ 中国社会科学院近代史研究所译：《顾维钧回忆录》（第 1 分册），中华书局 1983 年版，第 136—138 页。

⑥ 杏葉生「支那政府の排日取締（一～三)」、『新愛知』、1919 年 6 月 10 — 12 日、神戸大学経済経営研究所蔵、新聞記事文庫、外交（23 - 118)。

缔言论机关，第二天，又致电外务大臣，称学生暴动乃是因为中国的外文报纸借山东问题煽动排日与欧美留学生、梁启超、林长民一派（其后台是熊希龄、汪大燮）在背后鼓动支持，两相作用下而成，如此放任下去，或会传遍中国，再次酿成全国性抵制日货之严重事态。①

5月5日，天津的日本驻屯军金谷司令官造访直隶省省长曹锟，希望其取缔当地学生运动，并提醒尤其需要注意在这次学生运动中有英美人势力的介入。然而此事却被当地的英文报纸《华北明星报》探知，遭到该报的披露与批判。②

尽管《晨报》的言辞激烈得多，但因其背后牵涉中国内部政治斗争的复杂关系，小幡酉吉在向外交部提出的抗议中只提到北京《益世报》，称其报道中"与日本断绝工商业并各友谊的关系"一节在日本引起轩然大波，"日本贵族院众议员之有志者等亦集合人民一千五百名之多，开会演说情形亦甚激烈。若任益世报如此登载，恐其结果于双方均有不利"③，要求中国政府迅速予以取缔。此后日本驻华公使馆几乎每天都会以电话或口头的形式催促中国政府进行取缔。④ 外交部一方面答以"益世报论调之不稳，不独对于日本为然，对于中国政府尚常有逾越范围之言论，政府现正筹处置之法。惟一、二日内，民气颇盛，稍缓必有办法"，另一方面将小幡公使的来访记录转至内务部处理。⑤ 外交部将该件转至内务部是在5月10日，内务部随后于5

---

① 「1. 大正八年五月」、JACAR（アジア歴史資料センター）Ref. B13080751300、第一次世界大戦関係/支那ノ部 第二十五巻（7-1-8-28_4_025）（外務省外交史料館）。

② 「青島直接還付要求及日貨排斥運動ノ天津ニ於ケル状況報告ノ件」（1919 年 5 月 12 日、在天津亀井総領事代理ヨリ内田外務大臣宛）、外務省編纂『日本外交文書』1919 年第 2 冊下巻、1174 頁。

③ 《7. 驻华日使干涉益世报言论与美国人"收买"该报有关文件》（1919 年 5 月—1920 年 6 月），中国第二历史档案馆编《中华民国史档案资料汇编》，第 3 辑，"文化"，第 411—427 页。

④ 杏葉生「支那政府の排日取締（一～三）」、『新愛知』、1919 年 6 月 10—12 日、神戸大学経済経営研究所蔵、新聞記事文庫、外交（23-118）。

⑤ 《7. 驻华日使干涉益世报言论与美国人"收买"该报有关文件》（1919 年 5 月—1920 年 6 月），中国第二历史档案馆编：《中华民国史档案资料汇编》，第 3 辑，"文化"，第 411—427 页。

月 15 日将公函转至京师警察厅核办。京师警察厅以该报所载国民自决会事关地方治安，遂前往骡马市大街湖广会馆查询，却被告知"并无有人假本馆设立'国民自决会'情事，该报所载显系传闻失实，当向该报馆嘱其登报更正"。京师警察厅于 5 月 20 日复函内务部，认为"该《益世报》所载'国民自决会'论调，恐即系该报理想之词"，并报告了《益世报》曾于 1918 年 5 月呈报改由美国人何耳担任经理、编辑、发行各职，但并未获批一事。[①]

直至此时，《益世报》事件始终在日本公使馆、中国外交部、内务部和京师警察厅之间斡旋。当时日本外界的分析是，在对待《益世报》和学生运动的问题上，北京政府之所以一直没有动静，乃是因为京畿警备总司令部的段芝贵与京师警察厅总监吴炳湘之间意见相左。京畿警备总司令部成立于 1917 年 8 月，是中国政府宣布参战以后，以维护京师治安为名而设。司令段芝贵与段祺瑞是同乡，被称作段祺瑞的左膀右臂，"北洋武断派中的翘楚"，与日本人修好。[②] 1918 年 10 月，国会批准徐世昌总统有权令警备司令将京畿各文武机关概归其控制，并施行一种戒严时代之特权。五四运动爆发后，徐世昌"着段芝贵维持秩序"，即意味着宣布戒严。由此，段芝贵掌握了"北京之绝对大权。法庭归其操纵，所有案件必须经段氏允可方能审理，警察及宪兵均退处无权。凡有扰乱治安者被捕之后归军事审制，抑送交法庭均归段氏决定"。[③]

日本公使小幡酉吉熟知北京政府之内争，就在他为取缔北京《益世报》与中国外交部展开交涉的当天，同时派熟悉中、美事务的船津辰一郎前去拜访段芝贵分析局势。段认为在这场运动中有四股力量参与其中：①欧美留学生会；②梁启超、林长民等研究系；③部分在华英美人；④拥护顾维钧、王正廷等国民党一派。"欧美留学生一派为

① 《7. 驻华日使干涉益世报言论与美国人"收买"该报有关文件》（1919 年 5 月—1920 年 6 月），中国第二历史档案馆编《中华民国史档案资料汇编》，第 3 辑，"文化"，第 411—427 页。

② 德富猪一郎『支那漫遊記』、民友社、1918 年、113 頁。

③ 《中美新闻社北京杂讯》，《申报》1919 年 6 月 3 日，第 7 版。

了在政商界各个方面提高自己的地位，欲打倒目前地位相对优越的日本留学出身的政治势力，故把排斥日本势力作为第一需要。鉴于此，欧美留学生经常采取各种手段极力鼓动排日"。"部分野心政治家即梁启超、林长民等人利用他们的机关报热烈讨论山东问题，鼓吹排日舆论，并呼曹汝霖、陆宗舆、章宗祥等人为卖国贼，极力批判攻击，以挽回青岛问题的失败。然而，不能忘记的是梁、林的背后是熊希龄和汪大燮，其背后更有冯国璋遥控指挥。""部分英美人教唆中国人利用英文报纸和报人，借青岛问题及朝鲜问题，频频煽动排日，同时对曹、陆、章不断进行冷嘲热讽。"其中林长民利用国民外交协会和部分国会议员最为有效。①

段芝贵对学生运动和反日舆论主张立即镇压，认为拖延下去不但会影响中日邦交，还会给过激思想的侵入提供机会，但吴炳湘却相对温和。相持之下，5月21日吴炳湘还曾提出辞呈以示抗议。②

5月20日，小幡酉吉为取缔反日运动事再次向外交部提起照会。北京《益世报》获得消息后于23日发表消息《蛮哉 日本公使之公文》，批评日本公使此举是对中国舆论自由的干涉与限制，是把中国当作"属国"之举动。③ 小幡认为该照会的内容是中国官方故意泄露，遂向外交部提起抗议。④ 当晚，京畿警备总司令部便下令查封了北京《益世报》，并将该报负责人潘蕴巢请到厅审讯。其经理杜竹轩因事先获得消息，避难北京使馆界六国饭店。⑤ 其岳母也由万国新闻记者俱乐部中的英国人李治与中美通信社经理陈廷谟从益世报社救出。此前，由北京学生联合会出版的《五七日刊》《救国》已被京师

---

① 「北京学生暴行事件ノ原因二関スル警備隊総司令段芝貴ノ船津二対スル内話報告ノ件」（1919年5月8日、在中国小幡公使ヨリ内田外務大臣宛）、外務省編纂『外交文書』1919年第2冊下卷、1147—1148頁。

② 杏葉生「支那政府の排日取締（一~三）」、『新愛知』、1919年6月10—12日、神戸大学経済経営研究所蔵、新聞記事文庫、外交（23-118）。

③ 《蛮哉 日本公使之公文》，北京《益世报》1919年5月23日，第2、3版。

④ 《诲干益世报》，《顺天时报》，1919年5月25日，第3版。「排日言動取締方二関シ外交部へ申入ノ件」（1919年5月24日、在中国小幡公使ヨリ内田外務大臣宛）、外務省編纂『日本外交文書』1919年第2冊下卷、1191—1194頁。

⑤ 《安福派与益世报》，《申报》1919年6月9日，第7版。

警察厅以未经呈报立案为由查禁，还有些秘密刊物如《进化杂志》《民声》等也都被查禁没收，但对公开出版发行的报纸下手，《益世报》尚属第一家。

据京畿警备总司令部致京师警察厅之公函称，23日北京《益世报》刊载山东军人痛斥外交失败之通电，"煽惑军队，鼓荡风潮"，依据戒严法第14条：戒严地域内司令官有执行左刊各款事件之权，"该报所载与时机有妨害者，自应即行封闭"。① 也就是说，《益世报》被封，最终是由京畿警备总司令部发令执行。作为与日本交好的"亲日派"，段芝贵在查封时没有提及该报5月4日"与日本断交"等言辞，也未指责其《蛮哉 日本公使之公文》中对小幡的攻击，而是以妨碍地方治安来执行。不仅如此，段芝贵还派警员前往中美通信社令其改变论调，并设"岗警"和"暗探"巡视，特别注意出入之华人。②

如何理解京畿警备总司令部的这一做法。有学者认为，围绕外交失败的责任，全国上下对所谓"亲日派"进行口诛笔伐，"社会舆论追究曹、陆、章，而安福国会则反过来，指控梁启超、林长民、钱能训、陆徵祥、顾维钧等"。③ 但对北京《益世报》的查封，更值得注意的是日本有意识地对在华美国人进行责任追究的意图。对日本而言，利用中国官方的力量取缔美系报纸，不但能够抑制美国在华势力扩张，同时对中国内部"亲美"势力亦能起到打击的作用，而不会明显地引起政争。

因为在京津地区，日美两国在华人士的摩擦不断，就在巴黎和会召开不久，天津还发生了一起美国士兵殴打日本兵的纠纷。此事与中国的反日运动交织在一起愈演愈烈，迫使日本外务省火速提拔深谙对中国和美国事务的船津辰一郎出任日本驻天津总领事。船津采取的措施无外乎两点，一是推动日中亲善，与中国的舆论机构相联系，在普

---

① 《3.〈益世报〉载禁阻美商收买益世报经过情形有关文件》（1919年5月—12月），中国第二历史档案馆编：《中华民国史档案资料汇编》，第3辑，"外交"，第924—939页。

② 戈二：《北京快信》，《申报》1919年5月31日，第7版。

③ 邓野：《巴黎和会与北京政府的内外博弈》，第142页。

通民众中唤起亲日舆论；二是借中国官方力量取缔排日运动。查封《益世报》即是借中国官方力量取缔排日运动的代表性事件。[①]

京畿警备总司令部的做法立即引来部分众议员的抗议。"众议员王文璞质问书云：'日来报载北京《益世报》、《五七杂志》、《救国周刊》均被封禁。并阅警厅布告，准京畿警备总司令部函，以《益世报》登载鲁军人通电一则，认为妨害时机，依律应行封禁。谨按《临时约法》，大总统得依法律宣告戒严。现在大总统并无宣告戒严明令，何以施行戒严法？又立宪国通例，即已宣告戒严，若国会认为无戒严之必要，必须为解严之宣告。是其慎重宣告戒严，即所以慎重人民之自由也。今该司令竟于未曾宣告戒严之时，而滥用戒严法，谓非破坏约法侵害人民自由，谁其信之！'"[②]《每周评论》亦称"我们当初以为益世报被封一定是因为反对日本和亲日派。哪知道警厅的布告只说因为他登了第五师胡龙舒等的通电。查此项电报，据张树元通电声明是五月二十一日上海新闻报登出来的，就是二十三日本京的京报也和益世报同时登载。现在拿这个理由单独封禁益世报，未免有点冤枉吧"。[③]

第三节　拯救《益世报》——在华美国人的努力

查封事件发生后，率先与京师警察厅进行交涉的是欧美在华报人及美国公使馆。5月24日，《华北明星报》的美国记者"爱番司"偕中美通信社经理留美学生陈廷谟来到京师警察厅要求保释主编潘蕴巢。[④] 他们称司法处处长白承颐告诉他们"日使抗议不惩办学生"，

---

① 在華日本紡績同業會編『船津辰一郎』、東邦研究會、1958年、149—150頁。

② 《王文璞质问益世报事件》，《申报》1919年5月30日，第7版。

③ 双眼：《冤哉益世报》，《每周评论》1919年第24期，第3版。

④ 戈二：《北京快信》，《申报》1919年5月31日，第7版；《华北明星报之误传与警察厅再更正》，《顺天时报》1919年6月10日，第7版。

并将该消息转述给伯尔。① 第二天（5月25日），中美通信社发布消息《京师舆论界之厄运　益世报被封》，称此事名为扰乱治安，实因背后"受驻京某公使抗议之影响"②，将矛头直指日本。

中美通信社的这则消息透露出美国报人在其国家对华影响力上的自信。他们深信只要说明"该报在美使馆注册"过，且"美使对于此事颇极注意"，应会令北京政府迅速解决此事。而中国舆论界中如《申报》亦乐观表示"美使正筹对待"③，潘蕴巢"不久可释"。④

中美通信社的这一"曝光"，以及对《益世报》美国背景的强调激怒了京师警察厅。消息出来当天，为平息日本与外界的猜测，该厅马上致公函与日本在华机关报《顺天时报》，正面拒绝了美国在华报人对查封事件进行干涉。京师警察厅援引中华民国成立后颁布的报律"民国元年九月以后，外国人不得在北京添开营业""不准私揽洋股"之条款，认定北京《益世报》乃为"中国人承办当然与外国人无涉"，强调"中国人在中国发行报纸亦无向外国公使注册之例"。⑤ 为避免引起与美国之间的外交纠纷，京师警察厅将责任推给担任翻译的陈廷谟，命令"转载之中国报纸更正，并函由报界同志会转致各报馆，未经注销者望勿再登。而于中美通信社方面不复与之饶舌，作为不了了之"。⑥

中美通信社、《华北明星报》的交涉眼看难以有效，25日下午4点，美国驻华公使芮恩施亲自前往京师警察厅要求保释潘蕴巢，并求见外交部部长代理陈箓。此时，北京政府内部意见反复，陈箓自知此事难办，故托病请假。⑦ 芮恩施遂"以陈次长因病请假无从谈判，顷

---

① 戈二：《北京快信》，《申报》1919年5月31日，第7版。
② 《京师舆论界之厄运　益世报被封》，《申报》1919年5月27日，第7版。
③ 《专电》，《申报》1919年5月25日，第4版。
④ 同上。
⑤ 《京师警察厅行政处公函》，《顺天时报》1919年5月27日，第7版。
⑥ 戈二：《北京快信》，《申报》1919年5月31日，第7版。
⑦ 《专电》，《申报》，1919年5月26日，第4版；《京华短简》，《申报》1919年5月28日，第7版。

已电达彼政府"向中国驻美公使诘责。① 芮恩施认为"对《益世报》的镇压是北京反动派企图压制一切有利于民族运动的舆论的结果"，也是"仿效日本制定严格的报刊检查条例"的做法。② 当晚，美国公使馆就"此案连开会讨论三次"③，26 日一早以"措词极严重"之公文"向外部正式抗议，要求将报馆回复原状，主笔开释"。④ 不仅如此，芮恩施还于照会当天"偕其参赞"前往总统府拜访徐世昌，要求尽快解决《益世报》的问题。⑤

对于京师警察厅所强调的北京《益世报》所属问题上，美国驻华公使馆于 27 日宣布其"根据美国尼发达省法律一切手续甫经完竣，美使馆业已存案，该报产业已由美商收买，自今以往美国公司乃为正当管有该财产者。该公司受美人管理，因合资共司之规条，多数股分由美国人任占，而监督部之多数亦由美国人居之，有此两条，则益世报合资公司之规条与在中国之美国公司之历史完全一致，即与在他国者亦无不同也。此新公司董事为前益世报总理杜竹宣君，前天津益世报总理刘俊卿君，青年会干事爱德华君，华北协和华语学校监督裴德士君，驻京笑美传道会韦尔达博士，天津美国商会书记伊文思君，北京通信社总理柏尔君等是也。尚有二人，一为华人一为美人与该董事等组织第一次监督部。该公司资本为四十万元（金本位），已交定金二万元，不久尚欲招股，有百分之五十一归美人收买，其余百分之四十九留待华人或其他外国人愿投资者"。⑥

为配合美国驻华公使馆的行动，5 月 25 日万国新闻记者"俱乐部英人李治君发起联合该俱乐部中西会员"，于 26 日下午"四时半向

---

① 戈二：《北京快信》，《申报》1919 年 5 月 31 日，第 7 版。

② ［美］保罗·S. 芮恩施著，李抱宏、盛震溯译：《一个美国外交官使华记》，第 125 页。

③ 《专电》，《申报》1919 年 5 月 26 日，第 4 版；《京华短简》，《申报》1919 年 5 月 28 日，第 7 版。

④ 《专电》，《申报》1919 年 5 月 28 日，第 4 版。

⑤ 《徐世昌日记》（45），1919 年 5 月 26 日，北京出版社 2013 年版。

⑥ 《益世报事件近闻》，《申报》1919 年 6 月 2 日，第 7 版。

警厅保释益世报主笔潘蕴巢"。① 5 月 27 日，"英美旅京记者在王府井大街某宅为非正式之会晤，对于《益世报》停版一节，当时有某君引日人所办之某日报在项城时代之谩骂，谓以彼例，此尚不及什一，可证中政府厚此薄彼，颇为不平"。② 当晚，这些欧美记者分别致函徐世昌，希望其帮助维持《益世报》。③

徐世昌答应重新核实此事以后，28 日下午，潘蕴巢由警厅移送检察厅，驻守益世报门首之巡警也已撤去④，但京畿警备总司令部与京师警察厅的态度依然强硬。5 月 31 日，万国新闻记者俱乐部有"以私人名义向警厅要求释放在押之主笔潘君者，警厅答称本案已引入外交，本厅无权处分。若当时由中国报界出面具保，本可从宽照准，但目前非俟外交部将交涉办结，潘某即不能恢复自由"。⑤ 段芝贵亦强调《益世报》案为纯粹之华人事件，否认美国对《益世报》的所有权。⑥

在这场关于舆论的交涉中，钱能训与内阁成员"皆欲从宽办理，盖皆知该报颇得众望，若处置过严将于政府不利"。⑦ 府院当局亦注意此事，称潘蕴巢若将保金呈出自可释放。北京报界全体对于《益世报》案均视为报界之大打击，并将联合上书政府陈述意见，"谓政府对于报馆之处置不当，将来京报界及全国报纸，或且因受迫而请外人保护云"。⑧ 但"安福派与交通系似皆欲力阻该报重行出版"。他们清楚"一经美人办理即不易闭之，且新益世报出版之后传播自由主义，必具有大力"。所以有"安福派稳健分子之领袖曾挽人商诸旧益世报总理"杜竹轩，"谓该报如永远不攻击安福派，脱离美国关系，仍为华人报纸则可许其于二十四小时内重行出版，并释放被拘之记者"，遭到杜的拒绝。⑨

---

① 《京华短简》，《申报》1919 年 5 月 28 日，第 7 版。
② 《益世报被封后之消息》，《申报》1919 年 5 月 29 日，第 7 版。
③ 《专电》，《申报》1919 年 5 月 30 日，第 4 版。
④ 《益世报事件近闻》，《申报》1919 年 6 月 2 日，第 7 版。
⑤ 戈二：《北京快信》，《申报》1919 年 5 月 31 日，第 7 版。
⑥ 《中美新闻社北京杂讯》，《申报》1919 年 6 月 4 日，第 7 版。
⑦ 同上。
⑧ 《中美新闻社北京杂讯》，《申报》1919 年 6 月 7 日，第 8 版。
⑨ 《安福派与益世报》，《申报》1919 年 6 月 9 日，第 7 版。

杜竹轩的强硬态度使京畿警备总司令部加大了对《益世报》的查处力度。6月15日，也就是北京《益世报》一案公开审理的第二天，寄至北京、保定的天津《益世报》尽数被北京巡警所查没。杜竹轩亦接到警告"若一出使馆界，即将被捕下狱"。尽管在美国驻天津领事馆的交涉下，"警厅于昨日已令检查员撤销该报之检查及扣留等事"，但至于"该报为美国人民营业之事，绝对否认，并咨知直隶交涉使请为严重交涉"。①

徐世昌几经转圜，最后亦不得慨叹"因武人派仇视该报"，"且武人势力极大"，"对于此案已无能为力"。② 6月22日，潘蕴巢被判一年徒刑，发行、印刷人各处拘役两月。③

这一结果意味着，美国对华的舆论宣传虽然在中国舆论界获得了一定程度的响应，但对于外交、政治事务的影响远未达到其所预料之程度。日本借助北京政府内部的亲日势力，在这场争夺中占据上风。

6月30日，万国新闻记者俱乐部分别呈文徐世昌与钱能训，批评对《益世报》的查封和审判"违反民治主义"，要求政府"实行自由法律"，"采用美英法意等国之自由法规订成报纸专律"，"㈠警察或宪兵苟非奉法庭命令不得干涉报纸，应采用英美以出庭状召主笔至法庭之法。凡警告报纸之行为，应全由管民事之内务部为之；㈡凡主笔被控如未经预审及正式审讯不得认为有罪而不准保释；㈢凡报馆财产房屋不得封禁，满清滥封报馆无罪房屋之法必须废除；㈣凡个人被报纸损坏名誉应以民事案起诉，若报纸违反公安应由国家起诉，必须分清"。④

第四节　美国争取在华办报之权利

受制于北京政府内部的权势斗争和日本的牵制，美国未能在《益

---

① 《撤销津报检查》，《顺天时报》1919年7月9日，第7版。
② 《中美新闻社之京讯》，《申报》1919年6月20日，第8版。
③ 《专电》，《申报》1919年6月23日，第3版。
④ 《北京万国报界公会呈文》，《申报》1919年7月4日，第7版。

世报》被封事件中达到预期的成效。

与此同时，三罢运动在上海的展开，对上海公共租界工部局亦造成冲击。在反日运动问题上，工部局与美国驻华外交官持不同态度。上海公共租界工部局认为学生的反日运动倚仗美国势力愈演愈烈，已危及上海租界治安，而美国对于取缔学生运动态度软弱。① 为控制舆论，工部局宣布修改《土地章程》附律，增加"印刷附律"。② 该附律规定"凡人欲经营印刷、石印、雕刻、发行报纸、杂志或印刷品，关系公共新闻在此范围内者，必先向工部局领一执照。如营业者为西人，则其执照当经其领事副署"，意味着工部局"有权于任何时候禁止各报登载该局视为不应登载之事物"。③ 对此，日本舆论将其视为在华"英美人反目"，称"此事系学生骚扰后猝起之变，故颇引起世人之注目。此次学生运动，美人亦与有力"，"反招怨于有识之中国人，于是对于当时一守沉默之英人不无遗言，而引起反对新闻取缔之反感"。④

此事在《益世报》案之后发生，对美国在华报人而言无疑是雪上加霜。如前所述，上海是美国公共信息委员会远东代表处的所在地，也是美国在华舆论宣传的中心。如果该附律获得通过，将意味着美国在华所有舆论都要先经工部局审核才能刊登。对于刚刚开始不久的美国在华宣传工作而言，这个打击将是致命的。美国商业会议所于当天致函工部局，称"此次条例违反美人主义，吾美人不能赞助之，兹请注意美国宪法修正条件第一条云"，"国会不得制定凡剥夺言论出版自由或人民和平集会及呈请政府赔偿不平之法律"，"美人以为言论自由、出版自由为美人自由之保障，故凡有剥夺此自由之企图，美人为自保并保护华人计必反对。此律一经实行后，工部局及巡捕有全权

---

① 「34. 上海共同租界局の新聞取締規則ノ件」、JACAR（アジア歴史資料センター）Ref. B03040648200、新聞雑誌出版物等取締関係雑件 第三卷（1-3-1-4_003）（外務省外交史料館）。

② 同上。

③ 马光仁主编：《上海新闻史 1850—1949》，复旦大学出版社 2014 年版，第 572 页；《美人拥护言论自由权》，《申报》1919 年 6 月 29 日，第 10 版。

④ 《沪上英美人之反目》，《顺天时报》1919 年 6 月 29 日，第 7 版。

随时可以借口有违此条例禁止任何美国之印刷品，且此种报纸印刷所领照之议在公共租界实行不善对于上海各报纸及印刷品施行永远之官府检查，从此少数当事者可有全权随意禁止中外报纸及各种印刷品，他人亦不能反抗。但贵局当知，上海为中国发行印刷品之中心点，如果上海报纸受钳制，实于全国印刷事业及中外实业并上海商业皆有影响；再印刷事业在中国十分重要，今一旦取缔之，实可制中国之死命。本会为上述各意见，愿贵局明白吾人所言实可代表上海及中国全境自由人民之舆论"。①

芮恩施对美国商业会议所的抗议表示支持，并公开表示该印刷附律与美国的法律和政策不符，希望工部局能够撤销。他强调工部局若一意孤行，美国定会拒绝。美国驻上海总领事对此也表示反对。②

1919 年 7 月 2 日，工部局召开会议对附律问题进行讨论。"会上提出了关于要印刷所及报纸捐照的新闻评论，连同提出的还有美商公会以及美国同学会的抗议，号召纳税人对所建议的措施投反对票。"但是日本董事伊吹山坚持实施该附律，称"目前讲英文的和读英文的华人为数不少"，如果仅"对中国报纸以及用中文印刷的刊物在登记上作限制"，不会有多大用处。③ 7 月 10 日，附律在"日人之有纳捐人资格者全体出席"特别会议的情况下，"以 269 票赞成，195 票反对"获得工部局的通过。④ 但在美国的强烈反对下，部分领事团成员宣称将不会批准这一决议案，英国政府亦表示"如果载有这一条款，那么这一决议案就不会得到英国政府的承认"。⑤ 所以未获得领事团之批准而不了了之。对此有舆论评论称，特别会议中日本人占了 138

---

① 《美人拥护言论自由权》，《申报》1919 年 6 月 29 日，第 10 版。

② 「34. 上海共同租界局の新聞取締規則ノ件」，JACAR（アジア歴史資料センター）Ref. B03040648200、新聞雑誌出版物等取締関係雑件 第三巻（1－3－1－4_003）（外務省外交史料館）。

③ 上海市档案馆编：《工部局董事会议录》（20），上海古籍出版社 2001 年版，第 768 页。

④ 《工部局领照案之通过》，《申报》1919 年 7 月 11 日，第 10 版。

⑤ 上海市档案馆编：《工部局董事会议录》（20），第 769 页。

人，"苟无日人投票则提案必失败"。①

日本和中国政府的举动刺激了美国在华外交官，为争取美国在华办报权利，发展在中国的舆论事业，美国态度逐渐开始强硬。

1919年9月初，日本驻天津总领事船津辰一郎就排日问题多次拜访段祺瑞，对直隶省省长曹锟取缔排日不力表示不满。段表示，经过此次的制度改革以后，由段芝贵负责直隶事务的指挥权，其下京师警察厅总监吴炳湘负责北京，直隶警察厅厅长杨以德管辖除北京以外直隶事务。关于排日问题，不再与省长有关，而直接由段芝贵下令进行。船津对此表示理解，并建议段祺瑞换掉曹锟，因天津为京畿要地，需要一个能与中央政府声气相通的人。②

杨以德为取缔反日运动欲封闭北京与天津两地的《益世报》及"英商京津晤士报汉文部"，引起英美两国领事的抗议。美领事"以电话通知警署，如警吏勒停印刷，美官当禁止之，华官如以武力勒闭，美人必以武力重开之"。③

9月8日，美国驻华公使芮恩施照会中国外交部，称"益世报已按本国尼法达省之法律，组成一家美国公司，所有章程已在官署立案有日。曾于本年四月间收买在天津刊行之中国益世报，将该报之名号及印报刷印等项器具全部购买。嗣后，该公司又收买在北京刊行之中国益世报，将该报之名号及印报刷印等项器具全部购买于八月五日，将器具等件在本署注册，查美国商家在北京发刊报纸，系照中国已有核准之例案办理，因有京津时报、顺天时报均系日本报纸，华文日报系法国报纸，此俱核准有案，相应函请贵代总长查照，即将该公司收买中国益世报各情形转知该管机关为荷"。④ 不仅如此，芮恩施还向中国外交部宣传美国新闻法的性质，称"根据美国的新闻法，在正常

---

① 《工部局领照案之通过》，《申报》1919年7月11日，第10版。
② 「12. 支那（北京）」、JACAR（アジア歴史資料センター）Ref. B11090269600、支那ニ於テ日本商品同盟排斥一件　第七巻（3-3-8-5_ 007）（外務省外交史料館）。
③ 《天津之学潮未平》，《申报》1919年10月15日，第6版。
④ 《999. 转美国公司已收购天津北京两地益世报函》，《中美往来照会集（1846—1931）》（14），广西师范大学出版社2006年版，第66页。

的情况下，报纸完全不受检查，但在法律上要对一切捏造事实、诽谤
个人的行为负责"。①

9月9日，芮恩施向美国政府提交了一份关于《益世报》的备忘
录。② 他说，美国人买下了《益世报》，"就产生了要决定关于美国对
美国人拥有的一些中文报纸应该保护到何种程度的问题。既然美国人
已经在这家出版中文报纸的真实企业中拥有权益，怎么能够不给这个
企业提供如像给别的企业提供的对其合法权益的那种保护"，芮恩施
向美国国务院建议，"对这些报纸也同样对待，随后便有几家当地的
中文报纸到美国领事馆注册了"。③ 此时，丁家立（Charles D. Tenney）
已经接替芮恩施出任驻华公使。他的立场与芮恩施相同，并认可美国
舆论在中国进一步发展的必要性。9月13日，他致函美国国务院，
称鉴于《顺天时报》等日本在华报纸的先例，应当敦促中国政府承
认《益世报》被美国收购的事实，这样亦符合美国的利益。他希望
美国政府能够出具一份正式的指令，确认此次收购是符合美国法律
的。11月5日，美国国务院正式认可了丁家立的请求，称《益世报》
在美国驻华公使馆注册即已代表美国官方立场。但与此同时，美国政
府亦提出要求不得涉及中国内部的政治斗争。④

外交部将该函转给内务部，望其"查核办理"。9月18日，内务
部派警政司科长祥寿前往外交部协商。内务部坚持"根据外交部民国
元年九月以后洋商不得在京师新开店铺之来函，及民国三年报馆亦系
营业外人在非租界内开设为条约所不许之咨文，否认该公司收买《益
世报》"，至于《京津时报》《顺天时报》《华文日报》三种，内务部

---

① ［美］保罗·S. 芮恩施著，李抱宏、盛震溯译：《一个美国外交官使华记》，第125
页。

② Memorandum in regard to the Yi Shih Pao（1919年9月9日），Records of the Depart-
ment of State Relating to Internal Affairs of China，1910–1929，中国社会科学院近代史研究所
藏，美国国家档案馆微缩资料329，Roll. 221。

③ ［美］保罗·S. 芮恩施著，李抱宏、盛震溯译：《一个美国外交官使华记》，第125
页。

④ Registration of Yi Shih Pao as an American Newspaper，Records of the Department of State
Relating to Internal Affairs of China，1910–1929，中国社会科学院近代史研究所藏，美国国家
档案馆微缩资料329，Roll. 221。

均迭经咨请外交部查禁有案，无论京外虽未能完全禁止发行，亦实无由内务部直接允办之先例，拒绝承认。外交部认为"《顺天时报》日本人于庚子年开设，事平之后未即禁止，相沿至今，虽未核准立案，而该报逐日发行，各国即援最惠国办法以为在京师营业有习惯之情，已在京师营业之洋人有蝉联贸易之权．即难拒绝后来之他洋人得享本国及他国人已得之权利。关于外报事件迭经交涉，外人均系如此答复，外交部实难十分拒绝"，且"外人不得在京师新开店铺之照会，各国均未允诺。天津《益世报》开设虽不在租界，而天津地方实为通商地点，故完全否认一节，目的恐难达到，况京师地方按照约章，虽非通商口岸，然中日续约第十款有自开通商场之规定，各国即援此以为在未择定地界之时，皆应准洋人居住、贸易"，意欲承认。值得注意的是，外交部这一见解乃援引美国领事公函。两相僵持之下，外交部责令京师警察厅详查《京津时报》《顺天时报》《华文日报》交办情形，"再行依据核办"。①

其间美国驻华公使丁家立虽屡次致函，并以日本《顺天时报》等为由，暗示中国政府对于日本和美国区别对待，但内务部始终坚持"本年七月《益世报》继续出版，本部曾据京师警察厅呈报，据《益世报》经理人杜竹轩呈报营业完全系华人所办，并无外国人在内"，建议阻止美国公司收买《益世报》。最终外交部同意了内务部的处理办法。"美国公司收买《益世报》事，接准十二月八日函开各节，备悉一是，查近年外人屡有在北京及非租界内开设报馆情事，虽迭经禁阻，每难收效，此次美国公司收买《益世报》，由美馆知照前来，若不驳复恐涉默认之嫌。来函请予禁阻，本部亦表赞同。"② 这意味着内务部也没有对美国的抗议"进行任何有效的反对"。③

---

① 《7. 驻华日使干涉益世报言论与美国人"收买"该报有关文件》（1919 年 5 月—1920 年 6 月），中国第二历史档案馆编《中华民国史档案资料汇编》，第 3 辑，"文化"，第 411—427 页。

② 《3. 〈益世报〉载禁阻美商收买益世报经过情形有关文件》（1919 年 5 月—12 月），中国第二历史档案馆编：《中华民国史档案资料汇编》，第 3 辑，"外交"，第 924—939 页。

③ ［美］保罗·S. 芮恩施著，李抱宏、盛震溯译：《一个美国外交官使华记》，第 125 页。

结　语

　　《益世报》案是巴黎和会中国外交失败引发的反日运动中的一个舆论事件。对《益世报》而言，其面临的是对中国外交事务的参与以及与《顺天时报》的话语权之争。在美国驻华外交官及舆论界人士看来，这是美国发展在华舆论，获得与日本同等在华舆论权利的有效途径。但是，外交与内政紧密相连，同时也对公众舆论形成影响。此时介入中国舆论界的美国公共信息委员会，借助驻华公使芮恩施、美国在华外交官以及传教士的力量，为中国反日舆论的高涨提供了支持。但舆论的"幕后"是政治，这提示我们注意舆论争夺与政党政治之间的紧密关系。在当时，外交事务虽然由英美系所控制，但内政方面，仍然由亲日人士所把控。尽管民间舆论对美国的干涉充满希望，但中国执政者中对美国新外交仍然持观望态度，所以其最后的胜利亦将依靠中国的政党政治而获得。

　　尽管《益世报》案，美国的干预没有达到其预期的目的，但其产生的影响不可忽视。影响之一是使美国进一步获得了中国的人心，许多"中国人民和大多数官员知道美国人要在中国出版一些中文报纸的消息后，表示非常欢迎"。[①] 同时也促使日本在对华政策上出现调整的迹象。比如，在日本驻天津总领事船津辰一郎看来，取缔反日运动乃为"对症疗法"，要实现中日亲善，还需中日民间之交流。1920年2月15日，船津在天津发起"中日交友会"，邀请到40多名京津地区有名望的中国人参加。对此，他自己颇为自得，认为此乃反日运动盛行之中的极大成功。[②]

---

　　① ［美］保罗·S. 芮恩施著，李抱宏、盛震溯译：《一个美国外交官使华记》，第125页。
　　② 在華日本紡績同業会編『船津辰一郎』、149—150頁。

第六章 "一战"后日本民众对中日亲善的思考

——以郭春秧提倡的孔教运动为中心的考察

"一战"后，欧美重回中国舞台，在五四运动中欧美人直接或间接地参与其中，从资金到舆论都起到了推波助澜的作用。日本注意到中国此次的反日有别于以往，欧美在华文化势力的介入，使西方的民主、自由、平等观念成为中国人对抗日本的重要精神武器。尤其是威尔逊总统的十四点和平宣言获得了中国各界的好评，令中国人对美国的信任在这一时期空前高涨。中国各民间团体不断向欧美驻华使馆请愿，希望获得他们的支持。在此背景下，如何拉拢中国民心，应对西方势力的影响，成为日本在对华文化政策中亟须考量的因素。

这时，日本政府拾起"东洋与西洋"对立作为文化工具。所谓东洋与西洋文化区分的观念，在中国和日本基本上都形成于19世纪初期。日本是在接受中国的儒教（儒家之学）后开始认为与中国拥有相同的道德，将西洋的文化界定为技艺，采取对立的立场。① 在此基础上，形成了中日同属东洋文化的理解。

在中国，东洋与西洋的对抗较早表现为清末由变法派所倡导的孔教运动。② 几乎同一时期，日本也由"内村鉴三不敬事件"引发了基

---

① 津田左右吉『東洋文化とは何か』、『支那思想と日本』、岩波書店、1948 年、110 頁。

② 关于这一运动近年来的研究成果有森纪子『転換期における中国儒教運動』、京都大学学術出版会、2005 年。其对孔教运动在海外的动向研究尤其引人关注。

督教徒与汉学（儒）教围绕教育、宗教、忠孝等问题的论战。[①]"一战"后，在日本的殖民地台湾和势力范围福建一度曾经盛行"孔圣大道会"等儒教结社，[②] 因此本章拟通过郭春秧在这一风潮中的活动，探讨日本为什么支持孔教运动以及如何支持该运动，进而剖析其对华文化政策的价值和作用。

第一节　孔教在日本的兴起

清末，中国的孔教运动，多认为以康有为 1898 年 6 月 19 日呈奏的《请商定教案法律厘正科举文体听天下乡邑增设文庙谨写〈孔子改制考〉进呈御览以尊圣师而保大教折　附：请尊孔圣为国教立教部教会以孔子纪念而废淫祀折》为始。在该奏折中，康有为明确提出将"天下淫祠一律改为孔庙，各地立孔教会奉祀孔子，许人民男女参拜；每七日设休息日，是日，讲生于孔教会讲圣经，并令男女听讲"，强调孔子的圣王身份，主张孔子的权威超越王权，其权威来自上天也由上天保障。[③] 该主张的目的是把孔教作为一种宗教普及于民间，以与西方的基督教抗衡。在此需要强调的是，康有为等人主张的这种东西宗教的抗衡，更多的是出于对民族意识行将崩溃的忧患和对西方教会强国模式的模仿。

但是孔教运动在中国一波三折，先是由于变法运动的失败遭受重创从而流向海外，接着又因清末新政一度转化成尊孔运动，至辛

---

①　陈玮芬：《近代日本汉学的〈关键词〉研究：儒学及相关概念的嬗变》，华东师范大学出版社 2008 年版，第 41 页。"内村鉴三不敬事件"发生于明治 24 年（1891）2 月，内村（1861—1930）是为新教徒，于第一高等中学学校之敕语奉读式中担任特约教员，作为一位基督教徒，他对于向宸书至上最敬礼一事感到犹豫，便在千余名教员学生的注视下拒绝行使最敬礼。此事件不仅是学校的内部问题，后来更因新闻杂志以"不敬行为"为题作了相关报道，引发社会的议论并演变为教育与宗教之冲突。关于这一事件的研究有小澤三郎『内村鑑三不敬事件』、新教出版社、1980 年。

②　相关研究有李世伟《日据时代台湾儒教结社与活动》，文津出版社 1999 年版。

③　康有为撰，姜义华、张荣华编校：《康有为全集》第 4 集，中国人民大学出版社2007 年版，第 92—98 页。

亥革命中华民国成立，教育界等严禁学校读经，围绕孔教运动的宗教论争，袁世凯恢复尊孔，最终成为导致新文化运动爆发的导火索。①

维新变法运动失败后，梁启超等逃亡到日本。梁在横滨、神户的华人社会中有着巨大影响。他除了致力于创办商会和华侨学校外，还通过《清议报》积极宣传祭孔。此前，上海筹划成立孔教会时，横滨成立了祀孔子会。② 1898 年，孔子圣诞祭在横滨中华会馆举行。③ 翌年即 1899 年逢孔子诞辰 2450 周年，横滨中华会馆举行了规模更加盛大的孔子圣诞祭。当日，中华街的商铺全部歇业，到处插满旗帜，张灯结彩；上午 8 点，大同学校的教习、学生共百余人向中华会馆的孔子像行礼，然后普通华人自由参拜。下午 1 点妇女参拜；3 点开始，横滨市长梅田义信、东京大学教授松崎藏之助、东京专门学校讲师柏原文太郎、记者三宅二郎等日本的政界、教育界等人士应邀参拜。④

在这一思潮下，1910 年前后，服部宇之吉（号随轩，1867—1939）、宇野哲人（1875—1974）、小柳司气太（1870—1940）等东京大学的教授为顺应日本政府加强宣导以天皇制为导向的家族国家观，提出国家至上主义式的儒教解释。他们在"孔子祭典会"（1907—1918）、"孔子教会"（1908—1918）、"东亚学术研究会"（1910—1918）以及"斯文会"（1918— ）中提倡"孔子教"，促成了日本孔子教的蓬勃。⑤

不过，日本的孔教与中国不同，这一点是日本孔教的代表人物服

---

① 2011 年 3 月日本神户大学名誉教授森纪子在北京大学和中国社会科学院近代史研究所做报告《清末民初的孔教运动》，其对中国孔教运动的历史即是按照这一主线进行阐述的。

② 参照森纪子《清末民初的孔教运动》，2011 年 3 月 29 日于中国社会科学院近代史研究所学术报告厅。

③ 无涯生稿：《劝各地立祀孔子会启》，《清议报》第 11 册，1899 年 4 月 10 日。

④ 《记横滨崇祀孔子生诞》，《清议报》第 29 册，1899 年 10 月 5 日。

⑤ 陈玮芬：《近代日本汉学的〈关键词〉研究：儒学及相关概念的嬗变》，第 44 页。

部宇之吉坚决主张的。他在1917年著成的《孔子及孔子教》[①] 中批判康有为等所主张的孔教，乃是把孔教当成宗教，仿效法、美、日本宗教仪式的行为。在《孔子教大义》[②] 中亦谈到"梁启超等曾于清末欲以孔子教为宗教。而既以之为宗教，须有宗教之形式，故构想仿西洋设星期日为休息日，当日前往孔子教堂，听讲孔子教"。所以他认为中国的孔教"受极端欧化思想之影响"，其真精神几乎消失殆尽。所以，他极力撇清日本的孔子教与中国孔教运动或者尊孔运动的关系，把其关心的焦点"集中于将孔子的忠孝之教转换为人民对国家、天皇的忠诚"，"一方面依附于国家至上主义，一方面也为以天皇为首的家族国家观提供理论根据"。[③]

第二节　郭春秧提倡孔教与中日亲善

虽然服部宇之吉等强调中日孔教的不同，但"一战"之后，却出现了取其共通性，以孔教之名作中日亲善之用的呼声。发起人是日本籍南洋闽商郭春秧。

郭春秧，又名郭祯祥，福建同安县（今龙海）桥头村辽东社人。十六岁（1874）远渡重洋，到荷属东印度（今印度尼西亚）梭罗埠谋生。后来在制糖业获得巨大成功，成为继黄仲涵经营的"建源公司"之后另一个能与荷兰人竞争的"春秧公司"。[④]

郭春秧是孔教运动传入海外时最早受到影响的人之一，同时他也是孔教运动非常热心的拥护者和执行者。早在明治三十年（1897）郭春秧到台湾，就"面见总督儿玉源太郎，拟藉由孔圣大道会的事业来实行社会政策，并发挥中日亲善的功能。后因儿玉源太郎参加日俄

---

① 服部宇之吉『孔子及孔子教』、明治出版社、1917年、369页。

② 服部宇之吉『孔子教大義』、富山房、1939年。

③ 陈玮芬：《近代日本汉学的〈关键词〉研究：儒学及相关概念的嬗变》，第164页。

④ 福建省漳州市归国华侨联合会、福建省漳州市人物研究学会编：《漳州华侨名人传》，东方出版社1993年版，第221页。

战争，该议未获实现"。① 1908 年他任日惹商会总理，在当地倡立圣教公会，吸引了许多华侨入会。1909 年又到上海请当时正在上海推动立宪运动的郑孝胥（1860—1938）编纂读本以贻小学，这就是《孔教新编》。辛亥革命爆发前夕，郭春秧"在南洋与孙中山等其他青年政治家接触，募集数十万元以作微薄之力。希望其在中国复兴已经在日本获得繁荣昌盛却在中国久已衰落的孔子道，以作治国平天下的信条。然而结果却在民国议会上以十一票之差令孔子教错失成为国教之机会"。②

五四运动爆发之后，郭春秧受台北商工会之邀在台湾作了一场题为《日支亲善真义》③ 的报告，明确主张孔教作为实现中日亲善的工具。在这场报告中他指出"一战"带给日本经济发展的机遇，但同时也指出战争结束，经济战成为列强角逐的主要内容以后，"东洋毕竟不是欧洲的对手"：

> 世界大势逐渐变化，最终演变成世界大战。所幸战乱中欧洲出口几乎全部停止，甚少有欧洲商品进来。这给日本经济的发展提供了方便，使日本占据了有利的局面。但是现在大战结束，恢复和平，在世界经济战中东洋毕竟不是欧洲的对手，即便台湾被文明化，日本被称作文明国家，但面对世界，依然如螳螂对牛车。然而东洋真正的文明国家只有日本，观东洋全局早已遭到破坏，越南被法国打败，印度被英国打败，这些都是源于中国政府的不力。未必就要怨恨文明发达国家的蚕食，而应该觉醒。

这里需要注意的是，郭春秧强调的是"东洋"而不是单独的

---

① 《郭氏谈孔圣大道会》，《台湾日日新报》，1920 年 5 月 1 日，转引自李世伟《日据时代台湾儒教结社与活动》，第 64—65 页。

② 「日支親善真義　郭春秧氏講演」、『台湾日日新報』、1919 年 5 月 13 日、神户大学経済経営研究所、新聞記事文庫、政治（10 - 145）。

③ 「日支親善真義　郭春秧氏講演」、『台湾日日新報』、1919 年 5 月 13 日、神户大学経済経営研究所、新聞記事文庫、政治（10 - 145）。以下所引演讲内容皆出自该资料。

"日本"或者"中国""越南",而已经将日本看作是"东洋"的盟
主。他认为中国目前"其所作所为皆非人道,苛捐杂税却不公开用
途,没有清单、没有征税单,漫天要价,只有百姓陷于涂炭困境"。
"即便没有欧美文明国家的侵略,依然会自取灭亡"。而"整治中国
的混乱,就只有遵奉孔子教——这是最适合目前情形的一条路"。他
所列举的理由就是日本孔教的成功,"回顾身边的日本文明。日本今
日的文明主要就是彻底地理解了孔子教,并且拥有近代科学的知识,
只要领会了孔子教的真谛,善用孔子教,中国也必将如日本一样创造
出大的文明"。

他强调,中国常说"自有孔子教明君不出,国常混乱。但这其实是
因为没有充分理解孔子之教所致。如果从根本上理解了孔子教,以施行
之,则治国平天下绝非难事,反而会取得甚至优于欧美文明的成绩"。

在孔教与西方文明以及"无政府主义""社会主义"的比较上,
郭春秧认为"英法德俄这些教育普及的文明国尚且时时感到困惑,今
日民国却只憧憬所谓的平等自由主义,危害甚大";俄国主张"无政
府主义、共产主义,结果就导致了今天俄国的分崩离析"。中国以前
的革命"不管怎么说都是统治者甲倒下了,统治者乙重新站起来,两
者都是中国民族,然而今后的革命决不会是这种单纯的性质",列强
环伺,要获得武力的发展、经济的发达,就要在思想上统一中国,以
免招来国难。

但是对于日本,郭春秧认为日本不同于其他国家,是"中国的救
命恩人","中日亲善"是关乎中国存亡的第一要务:

> 日俄战争为何而起,对日本来说这是非常危险的事情。一旦
> 失败则必招致国运萎缩,然而为何这样还要甘愿冒此危险"一
> 战"。其原因在于形势非常,若不与南下之俄国相战,俄国最终
> 将吞并整个东洋。"战败也亡,不战亦亡,不如以国运作赌注期
> 一丝战胜之希望"成为当时日本国民的心理。如果日本在此次战
> 争中失败,日本自不必说了,朝鲜、中国、亚洲都将灭亡,今天
> 的民国亦不存在,东亚形势将完全不同。

这样看来，日本是中国的救命恩人。对此大恩应该举国心怀报恩之心，然而今日中国的心理完全相反，凡事必反对日本，而与外国人亲近。如辰丸事件，如青岛问题，从大局来看都是些琐碎的小事却强弄成大问题，这就是当今民国人的气质。若这样，仅口头上的中日亲善还有何价值。

正是源于以上这种对孔教的尊崇以及对日本文明、成功的向往，郭春秧提出了报告的主题：中日亲善以日本为模范在中国复兴孔教。"现在中国如何再兴孔子教。对此唯有以实行此教最为成功的日本为模范，依仗日本指导而别无他法。现在中日亲善是中国存亡最紧急之要务，这一点已不用争论，而只需回顾一下其历史。"

郭春秧指出，中日两国在亲善上做得并不够，"两国的上流阶层相互进行友好交流，嘴上说亲善为当务之急，中国全国人民的思潮却是与此相反的"。究其原因，则是日本人处处为难中国人。首先，日本人称呼民国为"支那"，令人甚感不快，惹人反感。"日支亲善"这一题目已经伤害了亲善，英美荷兰等其他外国人已经不再用此带有侮辱性的称呼。其次，日本政府对中国人的护照手续非常麻烦，这在欧美各国也不曾见，战后更是尽量放宽规定。最后，日本上流人士在日本欢迎中国上流人士时态度友好，但当他们来到中国，态度就变得轻蔑、高傲，还有在华的日本中下层人士中多无赖，两国人之间出现纷争，按照领事裁判权，即便中国人有七分的道理，日本人只有三分，也一定是后者获胜。若非这样，则日侨就会团结一致反对领事，以致造成今日这种恶习，结果"让全中国人的脑子里铭刻下日本人是一个不懂道理的民族，日本政府是一个无理的政府的印象"。

第三节　日本确定利用孔教运动作为对华文化政策

郭春秧发表演讲后不久，即 1919 年 5 月 14 日，他在台湾总督明石元二郎的介绍下赴东京会见内务、外务大臣。① 当日，他拜访了原敬首相，密谈对华问题。这时，他因为已经取得台湾籍，所以属日本国籍。时值五四运动爆发不久，全国规模的抵制日货运动正在兴起。据《原敬日记》记载，② 郭春秧和原敬的谈话主要内容有二：中日亲善、兴孔教对抗基督教。而后者是前者的必要条件。他认为"眼下的排日风潮不足为念"，并把中国人分为"南方、北方、基督教徒和不属于这一切类别的人"四类。他分析中国人中"南北方皆无爱国的诚意。拉拢北方派只要借钱就容易。相反若没有钱，可以投靠任何一个国家。至于耶稣教徒，是外国有组织的拉拢中国人民，他们才是最值得注意的势力。所以无论日本如何努力，如果不了解这个情况必定失败"。郭春秧的这一说法符合当时日本大部分人对五四运动的认识，即五四运动的背后是英美人尤其是英美教会势力的煽动所致。

郭春秧向原敬的荐言是兴孔子道，即孔教。他说："欲与之对抗唯有孔子道。孔子道，日中共通，不会有异议。以此对抗耶稣乃是最切实可靠的政策。"关于具体实施办法，郭认为可以先在日本在华的势力范围福建，也就是郭的家乡"从事孔子道，进行水利工程或者帮助穷人，拉拢百姓"。郭希望在这项事业上日本处于背后，从一开始就要表现出与日本毫无关系的样子，既雇用日本人同时也雇用荷兰人。即便中日两国人都入会，也应该在若干年后再表明接受了日本资助，或者和日本的关系。若非如此，"这种中日合作的实际成绩势必会引起耶稣教徒的反抗，甚至会发展成战争"。

郭的提议受到了原敬以及内田康哉外相等当时日本内阁主要官员的赞成。原敬在其日记中写道："我考虑到福建乃是我国的势力范围，对华问题如果因此而取得成效也不失为一方法，因此对其举动表示赞成。"并且同意此事不由日本政府直接出面，提议采取涩泽荣一民间活动的形式进行。原敬对此人是相当赞许的，这次见面后，原敬就决定了为郭春秧叙功。

---

① 《郭氏谈孔圣大道会》，《台湾日日新报》，1920 年 5 月 1 日，转引自李世伟《日据时代台湾儒教结社与活动》，第 64—65 页。

② 原圭一郎编著『原敬日记』第 8 卷、乾元社、1950 年、214 — 216 頁。

1919 年 5 月 20 日，会面约一个星期后，原敬在内阁会议上对于郭春秧所提议的用孔子教谋求中日合作的事情交由外务大臣内田康哉和郭春秧另外协商。① 5 月 21 日原敬与内田商量设立临时项目费用，称应该准备一些资金以作对华政策执行之用，其中就列举了郭春秧的提案，称该方案切实可行，但于资金上有困难。这样下去不仅在对华问题上，在外交上也将陷于孤立，并决定由原敬向大藏大臣提出。② 6 月 6 日，郭春秧再次造访原敬，称近日将回国，先到厦门用自己的钱成立以孔子教为主的会，此后希望政府予以后援。原敬当场表示赞同，郭春秧满意而归。③

辞别原敬，郭春秧来到中国后以荷兰华侨身份捐巨资在家乡龙溪县辽东社设嵩江孔圣大道会，④ 东至嵩屿，西至江东桥，南沿北港，北达鼎美，周围三百余乡，皆遵奉孔教，以郭为会长。⑤ 并提拨他在三宝龙所经营的锦茂行十一之利作为会费，并在龙辖、澄辖、同辖、嵩江等区域设立义塾数十处，医院五处及施舍棺木等慈善事业，颇有一番规模。⑥ 郭春秧不但自创"孔圣大道会"，还大力扶持厦门原有的儒教团体"孔教会"重整旗鼓，于 1919 年阴历七月初八、九两日，在石美东门乡开同志成立会，颇震动一时。⑦

在台湾，由于明石元二郎的去世再加上中国大陆排日思想勃兴，"日支亲善"的企图无由实现。⑧ 于是，郭氏先将他所经营的"锦茂会社"社员组织成"孔圣大道会"，积极于社会慈善事业。然后才在

---

① 原圭一郎编著『原敬日記』第 8 卷、乾元社、1950 年，第 224 頁。

② 同上书，第 226 頁。

③ 同上书，第 237 頁。

④ 福建省情资料库 http：//www.fjsq.gov.cn/showtext.asp？ToBook＝3167&index＝3768，2009 年 11 月 13 日。

⑤ 《鹭江记事》，《台湾日日新报》，1919 年 8 月 6 日，转引自李世伟《日据时代台湾儒教结社与活动》，第 354 页。

⑥ 《郭春秧先生六致晋一大庆征言启》，《台湾日日新报》1920 年 7 月 16 日，转引自李世伟《日据时代台湾儒教结社与活动》，第 64 页。

⑦ 《孔教定期成立》，《台湾日日新报》1919 年 8 月 3 日，转引自李世伟《日据时代台湾儒教结社与活动》，第 354 页。

⑧ 《郭氏谈孔圣大道会》，《台湾日日新报》1920 年 5 月 1 日，转引自李世伟《日据时代台湾儒教结社与活动》，第 64—65 页。

日本官方与社会名流的支持下于 1920 年成立台湾孔圣大道会，达成其心愿。据说这也可能是当时唯一横跨海峡两岸的儒教组织。① 该会宗旨在于"遵奉孔子教义，行之于世"。会员"不问男女及国籍如何，皆得入会"，但须本会会员六人以上介绍。会员要遵守一定的行为准则，"须固守孝悌忠信礼义廉耻"，"严禁贪私淫杀及不正行为"，"冠婚葬祭及其他吉凶诸事，以极俭约为主"。孔圣大道会还是一个模仿西方基督教的组织，要求会员提供年所得的十分之一，作为该会公产，开设教育、卫生、工艺场等机构。具体如下：设学校、幼稚园，教育子弟，教以小学大学之圣道；组织演说团，宣传会之主旨于各地广求同志；设医院及卫生局等，保护贫困之生命；设立养老院养育院等；设立工艺场，配置劳动者，安排劳动者之生活。② 此外，该会相当注重救贫慈善事业，但因资料所限，无从印证。③

第四节 "一战"后日本对华文化政策之剖析

日本政府采用郭春秧所提出的提倡孔教运动作为对华文化政策，今天在某种程度上看是让人难以理解的。原敬内阁听从一个已入日本籍的华侨商人之言，要通过普及孔教，以"东洋"应对"西洋"，从而实现中日亲善，这让人不得不感叹日本政府在应对中国反日运动和英美文化优势时的手足无措，亦体现了其综合国力的薄弱，尤其是在文化领域。当时中国思想界已经发生了巨变，反对日本占领山东和青岛的五四运动是新文化运动的延续与发展。这场运动提出的口号一是德先生与赛先生，即民主与科学，一是打倒孔家店，即反对儒教。这是中国的知识分子试图舍弃过去那种把文化古老当作荣耀，要把中国

---

① 李世伟：《日据时代台湾儒教结社与活动》，第 354 页。

② 《郭氏谈孔圣大道会》，《台湾日日新报》1920 年 5 月 2 日，转引自李世伟《日据时代台湾儒教结社与活动》，第 64—65 页。

③ 《郭春秧先生六致晋一大庆征言启》，《台湾日日新报》1920 年 7 月 16 日，转引自李世伟《日据时代台湾儒教结社与活动》，第 64 页。

从 19 世纪末在国际地位上的低落拯救出来的行为表现。孔教在这场运动中被看作是与西方科学、民主思想相对立，或者完全相悖的文化，已经被中国先进知识分子和青年学生抛弃。对此，日本政府并未表现出足够见识，他们仍固守已有认识，并在此后仍坚持提倡儒教来对抗西方。这种态度与日本人对欧美在华势力的认识密切相关。

日本人一直将西方的文化优势归结为基督教的力量，田中义一、涩川玄耳等人曾经以为"日本没有像欧美等国那样强有力的宗教，所以对中国人教育上无法模仿他们的宗教"。[1] 后来，日本将儒教当作是在中国对抗基督教的工具。日本驻华公使馆武官东乙彦称，在儒教面前基督教也自感"没有任何权威性"，以作儒教可以对抗基督教之旁证。他引用 1905 年美国传教士在北戴河召开的华北基督教大会上的演讲作为证据："破邪显正历来就是我等传教上的金科玉律，即基督教欲在某国传教的时候，首先要大骂该国本身的宗教，称其为邪教，然后打倒。以彰显我德教。我等奉行此主义在中国传教几十年，取得的成绩经常引来中国人的反感，惹出不少事端。当我想到要研究这中间的理由时候，我研究了中国自古就有的儒教，发现其道德上的宗旨，道义清楚无可非议。又研究了佛教，其哲理高远，丝毫不输我基督教。中国人有这两教，练成坚固的德教，所以无论怎样强辩也无法称其为邪教。我基督教在儒教、佛教两教面前，非常遗憾完全没有任何权威性。我等在此做出英明的决断，以大革命的觉悟，放弃过去的破邪显正之主义，与他们同化的同时进行传教。"[2]

1921 年 2 月，东乙彦专门草拟了一份有关教育的提案[3]，尤其强调日本的教育事业要注重"精神教育"，"把东洋道德的精华儒教道德作为基础"应用在日本将来在华所办教育机构中。只要"遵从所谓同文的真谛"，"努力让儒教的光辉越来越强烈"，将会使中国人有

① 涩川玄耳「山東と日本人」、『新日本見物台湾・樺太・朝鮮・満州・青島之巻』、金尾文淵堂、1918 年、358 — 360 頁。

② 「支那人教育私見」（1921 年 2 月）、JACAR（アジア歴史資料センター）Ref. C03022584500、密大日記大正 10 年 6 冊の内第 6 冊（防衛省防衛研究所）。

③ 同上。

朝一日"能够觉醒，拥护同种，迎来共同对抗异人种的时刻"。在东乙彦的陈述理由中，选择儒教是因为"中国国民道德的主要成分是以尊敬祖先、家族主义等为主要内容的儒教"，而日本大和民族的大和魂也来自儒教，所以中日在精神、道德方面是相通的，也就是所谓的"同文同种"。东乙彦在计划中强调了东方与西方的对立，极力强调培养中国人与日本人同文同种之思想，将欧美尤其是美国人称为"异文异种"，无疑是从意识形态上对抗美国的策略。该计划既反映出日本对儒教在中国的地位和作用认识的肤浅，也体现了日本本身并没有什么文化资源可资利用，难以让中国人信服。此外，日本人是为达到侵略目的提倡的儒教，虽然有"同文同种"的说辞，却难以掩盖其对中国主权和领土的掠夺，更不可能得到中国人的认同。

除了提倡孔教达到中日亲善之外，日本人也注意到了应花钱多建设一些文化设施。当美国人利用庚子赔款建立起清华学堂，洛克菲勒财团建起协和医学堂，日本人在财力和文化上感受到了强烈的挫败感，他们感叹道：

> 欧美人尤其是美国人所有之教育设施尽善尽美，我国很难以科学的文明设施与其对抗。看美国人经营的当地清华学校，外观之美暂且不论，其内在内容的充实完善实在出乎我等人之意料之外。大有讲堂、图书室等设施，小有教育材料的整齐，荟萃最新文明，学生们坐在这里不需要劳烦身心，就能够学习、研究欧美文明的精华。……再看其洛克菲勒建造的医院……把其与我日华同仁医院相比，日美财力的差距立显。假如我们以科学文明设施来教育中国人，无论从外观还是内容上都无法与欧美相比肩。中国青年争相奔往他们而不来我们这边也是自然的趋势。这也即是放弃表面有形的竞争，选择无形竞争作为宗旨的内在原因。[1]

---

[1] 「支那人教育私見」（1921 年 2 月）、JACAR（アジア歴史資料センター）Ref. C03022584500、密大日記大正 10 年 6 冊の内第 6 冊（防衛省防衛研究所）。

结　语

　　"一战"后国际环境的变化以及中国反日运动的兴起，使日本开始意识到对华文化政策的重要性。因缺乏足够的资源，实在有些病急乱投医。近代以来，日本军事和经济的快速发展，其综合国力并未得到全面发展，缺乏强大的思想文化资源。与列强在华竞争中，有日本人重拾东洋西洋对立的观点，以同文同种提倡中日亲善，但却无法找到对抗欧美自由、民主和平等的观念，以及对抗渗透到中国社会的基督教团体的思想武器。这时，日籍华人郭春秧提倡的孔教运动得到了日本政府的支持，成为对华文化试行政策之一部分。由此，不得不感叹日本人在思想文化上的后知后觉，在与欧美的文化竞争中越来越落后，难以跟上中国前进的脚步。

第七章　日本退还庚款与对华文化事业的出台

　　第一次世界大战后，历经战争摧残的国际社会发生了巨大变化，国际联盟的诞生成为各国为谋求妥协、合作在机构方面最明显的标志。观察各国对华政策，可以看到"文化"这一软实力成为备受关注的内容。1923 年 5 月 5 日，日本外务省根据敕令第 209 号新设"对华文化事业局"（后改称文化事业部），专门负责对华的教育、救济、学术、文艺等实施工作，意味着日本开始大规模开展所谓的"文化政策"。

　　值得注意的是，该政策得以实施的财政保证是日本退还中国的庚款。目前学界对日本退还庚款问题讨论较多的，一是将其放在中国参战脉络中，作为中国向协约国提出的"扶助"要求而加以叙述，二是就其退还的结果，即 1923 年以后实施的对华文化事业进行讨论。但是日本为何退还部分庚款，它是如何被提出，退还的部分又是如何与日本的对华文化事业联系在一起，目前学术界尚未有专文论及。①

　　本章的目的，是通过对庚款问题在日本讨论过程的梳理，阐明日本对庚款的处理经历了从消极到同意缓付、从同意缓付到放弃的过

---

　　① 王建朗在《北京政府参战问题再考察》（《近代史研究》2005 年第 4 期）中设专节就中方提出的"扶助"要求及交涉情况进行了讨论，但庚款的赔付只是北京政府参战与列强交涉的一个小部分，其在日本对华政策中的地位并未被提及。在对华文化事业研究领域，阿部洋的代表作『「对支文化事业」の研究－戦前期日中教育文化交流の展开と挫折―』（汲古書院、2004 年）只注意到退还庚款的用途，却没有注意到日本对庚款赔付问题的态度在"一战"背景下发生的变化。

程，而放弃庚款用之于文化事业，反映了"一战"背景下美国在华文化影响力的提升对日本调整对华外交政策的影响。

第一节　中国参战与庚款问题的出现

1917 年 2 月 3 日，美国对德绝交，要求各中立国一致行动，由此发生了中国的参战问题。经过数日讨论，中国政府确立外交主旨，即"德之战略既为违反公法，侵害我国权利，我为国家资格计，不能默尔。且欲利用机会，为外交开一新纪元，跻于国际平等之列，并可得协商国之同情"。① 不仅如此，中国政府还意识到中国的参战为协约国家所现实需要，因此期望在加入协约国方面的同时能得到回报。② 回报的具体内容，早在中国政府 2 月 9 日提交对德抗议以前，就有张国淦在内阁讨论时候提出，应借此时机向协约国提出对华的"扶助"要求，包括：庚子赔款德奥两国部分当然取消；庚子赔款协约国部分全数免除；增加关税；解除庚子条约的限制；取消治外法权；直接收回山东青岛；参列和会。③ 尽管中国政府的真正目标在于后三项，但就日后的交涉情况来看，庚款的缓付或停付以及关税的提高是中国政府在面临对德绝交及参战问题时希望能够确保的。

日本政府在接到美国对德断交，并要求中立国采取一致行动的消息以后，尽管对断交问题持肯定态度，但为了避免中国趁此机会提出交换条件，2 月 7 日，当章宗祥奉段祺瑞"电嘱密探日政府意旨及一般舆论"，以个人资格先访问日本外务省政务局局长小幡酉吉时，无论小幡酉吉还是外务省大臣本野一郎，态度均是"照现在情形，美既

① 佚名：《1. 中德绝交始末及其利害》（1917 年 3 月 18 日拟），章伯锋主编《北洋军阀（1912—1928）第三卷 皖系军阀与日本》，武汉出版社 1990 年版，第 58 页。
② 王建朗：《北京政府参战问题再考察》，《近代史研究》2005 年第 4 期，第 21 页。
③ 许田：《对德奥宣战》，《近代史资料》总第 2 号，1954 年第 2 期，第 56 页。

劝告，自以与美取同一态度为宜"，① 显示出希望在美国主导下，促成中国对德断交的态度。2 月 9 日，日本内阁会议通过了同意中国听取美国劝告对德断交之方针。② 这意味着日本政府希望在美国主导下，促成中国对德断交。

1917 年 2 月 14 日，中国政府致电驻日公使章宗祥，要求他向日方说明，对德断交后，中国的"金融贸易必受影响"，且军事准备中国"需费甚巨"，但中国不能总是靠借外债来维持财政，"如联合国能允我酌加关税及将庚子赔款缓解或延长年期，则于目下财政不无裨益"。③

针对中方的要求，本野一郎在给驻华公使的指示中仅表示原则上同意中方要求，亦会尽量劝说关系各国，但需要待中国政府正式宣布中德绝交以后。④

当时，中国政府内部在对德断交和参战问题上意见并不一致，形成了"府院之争"。在中国政府没有明确提出加入协约国之前，日本不愿就庚款等扶助中国财政问题上表态。正如当时日本驻华临时公使芳泽谦吉所言："此次断交问题上，协约国表示出了对华的友好态度，但中国若因此，仅凭对德断交，则没有必要同意中国的这一要求，如果开战，可以承诺延期至战争结束。"⑤

---

① 王芸生编著：《六十年来中国与日本》第 7 卷，生活·读书·新知三联书店 2005 年版，第 78—79 页。

② 斉藤聖二「寺内内閣と西原亀三—対中国政策の初期段階」、日本国際政治学会編『国際政治』第 75 号「日本外交の非正式チャンネル」、1983 年 10 月、20 頁。「中独国交断絶ニ関スル米国ノ対中国勧誘支持ノ件」（1917 年 2 月 9 日閣議決定）、外務省編纂『日本外交文書』1917 年第 3 冊、外務省、1969 年、225 — 227 頁。

③ 《国务院致章宗祥关于中德断交与财政问题电》（1917 年 2 月 14 日），张黎辉等编《北洋军阀史料——黎元洪卷》8，天津古籍出版社 1996 年版，第 21—23 页。「在本邦中国公使ヨリ同国ノ対独国交断絶決意通告及財政救済方ニ付申越ノ件」（1917 年 2 月 15 日、本野大臣ヨリ在英国珍田大使、在露国内田大使、在中国芳沢臨時代理公使宛）、外務省編纂『日本外交文書』1917 年第 3 冊、257 頁。

④ 「対独国交断絶後ノ中国財政難救済ニ関シ在本邦中国公使及英仏露三国大使ニ対シ為シタル内話通報ノ件」（1917 年 2 月 18 日、本野外務大臣ヨリ在中国芳沢臨時代理公使宛）、外務省編纂『日本外交文書』1917 年第 3 冊、264 — 265 頁。

⑤ 「対独国交断絶後ノ中国財政難救済申出ニ関シ詮議方稟請ノ件」（1917 年 2 月 16 日、在中国芳沢臨時代理公使ヨリ本野外務大臣宛）、外務省編纂『日本外交文書』1917 年第 3 冊、259 — 260 頁。

当时在外务省之外，寺内正毅还启用了西原龟三作为非正式对华外交的通道。西原龟三在寺内正毅担任朝鲜总督时期在朝鲜经营纱业，因其在经济方面的才能受到寺内正毅的器重。本野一郎委托西原龟三向中国政府转达，如果中国同意加入协约国，日本方面可承担或帮助斡旋以下条件：①庚子赔款延期支付；②保证免除对德、奥之赔款；③适当提高关税；④筹措参战军费；⑤其他依中国要求可给予力所能及的援助。①

西原龟三来到北京后，于 2 月 16 日同曹汝霖、梁启超就中国参战问题进行谈话。曹汝霖向西原指出，徐世昌已决心加入战团，但希望得到日本的帮助，开发中国产业、改革税制、币制，实现政权统一，这才是中日亲善的真谛。西原龟三由此判断，中国未来会从仿效美国或自觉将德国视为人道主义之敌人积极宣战两条路中选一条。日本需要注意的是，如果中国追随美国，美国将会承诺其什么利益。如果中国自觉积极宣战加入协约国，果断加盟巴黎条约，协约国必定会表示欢迎，日本身在其中，目前对中国现状最要紧的问题是告诉中国，日本将给予援助。至于援助的内容，西原建议在中国目前的财政状况下，应在一定时间内尽力满足其缓付庚款的要求，并尽力说服其他协约国保证取消对德国的庚款赔付等。

西原龟三认为，目前段祺瑞周围最重要的影响力是美国，但这并非意味着中国政府将会得罪日本。他给本野一郎的中国参战后日本应给予援助的备忘录中，建议在协约国之间，中国的庚款递次缓付三年。②

2 月 24 日，段祺瑞派曹汝霖通过西原龟三向日本外务省转达希望日本政府在中国正式对德宣战前，以某种合适的方式就庚款缓付等事

---

① 《西原龟三日记选译》，章伯锋主编《北洋军阀（1912—1928）第三卷 皖系军阀与日本》，武汉出版社 1990 年版，第 843 页。

② 「中国ノ参戦問題ニ関シ曹汝霖、梁啓超トノ会談報告ノ件」（1917 年 2 月 18 日、西原亀三ヨリ本野外務大臣宛）、外務省編纂『日本外交文書』1917 年第 2 冊、外務省、1968 年、635 — 640 頁。

宜作出保障。① 但日本政府此时并不愿意在庚款问题上做出肯定的回
复。2 月 27 日，本野一郎向陆宗舆表示中国如毅然对德绝交，自会
获得各国同情，"中国希望之事，自有商量余地。今中国乃各处试探，
又故意迟延，恐大陷于失策。日政府欲诚意与中国亲善，深冀中政府
亦以诚意相答，勿使日本国民失望"。② 但为了尽快促成中国对德绝
交，向英法俄提出在相当条件下同意延期支付庚款。③

可以说庚款问题最初是因为中国是否对德宣战而进入日本政府的
讨论之中，当时日本的主要参照国是英法俄。而为了促成中国政府尽
快对德绝交，三国最初皆表示对中国政府的要求以同情之心加以研
究，而没有给出肯定的答复。只有英国明确表示，中国不可将之作为
参战与对德断交的交换条件而提出。④

如前所述，日本在中国宣布对德抗议以后，从中国驻日公使章宗
祥处获知了中国对德断交希望日方提供的财政援助要求。通过驻华公
使及西原龟三的消息，日本外务省的判断是中国将会对德断交，只是
不确定追随美国还是自觉宣布。对于美国在其中的角色，外务省最初
基本采取了顺水推舟的态度。

但其时日本驻华华武官以及日本舆论界不满 2 月 9 日内阁决议，

① 「中国側ヨリ対独宣戦決定前財政救済ニ付日本政府の保障要請ノ件」（1917 年 2
月 24 日、西原亀三ヨリ本野外務大臣宛）、外務省編纂『日本外交文書』1917 年第 3 冊、
284 頁。

② 章宗祥：《东京之三年》，《近代史资料》总第 38 号，第 31 页。

③ 「中独断交問題ニ関シ我政府ノ見解開示ノ上任国政府ノ意見確メ方訓令ノ件」
（1917 年 2 月 28 日、本野外務大臣ヨリ在英国珍田大使、在露国内田大使宛）、外務省編纂
『日本外交文書』1917 年第 3 冊、297 — 298 頁。

④ 「中独国交断絶ノ場合ニ於ケル財政其他ノ問題ニ付中国政府ヨリノ問合ニ対スル
仏国ノ見解及連合国側ノ執ルベキ措置ニ関シ申越ノ件」（1917 年 2 月 22 日、在本邦仏国
大使館ヨリ日本外務省宛）、外務省編纂『日本外交文書』1917 年第 3 冊、276 — 278 頁。
「中国ノ財政救済ニ対スル露国政府ノ意向ニ関スル件」（1917 年 2 月 24 日、在中国芳沢
臨時代理公使ヨリ本野外務大臣宛）、外務省編纂『日本外交文書』1917 年第 3 冊、281
頁。「中独断交条件トシテ中国政府ヨリ提出セラレタル要請ニ関シ英国政府ヨリ在中国同
国代理公使宛電訓通報竝右ニ対スル日本政府ノ見解表明方懇請ノ件」（1917 年 2 月 26 日、
在本邦英国大使ヨリ本野外務大臣宛）、外務省編纂『日本外交文書』1917 年第 3 冊、
289 — 291 頁。

认为日本应该在中国的对德宣战中占领主动，而非跟随美国。① 所以，外务省亦格外关注美国在中国参战决策中的影响力。

美国在对德断交问题上，发挥巨大作用的是美国驻华公使芮恩施。2 月 3 日，他得到美国政府已经对德绝交的消息以后，组织了一支"飞楔队（flying wedge）"以负责对中国政府要员进行游说。其成员是与他关系密切的一批在华欧美人顾问和新闻记者，主要包括中国政府顾问福开森（John C. Ferguson）、莫理循（G. E. Morrison），美国总统威尔逊的好友、美国著名报人萨姆·布莱思（Samuel G. Blythe），布莱思在华期间的助手、澳大利亚在华报人端纳（William Henry Donald）以及孙明甫（Roy S. Anderson）和史密斯（Charles Stevenson Smith）。② 据端纳回忆，对于段祺瑞，"芮恩施博士要揪住他不放。黎元洪自称对军事问题颇有研究，认为德国会取得胜利，由福开森博士和莫理循博士去做他的工作。端纳则集中精力于国会中的少壮派，因为只有他得到这些人的充分信任。内阁中混杂着少壮派进步分子和一些反动分子，端纳对其进攻时，由孙明甫和弗莱思从旁协助。史密斯的任务是照应各方，随时予以合作"。③ 在说服当初反对对德断交的冯国璋方面，萨姆·布莱思发挥了巨大的作用。据芮恩施回忆，"萨姆·布莱思先生在去上海的途中将在南京停留，以记者的身份会见这位副总统。布莱思对冯将军透彻地谈论了这个问题。他觉得冯将军有受到委屈的感觉。经过会谈，消除了他的这种情绪。布莱思和能干的副手唐纳德④先生一起使冯将军注意到美国只是要中国对德断交而这并不意味着走向战争。经过长时间认真的谈话，再加上萨姆·布莱思说了一些动听的话，冯副总统说他已完全满意，后来他转

---

① 斉藤聖二「寺内内閣と西原亀三—对中国政策の初期段階」、日本国際政治学会編『国際政治』第 75 号「日本外交の非正式チャンネル」、1983 年 10 月、20 頁。

② 「中独国交断絶ニ関シ米国側ノ裏面ニ関スル件」（1917 年 6 月 6 日、本野外務大臣ヨリ在中国林公使宛）、外務省編纂『日本外交文書』1917 年第 3 冊、503 — 508 頁。

③ 符致兴编译：《端纳与民国政坛秘闻》，湖南出版社 1991 年版，第 199—200 页。

④ 即端纳。

而支持政府的政策"。①

就这样，美国公使芮恩施利用其在北京的人脉和信任，通过几天与中国政府要员的接触，他了解到"中国各部的总长们关心的是两件事：首先需要经济援助，以便使中国能够最后参战，如果需要它参战的话；第二，防止做出把中国的自然资源、军队、兵工厂或军舰置于外国控制之下的一切安排，因为这种安排是与中国的完整的国家独立不相容的"。② 2 月 7 日，因海底电缆故障，芮恩施在未得到国务院同意的情况下照会中国政府："如果中国政府赞成总统的建议，美国政府应采取措施拨出为了达到你的目的所即刻需要的资金，并且采取步骤动用庚子赔款，目前至少可以把分期偿付的大部分赔款用于中国政府的目的。"③ 芮恩施的这一表态令外界误会美国在督促中国参战而遭到国务卿蓝辛的批评，但结果却赢得了中国政府内部的认可，对日本也产生了压力。

2 月 9 日，中国政府向德国提出抗议当晚，萨姆·布莱思（Samuel G. Blythe）举行宴会，出席宴会的有莫理循和其他许多在华美国人和英国人。宴会成了一次庆祝活动。莫理循博士向芮恩施祝贺说："这是迄今在中国完成的最伟大的事情。它意味着一个新时代的到来。它将使中国人具有民族意识，不是为了狭隘的自私的目的，而是为了维护人权。"④

不过，日本政府对在华美国外交官、报人等的这些行动并不知情。3 月 8 日，本野一郎致电驻华临时代理公使芳泽谦吉，要他查明是否存在报纸和其他有关美国驻华公使在中德绝交问题上妨碍协约国一方行动的事实。⑤ 芳泽回复称，在华美国人对德国人的感情不错，

---

① ［美］保罗·S. 芮恩施著，李抱宏、盛震溯译：《一个美国外交官使华记》，第197—198 页。

② 同上书，第 191 页。

③ 同上书，第 193 页。

④ 同上书，第 197 页。

⑤ 「在中国米国公使ノ聯合側行動妨害風説確〆方訓令ノ件」（1917 年 3 月 8 日、本野外務大臣ヨリ在中国芳沢臨時代理公使宛）、外務省編纂『日本外交文書』1917 年第 3 冊、344 頁。

断交之后，美国公使馆馆员和其他有势力的美国人依然保持与德国公使馆工作人员的交往。今日北京俱乐部发生抵制德奥会员时，几乎所有美国人都表示反对，美国公使馆一等书记官甚至以此种抵制甚为不妥为由自动退会。不过，眼下中国政府在日本及其他关系各国的影响下倾向于加入战团，所以美国公使未见有任何实际的反对运动，只要求中国当局与美国采取统一行动。①

3月12日，寺内正毅内阁会议通过了庚款延期至第一次世界大战结束之决议，② 但不能接受中国停付期间不加利息的要求。③ 具体到年限，本野一郎给章宗祥的电报中保证的是三年。④

3月31日，曹汝霖再次向日本提出中国因财政整理等，至少需要六年时间以延缓赔付庚款，但这一希望没有得到日本政府的回应。⑤

此种情况下，中国政府将这一希望转达给了美国政府。美国在庚款问题上向来秉持退还以用作中美教育事业，所以表示支持中国的要求。⑥ 与此同时，4月7日，北京当地的英文报纸刊出中国政府参战提出的帮助解决财政困难之希望，其中包括缓付庚款，至少要待中国财政改革，譬如统一币制、确立银行制度之后。如此"一战"结束

---

① 「在中国米国公使ノ聯合側行動妨害風説問合ニ対シ回答ノ件」（1917 年 3 月 10 日、在中国芳沢臨時代理公使ヨリ本野外務大臣宛）、外務省編纂『日本外交文書』1917 年第 3 册、353 — 354 頁。

② 「9 大正 6 年 1 月 10 日から〔大正 6 年 8 月 26 日〕」、JACAR（アジア歴史資料センター）Ref. B03030013600、対外政策並態度関係雑纂/対支那ノ部/本野大臣（極秘）松本記録（1 − 1 − 1 −3_ 2_ 4_ 001）（外務省外交史料館）。

③ 「中国政府ノ財政援助要請覚書ニ対スル回答閣議決定内報ノ件」（1917 年 3 月 13 日、本野外務大臣ヨリ在中国林公使宛）、外務省編纂『日本外交文書』1917 年第 3 册、365 — 366 頁。

④ 「中国ノ聯合側加入報償問題ニ関スル出淵書記官曹汝霖トノ会談ニ付報告ノ件」（1917 年 4 月 1 日、在中国林公使ヨリ本野外務大臣宛）、外務省編纂『日本外交文書』1917 年第 3 册、424 — 426 頁。

⑤ 同上。

⑥ 「中国ノ参戦希望条件ニ対スル米国ノ意向ニ関シ曹汝霖来談ノ件」（1917 年 4 月 7 日、在中国林公使ヨリ本野外務大臣宛）、外務省編纂『日本外交文書』1917 年第 3 册、447 — 449 頁。关于美国退还庚款的问题可参见崔志海《关于美国第一次退还部分庚款的几个问题》，《近代史研究》2004 年第 1 期。

后中国商业发展，不仅中国，协约国一方都将受益。① 利用英文报纸，可以说是中国政府的一个策略，希望在外国舆论界中造势。不仅如此，此时英国也一改以往在庚款赔付等问题上的强硬态度，② 表现出与美国一致的"宽大"态度。③

就在这时，本野一郎接到日本商人山本条太郎的报告。山本条太郎与汪大燮关系亲密，汪在访日期间向其透露，段祺瑞在对德断交等问题上的态度并非取决于日本，而是受美国的影响。本野一郎深以为然，致电驻华公使林权助查明实情。④ 五天之后，林权助致电本野一郎否认了汪大燮的说法，称早在 2 月美国劝说中国加入战团之前，林权助已经与曹汝霖就参战问题进行过讨论。⑤ 但是美国对华的影响力，依然引起了日本外务省，尤其是外务大臣本野一郎的高度重视。

1917 年 5 月 5 日，日本驻上海领事有吉明致电本野一郎，称据孙中山的消息，中美两国不日将形成攻守同盟。⑥ 林权助在日本政府面前对段祺瑞一直是维护的，针对本野一郎的这一询问，林权助没有否认美国在华的势力发展，尤其是他亦注意到美国公使、美国在华商人、学者、报人等的亲中态度吸引了大批中国人，也注意到在中德断交问题上美国公使发挥的巨大作用，比如中方 2 月 9 日向德国提出的抗议书乃芮恩施参与起草。4 月 28 日，美国公使芮恩施在北京的俱

① 「中国参戦問題解決ニ関シ意見上申ノ件」（1917 年 4 月 7 日、在中国林公使ヨリ本野外務大臣宛）、外務省編纂『日本外交文書』1917 年第 3 冊、445 — 447 頁。

② 「中国参戦条件ニ関スル英国ノ覚書ヲ本野外務大臣ニ呈示方依頼ノ件」（1917 年 4 月 7 日、在本邦英国大使館参事官ヨリ幣原外務次官宛）、外務省編纂『日本外交文書』1917 年第 3 冊、442 — 445 頁。

③ 「対中国問題ニ対スル英米両国ノ態度ニ鑑ミ日本政府ニ於テモ再考方稟請ノ件」（1917 年 4 月 8 日、在中国林公使ヨリ本野外務大臣宛）、外務省編纂『日本外交文書』1917 年第 3 冊、448 — 449 頁。

④ 「中国参戦問題ニ関シ汪大燮ノ山本条太郎ニ対スル内話要領通報ノ件」（1917 年 4 月 13 日、本野外務大臣ヨリ在中国林公使宛）、外務省編纂『日本外交文書』1917 年第 3 冊、451 頁。

⑤ 「中国参戦問題ニ関シ汪大燮ノ山本条太郎ニ対スル内話ハ誤解ニ基ク件」（1917 年 4 月 18 日、在中国林公使ヨリ本野外務大臣宛）、外務省編纂『日本外交文書』1917 年第 3 冊、454 — 455 頁。

⑥ 「中米同盟説ニ関シ孫文内話ノ件」（1917 年 5 月 5 日、在上海有吉総領事ヨリ本野外務大臣宛）、外務省編纂『日本外交文書』1917 年第 3 冊、470 頁。

乐部就中美两国的未来发表演说，对两国邦交表示期待。林权助认为，以上信息可以确定中美邦交今后将更加亲密，但是现在说中美同盟已在路上为时尚早。5月6日曹汝霖拜访林权助时还说中美不可能结盟，所以可以判断至少现在中美尚未就结盟一事进行任何协商。[①]但其实，早在中国对德提出抗议，考虑是否断交之时，芮恩施即提出过中美政策的联合，中国政府也表示"假如美国政府认为德国采取的行动足以构成宣战的理由，中国政府将至少对德断交"。[②]

5月13日，英国正式照会日本外务省，指出根据英国政府所获得的报告，如果协约国不立即给予段祺瑞以有效支持，段将会遭到反对而不可能实行对德宣战。因此，英国政府建议协约国立即向中国政府声明，同意停止支付应于今年6月偿还的赔款，停付战争期间及战后五年内的庚款，期满后，无须支付停付期的利息。[③] 日本对此并不认可。日本认为段祺瑞所言关税问题与庚款问题并非目前中国窘境之根本，内争才是造成中国目前窘境的根本原因。5月20日，英国再次要求日本政府考虑。

尽管林权助再三向本野一郎强调中国所提要求有其合理性，而且"英国早已首先表示宽大意见，美国也主张提高海关税率要应尽量斟酌中国的立场"，"协约国对中国政府的回答，迟早必须提出"。如果日本政府此时对中国政府的要求不予回应，"中国政府和人民均将认识到帝国政府不可信任。结果，今后我国对中国的威信，当然受到莫大影响，而英、美方面或在幕后指出我方的无信，促使中国注意，亦属可能。果然如此，则与我方威信的下降成反比，英、美势力逐渐提

---

① 「中米同盟説ニ関スル件」（1917年5月7日、在中国林公使ヨリ本野外務大臣宛）、外務省編纂『日本外交文書』1917年第3冊、471—472頁。

② ［美］保罗·S. 芮恩施著，李抱宏、盛震溯译：《一个美国外交官使华记》，第196页。

③ 「英国政府ノ中国希望条件容認ノ提案ニ関スル件」（1917年5月13日、在本邦英国大使館ヨリ日本外務省宛）、外務省編纂『日本外交文書』1917年第3冊、480—482頁。

高，亦系必然趋势"。① 但日本政府此时仍然坚持参战"即为中国本身利益计，中国实有参加对德战争的必要"，而"在中德断交时立即向中国政府提供其所提出的希望条款，则目前时期尚非适当"。"即使协约国就其可能提供的援助向中国政府发表一次生命，对于促进对德宣战问题的解决，亦毫无裨益。"②

6 月 28 日，英国驻日大使再次照会日本政府，称"中国内政的困难现在即将消除"，"因而英国认为与德国交战中的各国，今天应就中国对德宣战问题协商其所应采取的政策"。"英国政府希望日本政府恢复最初的决心，同意协约国一致向中国政府提供此项援助。这一措施必将全面有助于中国政府，且使中国政府易于解决其参战问题。""英国政府准备在确知日本政府的同意以后，立即向美、法、意、俄各国发出照会。"③ 当时，中国政府正陷于府院之争，本野一郎认为不妥，拒绝了英国的提议。④

就在日本就庚款问题意见不决之时，中国政局因复辟问题再次发生纠纷。美国声明中国解决内政比其他任何国际关系问题都重要，而日本认为这是对中国内政的干涉。两国因此发生对立。

也是这一时期，日本外务省通过日本的英文报纸获悉芮恩施曾组"飞楔队"干预中国对德绝交之消息，极为震惊。日本比较关心的是美国干预的程度以及在中国的影响力。⑤

对于这一消息，林权助依然给予了非常否定的答案。他首先把布莱思称作是一个非常卑劣无耻的人，他说在接到本野一郎的问询之前，中国舆论界也出现了这一消息，并且他已经就该问题进行了核

---

① 《林公使致本野外务大臣电》（1917 年 5 月 18 日），章伯锋主编《北洋军阀（1912—1928）第三卷 皖系军阀与日本》，武汉出版社 1990 年版，第 146 页。

② 《日本致英国照会》（1917 年 5 月 23 日），章伯锋主编《北洋军阀（1912—1928）第三卷 皖系军阀与日本》，武汉出版社 1990 年版，第 148 页。

③ 《英国驻日大使致日本政府照会》（1917 年 6 月 28 日），章伯锋主编《北洋军阀（1912—1928）第三卷 皖系军阀与日本》，武汉出版社 1990 年版，第 149 页。

④ 《本野大臣致驻华林公使电》（1917 年 6 月 28 日或 29 日），章伯锋主编《北洋军阀（1912—1928）第三卷 皖系军阀与日本》，武汉出版社 1990 年版，第 149 页。

⑤ 「中独国交断絶ニ関シ米国側ノ裏面ニ関スル件」（1917 年 6 月 6 日、本野外務大臣ヨリ在中国林公使宛）、外務省編纂『日本外交文書』1917 年第 3 冊、503 — 508 頁。

实。7月1日美国公使馆一等书记官前往日本驻华公使馆拜访出渊书记官时提到关于布莱思的报道。该书记官称该报道极度夸张，给美国公使及其他在京美国人带来不少麻烦。布莱思的报道极具小说演义性，不知其意在何为。尤其该报道中有内容刺激了日本，美国公使馆对此感到遗憾。布莱思乃美国公使奉本国政府之命劝说中国对德断交时来到北京，对中国的情况并不清楚。他是以一种新奇的眼光在观察，于是写下了这篇"五千年来所未有"这种夸张的报道。林权助认为布莱思的报道值得一看，但其意义究竟如何暂且还要另做他论。他认为，2月初，美国公使接到美国政府劝告中国对德断交的训令以后，为完成这一使命使用各种手段暗自活动不足为怪。汪大燮对山本之谈话乃是汪的误解。因为布莱思报道已经表明此人在北京停留乃是2月上旬，也就是美国公使遵从本国政府训令独自劝告中国对德绝交之时。换言之，当时是美国公使一人在活动。而我国等协约国各方劝告中国对德断交时，布莱思已经离开了北京。因此中国3月14日宣布断交前后的消息，他并不知情，所以此次成为话题的报道对于3月的事情没有任何记载。汪大燮在对德断交在参众两院通过之前曾作为特使来到本国，他本人是在到达日本之后才知道3月14日的对德通牒。在出发前，或许他曾受到当权者的邀请商量过此事，但并没有深度参与。所以汪大燮极有可能把2月上旬的对德抗议完全出自美国的劝告，以及协约国的劝告亦起因于美国联系起来做出了对德断交乃是美国之影响的判断。不管怎样，在北京，无论是中国人还是外国人，但凡有一点政治眼光，没有人认为对德断交乃美国公使一人之功。①

　　然而，日本的报纸和"日本报刊驻北京的通讯人员"，"加紧散布各种报道"，称美国驻华公使馆"正在积极进行干涉总统与督军间的争执"，芮恩施与总统策划阴谋，甚至付出大量金钱，用来促成段祺瑞的下台；还说芮恩施"曾设法安排秘密大借款，用以协助总统党

---

① 「中独国交断絶ニ関スル米国側裏面運動問題ニ付同報ノ件」（1917 年 7 月 10 日、在中国林公使ヨリ本野外務大臣宛）、外務省編纂『日本外交文書』1917 年第 3 冊、518—520 頁。

羽";"未经国务院授权便私自将声明转致中国政府"等。^①

6月5日、9日、12日，美国国务院致电美国驻东京大使馆，否认并更正日本报纸上发表的关于芮恩施的不实传闻，同时命令芮恩施采取步骤，消除不实消息在北京造成的影响。^② 在林权助以及芮恩施的作用下，日本外务省做出让步，通知各报社注意对美国照会一事不再作出进一步的不利的评论。^③

1917 年 7 月，日本驻奉天的总领事赤塚正助致信本野一郎，称欧战之后马上面临讲和问题，应马上在中国确立统一的政府，以便在讲和会议尚就远东问题有利于日本，以资对抗列强在华的大规模经营。他认为在中国迅速建立与日本的特殊亲善关系乃为至关重要、紧急之事。赤塚与林权助的观点一致，支持段祺瑞，认为依靠段才能够迅速恢复中国的秩序，实现统一，期待文化的发展。赤塚也认为在华的日本驻屯军是造成中国对日猜忌和误解的源泉，况且中日地理位置的便利，不需要这么庞大的兵力驻扎中国，以给人侵华的印象。赤塚在这次信中提到放弃庚款，以作为对华教育、医院及其他慈善公益事业之费用。^④

或许是受到内外的压力，7 月 13 日，北京外交使团会议之后，日本在内阁决议中正式决定"庚款赔付将与中国协议成立之日起无息延长五年"。^⑤

8 月 14 日中国宣战以后，俄国、意大利表示难以接受庚款无息停

---

① 《驻华公使芮恩施致国务卿》（1917 年 6 月 12 日），章伯锋主编《北洋军阀（1912—1928）第三卷 皖系军阀与日本》，武汉出版社 1990 年版，第 168—169 页。

② 《国务卿致驻华公使芮恩施（电报）》（1917 年 6 月 13 日），章伯锋主编《北洋军阀（1912—1928）第三卷 皖系军阀与日本》，武汉出版社 1990 年版，第 169 页。

③ 《驻日代办惠勒致国务卿》（1917 年 6 月 14 日），章伯锋主编《北洋军阀（1912—1928）第三卷 皖系军阀与日本》，武汉出版社 1990 年版，第 169—170 页。

④ 「9 大正 6 年 1 月 10 日から〔大正 6 年 8 月 26 日〕」、JACAR（アジア歴史資料センター）Ref. B03030013600、对外政策並態度関係雑纂/对支那之部/本野大臣（極秘）松本記録（1‐1‐1‐3_2_4_001）（外務省外交史料館）。

⑤ 「中国参戦条件ニ関スル件」（1917 年 7 月 27 日閣議決定）、外務省編纂『日本外交文書』1917 年第 3 冊、523—524 頁。

付五年的要求①，林权助则从英国驻华公使那里得知美国对日本的这一承诺表示同意。②

日本在这一时期同意中国的庚款缓付问题，英、美的态度起了关键的作用。不仅如此，还需要注意的是，林权助为了扶植段祺瑞，希望日本政府尽量满足他的要求，本野一郎等却更加关注的是美国以及英国的态度。尤其是这一时期，英美在华侨民团体之间的亲密合作在许多会上都表现出来，刺激了日本的神经。芮恩施甚至把这一时期称作是"远东的美国人和英国人之间至今一直存在的最亲密的关系的开端"。③

接下来就是拟定庚款延期支付的协议。在这一问题上，林权助与本野一郎再次表现出分歧。

本野一郎的意见是因为该协议涉及国际法及日本国内法，所以需要先征询枢密院的意见，然后会同协约国各方拟定④，但林权助却认为此事只是因为出于对中国的同情而给予的恩惠，在条约上属于暂时性的特例，不需要征询枢密院。⑤虽然本野一郎称其本人同意不咨询枢密院，但内阁中有人认为需要经过枢密院的手续，所以让其稍等。⑥林权助无奈只好照此回复英国驻华公使，报告了日本目前的状况，请其稍等两三日。⑦ 11 月 9 日，林权助发给本野一郎修改后的庚款赔付

---

① 「中国ノ希望条件中赔偿金延期ニ对シテハ露伊両国同意困难ノ件」（1917 年 8 月 25 日、在中国林公使ヨリ本野外务大臣宛）、外务省编纂『日本外交文书』1917 年第 3 册、541 页。

② 「赔偿金延期ノ件ニ米国同意ノ件」（1917 年 8 月 25 日、在中国林公使ヨリ本野外务大臣宛）、外务省编纂『日本外交文书』1917 年第 3 册、541 页。

③ ［美］保罗·S. 芮恩施著，李抱宏、盛震溯译：《一个美国外交官使华记》，第 129—130 页。

④ 「中国参战条件ニ关スル协定案文作制方训令ノ件」（1917 年 9 月 25 日、本野外务大臣ヨリ在中国林公使宛）、外务省编纂『日本外交文书』1917 年第 3 册、562 页。

⑤ 「中国参战条件ニ关スル协定案文作制方训令ニ对シ再考方禀请ノ件」（1917 年 10 月 1 日、在中国林公使ヨリ本野外务大臣宛）、外务省编纂『日本外交文书』1917 年第 3 册、563 页。

⑥ 「赔偿金支払延期ノ协定署名暂时见合方竝右修正案电报方训令ノ件」（1917 年 11 月 9 日）、外务省编纂『日本外交文书』1917 年第 3 册、570 页。

⑦ 「赔偿金支払延期协定ニ署名见合方取计济及右修正全文电报ノ件」（1917 年 11 月 10 日）、外务省编纂『日本外交文书』1917 年第 3 册、571 页。

协议书：该赔款的支付自 1917 年 12 月 1 日起至 1922 年 1 月 1 日期间停付。期满后，可以要求分期偿还总额，至于偿还方法由关系各国自行决定。① 11 月 12 日，本野一郎将中国参战问题上庚款问题的赔付向寺内正毅做了汇报。② 29 日，寺内通知通过裁决。③

1917 年 12 月 5 日，英国驻华公使朱尔典向林权助称，当天他因其他事情与中国外交总长见面的时候，总长谈到庚款延期支付问题，他说协约国同意延期支付，中国政府不胜感谢。同时，关于此事中国政府目前最为担心的是期满后，停付期间的赔偿金的赔付方法及时间上万一关系各国要求一次性赔付，那么中国政府将陷于非常困难的窘境。因此关于该问题需要今天请求关系各国政府给予好意之考虑。对于赔付方法，法国公使表示期满后三四年内可分期偿还。意大利公使表示期满后（五年后）马上将停付期间的赔款全部还清。9 月 1 日公使会议上，曾经定下通过决议的方法及顺次延期偿还，到 1945 年全部还清，这一方法当时得到英国代理公使的赞同，但在各国公使之间没有达成一致。因此关于以上偿还方法，当时的折中办法是，期满后根据关系各国与中国政府之间的协议各自约定。林权助认为，此次既然外交总长提出这个问题，应该将其放在外交团的会议上进行讨论，而且延期期限的结束以及停付期间所有赔款的偿还，无论从中国政府的痛苦还是财政救助，都有违同意延期的精神。希望日本政府对中国的要求给予好意之考虑。④

12 月 15 日，中国外交部外交总长陆徵祥向林权助提出关于期满

① 「賠償金支払延期ニ関スル協定方式案修正ニ関スル件」（1917 年 11 月 9 日、在中国林公使ヨリ本野外務大臣宛）、外務省編纂『日本外交文書』1917 年第 3 冊、569 — 570 頁。

② 「賠償金支払延期ニ関シ協定ノ公文書案上奏ノ件」（1917 年 11 月 12 日、本野外務大臣ヨリ寺内内閣総理大臣宛）、外務省編纂『日本外交文書』1917 年第 3 冊、573 — 574 頁。

③ 「賠償金支払延期公文書案御裁可ノ件」（1917 年 11 月 29 日、寺内内閣総理大臣ヨリ本野外務大臣宛）、外務省編纂『日本外交文書』1917 年第 3 冊、577 頁。

④ 「賠償金支払延期期間ノ経過後ニ於ケル返済方法ニ関スル件」（1917 年 12 月 5 日、在中国林公使ヨリ本野外務大臣宛）、外務省編纂『日本外交文書』1917 年第 3 冊、578 — 579 頁。

后偿还方法的备忘录。大意是感谢各国同意延期，同时表示期满后一次性还清停付期间的所有赔款对中国政府有难度，希望各国能够同意将这期间赔款的偿还年限延长至 1940 年末至 1945 年末，如果在此之前中国政府有能力支付的话，将随时还清。林权助认为中国政府的理由充分，若日本政府通过则不日将提交公使会议上讨论，同时林权助明确提出，他个人希望能够直接对中国外交部表示同意。① 其实在此之前，林权助已经从英国驻华公使朱尔典处获知这一消息，并电告本野一郎，"美国早已减免部分庚款用作培养中国留学生的经费。现在美国留学回来的人胸怀亲美主义，联合志同道合之同志进行国事等方面的活动，而实际上人数最多的留日学生至今尚未组织团体，甚至经常听闻有留日学生对其所受教育之日本心怀恶感，积极参与排日运动。总之我教育机构为确立任何对华留学生的体系，接收学校受制于营利之私……"希望日本政府能够减免庚款或其他办法，迅速完善中国留学生之机构。② 可以看出林权助希望日本政府模仿美国放弃庚款。

12 月 21 日，协约国公使会议在北京召开，会上各国就中国政府的要求进行了讨论。英国公使称已经向英国政府提议希望能够满足中国的要求。法国代理公使称希望五年后以五年为期分期还款，意大利公使称五年后希望转换成现金或者借款的形式，一次性解决。比利时公使同意法国代理公使的意见。俄国公使称希望将以上意见折中。也就是说各国意见并不一致。此时日本政府尚未给出明确的意见。③

12 月 22 日，本野一郎将林权助的电报转至大藏省。④ 大藏省的

---

① 「賠償金支払延期期間ノ経過後ニ於ケル返済方法ニ関シ中国政府ノ申越応諾方稟請ノ件」（1917 年 12 月 17 日、在中国林公使ヨリ本野外務大臣宛）、外務省編纂『日本外交文書』1917 年第 3 冊、579 — 580 頁。

② 「分割 5」、JACAR（アジア歴史資料センター）Ref. B12081636900、各国派遣ノ清国留学生関係雑纂（B-3-10-5-6）（外務省外交史料館）。

③ 「賠償金延期額償還方法ニ関スル中国ノ要請ニ対スル各国ノ意向ニ付報告ノ件」（1917 年 12 月 21 日、在中国林公使ヨリ本野外務大臣宛）、外務省編纂『日本外交文書』1917 年第 3 冊、581 頁。

④ 「賠償金延期額償還方法ニ関スル大蔵省ノ意見問合ノ件」、外務省編纂『日本外交文書』1917 年第 3 冊、581 — 582 頁。

意见是，基本认同中国政府的理由，但是按照当前中国政府设定的期限，如果能够在期满后的 18 年内分期偿还的话更为妥当。但是，如果公使会议上其他各国皆对中国提议没有异议的话，日本政府也只能同意。①

1918 年 1 月 6 日，本野一郎将大藏省意见作为日本政府的意见转达给驻华临时代理公使芳泽谦吉。只不过增加了一条，先在公使会议上提出日本的建议，若其他各国倾向于中国的话，日本也不再坚持，若公使会议未能达成一致意见，日本政府则向中国提出十八年分期偿还的声明。②

1918 年 1 月 18 日，芳泽谦吉拜访英国公使，询问英国对日本提案的意见。该公使称，他已经接到英国政府同意中方延长至 1945 年的要求，一两日内将正式答复中国政府，希望日本政府采取与英国一致的意见，以便与英国同时答复中国。对此，芳泽称他得到的训令是如果关系各国意见一致的话，日本也将同意中方的要求，若不能取得一致，日方将提议十八年分期偿还。英国公使称，关系各国达成一致显然不可能，如果日英两国也不能一致的话，英国将在一两日内通知中国政府英国的决定。芳泽对此表示遗憾，并再次重申了日本政府的意见，称若如此则不必再等到公使会议召开，即可向中国政府转达日本的意见。③

1 月 22 日，芳泽谦吉向中国的外交总长陆徵祥正式提交了日本声明，称关于庚款停付期赔偿金的偿还办法，经去年 12 月 15 日林公使向帝国政府汇报以后，帝国政府向芳泽代理公使表示期满以后的偿还

---

① 「賠償金延期額償還方法ニ関スル大蔵省ノ意見回示ノ件」（1917 年 12 月 28 日、勝田大蔵大臣ヨリ本野外務大臣宛）、外務省編纂『日本外交文書』1917 年第 3 冊、582 頁。

② 「賠償金支払延期額償還方法ニ関スル日本政府ノ意向ニ関スル件」（1918 年 1 月 6 日、本野外務大臣ヨリ在中国芳沢臨時代理公使宛）、外務省編纂『日本外交文書』1918 年第 3 冊、外務省、1969 年、179 頁。

③ 「賠償金支払延期額償還方法ニ関シ英国公使ニ対シ同国政府ノ方針問質並日本ノ意向通報ノ件」（1918 年 1 月 16 日、在中国芳沢臨時代理公使ヨリ本野外務大臣宛）、外務省編纂『日本外交文書』1918 年第 3 冊、180 — 181 頁。

年限以 1923—1940 年止，此十八年间分年偿还为妥。①

公使会议直到 2 月 19 日才召开。法国和比利时要求期满后五年内偿还，意大利要求期满后立即偿还。②

第二节　日本内部放弃庚款之研议

1918 年 1 月 8 日，威尔逊在国会致辞中提出了被他称为"世界和平纲领"的十四点宣言给国际政治格局带来一种新的外交理论。时值"一战"即将结束之际，各国对于战后秩序均有自己的筹划，对于中国问题，日本朝野希望能改变既有外交套路，寻求新的突破。日本内部对如何放弃庚子赔款的讨论，正是在此种背景下出现的。

2 月 22 日，林权助委托日本外务省政务局第一课向寺内正毅以及本野一郎再次就对华政策提出自己的意见。他说，第一次世界大战结束以后，欧美列强必将重返中国，日本需要建立与中国的特殊亲善关系才能与之对抗。鉴于以往"二十一条"所造成的中国和欧美等国对日本的猜忌，希望日本能够放弃庚款，将之用作对华教育、医院及其他慈善公益事业。③ 林权助的建议这一次得到了日本外务省的支持，3 月 8 日，本野一郎向林权助发去一封内部备忘录，称为了实现中日两国相互的产业发展，日本外务省正在研究放弃剩余庚款以及如何用于中日亲善。④

---

① 「庚子賠償金五箇年延期額償還辦法ニ関スル件」（1918 年 1 月 22 日、在中国芳沢臨時代理公使ヨリ本野外務大臣宛）、外務省編纂『日本外交文書』1918 年第 3 冊、183—184 頁。

② 「賠償金支払延期額償還方法ニ関スル仏、白、伊各国ノ意向ニ関スル件」（1918 年 2 月 19 日、在中国芳沢臨時代理公使ヨリ本野外務大臣宛）、外務省編纂『日本外交文書』1918 年第 3 冊、200 頁。

③ 「15.〔大正七年二月二十二日 大正七年二月二十二日 在京林公使ノ依頼ニヨリ起草 寺内首相本野外相へ提出ノ答〕」、JACAR（アジア歴史資料センター）Ref. B03030277500、支那政見雑纂 第三巻（1-1-2-77_003）（外務省外交史料館）

④ 「10. 林公使ニ対スル内訓覚書」、JACAR（アジア歴史資料センター）Ref. B03030277000、支那政見雑纂 第三巻（1-1-2-77_003）（外務省外交史料館）。

　　这意味着，在林权助的建议下，日本政府对庚款的讨论从何时归还转变为是否退还以及退还之后的用途。换言之，在"一战"行将结束、威尔逊提出十四点原则以后，日本对庚款的讨论从以对华的经济怀柔政策，转变为以应对十四点宣言、恢复与增加国际信任为目的的层面来讨论。

　　林权助的这一提议此时能够得到日本政府的迅速回应，一方面与威尔逊的十四点宣言有关，另一方面也与寺内正毅组阁之初即已确立的对华方针有关。外务大臣本野一郎正是负责起草该方针的主要人物。在1916年底起草的《对华政策纪要》①中，本野一郎将恢复中日亲善与同美国协调定义为对华问题的两个关键。他说"一战"之后对华外交的根本是拉拢中国人心以应对重返东亚的列强。为顺应这一根本义，本野一郎除在废除治外法权问题上希望日本给予支持以外，强调要逐渐在中国重要的地方设置以中国人为对象的教育机构并增设医院。与此同时下功夫创办中文报纸及杂志，努力操纵利用中国人经营的舆论设施。同时，应收买一些日本人新闻记者及通信员与在北京、天津、汉口、上海、香港、广东等地的欧美人新闻记者及通信员相接触。在中国问题上，不应该将欧美人看作是日本的敌人。本野一郎认为，日本政府应给予驻华公使及各地领事更大的权利与资金上的支持，以用于与中国人及在华欧美人的接触和交往。日本的在华公使及领事虽然各自情况不同，但还缺乏与欧美人直接接触、交往的人。这方面的准备及手段还需要进一步反省和努力。除驻华公使及领事以外，也需要在民间选出优秀人物派遣至北京等南北重要的地方，发给他们相当数量的机密费，在中国官民之间不断从事活动。如果派一名有力量的人到北京在驻华公使的监督下，每年配给50万元机密费，其效果应该是巨大的。如果无法支出这50万元，10万元、20万元应该都是可以的。正式外交每年花费在电信等方面的开销高达数千万元却效果低下，是日本对华政策的一大弊端。现在北京《顺天时

----

　　① 「2. 対支政策覚書」、JACAR（アジア歴史資料センター）Ref. B03030012900、対外政策並態度関係雑纂/対支那之部/本野大臣（極秘）松本記録（1－1－1－3_2_4_001）（外務省外交史料館）。以下纪要相关内容皆出于此。

报》社社长龟井陆良、上海的宗方小太郎等在中国人中已经拥有相当
之势力，可用作对华新闻政策及参考之用，但没有此项之机密费，令
人遗憾。除了更加努力培养在华活动的人以外，还要关注在日本的中
国留学生的教育问题。没有人，再好的方案都无法实行。在解决中国
问题方面没有比培养人才更为急迫的事情了。此时宜综合官民力量将
东亚同文书院与东洋协会学校合并，扩大其规模。以往对于在日本的
中国留学生，教育上颇显散漫，此后应给予一定程度的取缔。给予驻
华公使及领事相当数额的交际费和机密费是本野最为看重的。他说目
前驻华公使及领事能够支配的宴会费及机密，数额太小，尤其是地方
领事甚至没有这笔经费。假如拨给驻华公使 5 万元，给奉天、上海、
南京以及汉口的领事各 1—2 万元，给天津领事 5000 元至 1 万元，给
其他领事 3000 元乃至 3000 元一年的交际费及机密费以便其活动，效
果不容小觑（1916 年 11 月 5 日）。①

对于日美两国在华的利益问题，本野一郎主张两国应在中国以大
资本事业为目的进行金融方面的相互提携与合作。他说中国人素来主
张远交近攻，如果现在放任美国资本流入中国，将来日美两国在华必
定会有利益上的冲突，成为影响日美邦交之祸源。这也是中国问题中
潜在的隐患。② 在本野一郎的计划中，考虑到了日美关系调整的必要
性，在对华问题上，要求日美两国实业家之间相互联系，并反映到具
体的事业上来。他建议在日美有识者之间尽快就日美经济提携问题达
成共识并促成这一舆论的形成。③

1916 年 12 月中旬，本野一郎起草了两项草案，其一是专门为实
现日中两国"亲善关系"而列举的准备性设施，本野将之称为对华
的公益性、慈善性、社交性设施，包括：①教育设施、②慈善事业的

① 「3. 对支策实行要目」、JACAR（アジア歴史資料センター）Ref. B03030013000、
对外政策並態度関係雑纂/对支那之部/本野大臣（極秘）松本記録（1－1－1－3_ 2_ 4_
001）（外務省外交史料館）。
② 同上。
③ 「4. 大正五年十二月中旬起草」、JACAR（アジア歴史資料センター）
Ref. B03030013100、对外政策並態度関係雑纂/对支那之部/本野大臣（極秘）松本記録
（1－1－1－3_ 2_ 4_ 001）（外務省外交史料館）。

经营、③社交机构的设置、④其他设施。①

1917 年 1 月 6 日，为顺应寺内正毅内阁的对华方针，本野一郎部署了提前需要的一些措施。其中有关对华慈善事业，他说从国民之间开始的由下而上的友好才能实现真正的日中亲善。而要实现这一目的，慈善设施的兴办是唯一的捷径。其中，他提到美国对华的慈善事业近年颇为显著，再过十年美国将成为中国社会的一大势力。在这些措施中，本野一郎还专门提到了中日记者的交流与互访，要求日本在华记者注意自己的态度，以减少中国对日本的猜疑，并建议在北京、上海创办日本的英文报纸。他说，在这两个地方有日本创办的中文报纸《顺天时报》和《东亚日报》，尽管在中国人中有一定的影响力，但却没有相应的外文报纸。尤其是当发生外交纠纷时，中国政府惯于利用外文报纸以博取外国人的同情，要与之抵抗，日本应该有自己的英文报纸，以便于向外国人或者通过外国人向中国人解释说明日本的立场与对华政策。②

本野一郎对急于趁"一战"之机将中国纳入日本囊中之侵略思想表示反对，他认为目前欧战，日本或许有机会扩大在华之权益，但一旦欧战结束，以日本之国力断不能永久维持这一成果。西方列强在华之势力纵然因大战有所衰退，但战后不出几年即将恢复原状，对于日本的在华利益也将不会坐视不管。鉴于此，本野一郎建议日本政府将维持中国的独立及领土完整作为日本对华方针的基础。③

在本野一郎的这一方针之下，1917 年 6 月，日本驻上海总领事有吉明以"上海的中国报纸其销路势力为中国各地报纸之冠。在帝国进

---

① 「4. 大正五年十二月中旬起草」、JACAR（アジア歴史資料センター）Ref. B03030013100、对外政策並態度関係雑纂/对支那之部/本野大臣（極秘）松本記録（1-1-1-3_2_4_001）（外務省外交史料館）。

② 「5. 对支方針大綱決定ニ伴ヒ施設スヘキ綱目」、JACAR（アジア歴史資料センター）Ref. B03030013200、对外政策並態度関係雑纂/对支那之部/本野大臣（極秘）松本記録（1-1-1-3_2_4_001）（外務省外交史料館）。

③ 「8. 对支方針ニ関スル閣議請求ノ件」、JACAR（アジア歴史資料センター）Ref. B03030013500、对外政策並態度関係雑纂/对支那之部/本野大臣（極秘）松本記録（1-1-1-3_2_4_001）（外務省外交史料館）。

行对华新闻政策上，关系最大"，但"尽管如此，这些报人中还很少有人来过日本游历，也不了解日本的实际情况，这令人感到非常遗憾。所以，如果有机会，将他们集合起来去考察我国的实际情况，可以说这是进行所谓中日亲善的方法之一"作为理由，提议组织上海新闻记者团前往日本考察。①

他提出的具体方法是，以东方通信社为发起方，由该社的波多博，他也是宗方小太郎的弟子作为总干事邀请平常与之颇有来往的《新闻报》社长汪汉溪、《神州日报》社长以及该社经理余谷民，商定于 8 月之交东渡。此后，中国发生复辟运动，接着南北对峙，各报社因"所倡导的主义、利害不同"，最初，只有《申报》《新闻报》《时报》《神州日报》《时事新报》《亚洲日报》六家报社同意参加。经过各方斡旋，英国人办的《新申报》、南方民党派的《中华新报》和《民国日报》最后也派代表参加，组成了上海全部报社代表团。11 月 24 日，代表团从上海出发。访日团成员包括：《中华新报》记者张群（张岳军）、《新申报》记者沈泊尘（沈滔）、《新闻报》总理汪龙标（汪汉溪）、记者冯镜蓉（冯以恭）、《亚洲日报》记者薛德树、《时事新报》记者冯世德（冯心支）、《申报》记者伍将公、《申报》营业主任张竹平、《民国日报》记者吴葭生、《时报》主笔包天笑（包公毅）、《神州日报》主笔余洵（余谷民）、东方通信社的波多博和佐佐布实直。②

日本外务省政务局局长小幡酉吉把这看作是培养日后中日亲善的有利时机，亲自向铁道院运输局长、大藏省主税局长（货物通关）、邮船会社社长（往返船票特惠）、长崎知事等写信要求协助。协助内容包括：①邮船会社船票优惠；②铁道院免费乘车；③各府县官厅给予方便；④海关提供帮助；⑤各地官民欢迎（报社、实业界尤其是商业会议所、政府方面），还包括分别设负责人担当相关活动安排及事

---

① 「6. 支那/3 大正 6 年 12 月 5 日から大正 7 年 3 月 26 日」、JACAR（アジア歴史資料センター）Ref. B03040857500、（1-3-2-36_001）（外務省外交史料館）。

② 「6. 支那/1 大正 2 年 12 月 1 日から大正 6 年 11 月 20 日」JACAR（アジア歴史資料センター）Ref. B03040857300、外國新聞記者本邦視察関係雑纂（1-3-2-36_001）（外務省外交史料館）。

务担当。① 因此无论是在交通还是接待、日程安排方面都异常周到。"所到之处无不受到当地人民盛大及热忱的欢迎"。②

上海总领事馆的这一活动，在缓和中日舆论紧张情形方面可以说取得了成效。当时，因日本青岛守备军在山东设立民政部引起舆论界的关注，但是在上海"新闻界完全看不到反日报道，对于日本的报道也大多克制"。《时报》主笔包天笑这样说：我等一行人在贵国受到欢迎的状况已经通过贵社电报传播到当地。我的朋友们甚至都为没有成为记者团的一员而懊恼。其实当知道我们打算去日本的时候，朋友及家人曾经非常担心我们会遇到什么样的接待，从这个结果不难想象他们有多放心。最近听说北京的记者团即将东渡，这完全是我们在贵国受到盛大欢迎刺激所致。浙江省决定派出教育视察团，也是我们记者团东游带来的机会。

北京的中日记者俱乐部代表朱淇、张炽章、楢崎贯一（大阪每日特派员）经由东方通信社东京支局对于赴日上海新闻记者团发来电报：

> 北京中日新闻记者俱乐部兹因确认贵视察团之赴日，裨益于中日报界之联络及两国之亲善甚大，本俱乐部夙望中日新闻之互相联络，兹特呈此电祝贵团之成效并谢日本朝野之欢迎。

上海新闻记者访日团回到上海后还以上海日报公会之名，召开了全报社共同的欢迎、慰劳会，感谢日本朝野对记者团东游时候的深情厚谊并协议以该记者团成员为骨干，在当地成立"日支俱乐部"。③

---

① 「6. 支那/1 大正 2 年 12 月 1 日から大正 6 年 11 月 20 日」JACAR（アジア歴史資料センター）Ref. B03040857300、外國新聞記者本邦視察関係雑纂（1－3－2－36_ 001）（外務省外交史料館）。

② 「6. 支那/3 大正 6 年 12 月 5 日から大正 7 年 3 月 26 日」、JACAR（アジア歴史資料センター）Ref. B03040857500、（1－3－2－36_ 001）（外務省外交史料館）。

③ 「6. 支那/3 大正 6 年 12 月 5 日から大正 7 年 3 月 26 日」、JACAR（アジア歴史資料センター）Ref. B03040857500、外国新聞記者本邦視察関係雑纂（1－3－2－36_ 001）（外務省外交史料館）。

1918 年 4 月 23 日后藤新平接任外务大臣以后，在中日精神亲善层面进一步发扬光大。后藤新平是日本最早提出推展对外文化和教育事业以促进对外关系的人。他受过科学教育，当过医生，提倡调查研究，所以有人称其为科学政治家。[①] 1914 年，后藤在一次讲演中第一次提出自己的殖民政策——"文装的武备论"。根据他的解释，就是"用文事设施以备他人之侵略，一旦有事兼可有助于武断的行动"。后藤新平总结在满洲的殖民经验，称"从教育上、卫生上、学术上，如非坚实地建成广义的文化社会，就不能说是完成了真正的文装的武备"。[②] 后藤新平对外实行文化政策的基本理念，据说可以追溯到他年轻时在德国留学时期。德国在普鲁士时期通过普法战争获得了法国割让的阿尔萨斯地区。德国为了笼络人心，在此之后，将本国众多接触的科学家和学者派往阿尔萨斯的高等学府——斯特拉斯堡大学。后藤新平认为，德国的这些举措使斯特拉斯堡大学化身为一个展示德国先进科学技术的"大橱窗"，从结果上使法国对德国的敌对态度有所削弱。后藤为此而感叹道："普法战争之后的德意志，依靠其教育政策及学术霸权而得以消除法兰西人的反动之心。这难道不足以成为帝国在满洲问题上的借鉴吗？"后藤新平认为，日本很难像德国等西欧列国那样依靠宗教来维持对殖民地的统治。因为日本不具备类似基督教那样具有向心力的宗教。既然如此，日本就应该通过其他的"文明形式"，通过文化上的同化手段来征服他国，并使这些落后的国家走上文明开化的道路。后藤在同时期的著作中提出，"若能够以现代科学来启发支那民族的智性，那将远胜于昔日以宗教驯治未开化民族之略"。[③]

在本野一郎和后藤新平的支持下，由外务省、政务局和日本驻华

① 关捷主编：《日本侵华政策与机构》，社会科学文献出版社 2006 年版，第 206 页。
② 同上书，第 205 页。
③ 「義和団事変賠償金放棄問題ノ経過」、JACAR（アジア歴史資料センター）Ref. B06150087400、義和団事変清国償金授受一件/参考書（2 - 2 - 1 - 0 - 2_ 3）（外務省外交史料館）。

外交官共同推进的中国记者访日活动又举行了两次，直到五四运动爆发。①

但无论是本野一郎还是后藤新平，在寺内正毅执掌内阁时期在对华问题上都不具有决定性的权力。真正能够发挥作用的是寺内正毅、胜田主计、西原龟三以及临时外交调查委员会（以下简称"外交调查会"）。

寺内正毅对外交权力的控制源于对加藤高明倡导的"外交一元化"的否定。在这一点，他与日本元老的看法一致，认为"外交一元化"不符合战时需要，对外政策应该举国一致。因此，1917 年 6 月 6 日，寺内正毅设立外交调查会，"对有关时局的重要案件进行考察和审议"。② 外交调查会直属天皇，极大地削弱了外务省的权力，"外交大权从外务省脱离，外务省仅成为办理外交事务的官厅"，外交人员被置于无责任的地位。据说"外务大臣本野一郎，或是后藤新平，在寺内面前简直可以说抬不起头来"。"外务省的次官和政务局长等，即使在外交方面相当老练，或是出色人才，一旦遇上寺内，都被当作仅执行具体外交事务的官员来对待，几乎并不放在眼里。"外交调查会设立之后，"诸如寺内内阁的援段政策、劝告中国参战、日中陆海军共同防御协定、对华经济援助贷款（通称西原借款）、出兵西伯利亚等外交政策，都是先在这个外交调查会上讨论决定其根本大纲，然后再形式上作为内阁会议决定的事项，责成外务省来实施"。③

1918 年 5 月 23 日，胜田主计致电后藤新平，就林权助提出的退

---

① 「6. 支那/3 大正 6 年 12 月 5 日から大正 7 年 3 月 26 日」、JACAR（アジア歴史資料センター）Ref. B03040857500、外国新聞記者本邦視察関係雑纂（1-3-2-36_ 001）（外務省外交史料館）。

② 外務省百年史編纂委員会『外務省の百年』上巻、原書房、1980 年、661 — 663 頁。中文翻译参见祝曙光《徘徊在新、旧外交之间：20 世纪 20 年代日本外交史论》，人民出版社 2013 年版，第 27—28 页。但是有学者指出，寺内正毅的这一举措，其实是对军部、元老以及外务省自身改革的折中做法。石原直昭「大正初期の外政機構—二局四課制の確立から臨時外交調査委員会設置に至る過程」、『社会科学ジャーナル』20（1）、1981 年 10 月。

③ 外務省百年史編纂委員会『外務省の百年』上巻、665 — 666 頁。中文翻译参见祝曙光《徘徊在新、旧外交之间：20 世纪 20 年代日本外交史论》，第 28 页。

还庚款问题指出，美国政府 1898 年把部分庚款归还中国用于教育，受到中国朝野上下的高度评价。但今天帝国征服同样归还或免除庚款，却未必能像美国一样得到中国官民的欢迎。因为美国给中国的印象是对中国没有野心之友邦，素来在中国人中颇得信任，恰逢归还庚款，则似锦上添花，更得到中国人之好感，而不是因为归还而得到欢迎这般简单。相较之下，帝国政府、民间的言论与行动都让中国感到日本对中国政治经济存在莫大之野心。因此，即便今时帝国征服出于美好单纯之心意提出放弃庚款，亦不同于美国。中国上下首先会怀疑日本的动机和真实意图，怀疑日本对中国还有其他更大的野心，由此或许会生出许多议论造成与日本预设完全相反的结果。不过，胜田主计没有否认放弃庚款在促进中日亲善方面的有效性，他认为，如果将其用于慈善公益性设施，如学校、医院、留学生等方面，或许会成为增进与中国大多数国民亲善和睦的最便捷之径。① 与此前本野一郎 3 月 8 日给林权助的回电一致，胜田主计亦提出应将部分庚款用于开发产业之目的。

5 月 29 日，后藤新平委托西原龟三将其草拟的放弃庚款等具体方案交与林权助。其内容包括放弃庚款以用作：奖励棉花种植、绵羊繁殖，充作地质调查、振兴实业教育之费用，以及为此开设的特别机构，聘用帝国政府推荐的技师及讲师。②

日本政府的回应显然与林权助所期望的并不相符。6 月 5 日，林权助回电后藤新平，他肯定了其退还庚款之态度，但是却不赞成后藤新平所提出的附带条件。他认为，退还庚款只需要向中国政府做一声明且经过议会讨论即可，其适用范围即实业教育及其他普通教育或者

---

① 「対中国諸借款及日本ガ今後受領スベキ団匪賠償金ヲ中国ニ還附シ中国産業開発ニ使用セシムルコトニ関シ西原ニ対スル指示事項通報ノ件」（768　5 月 23 日勝田大蔵大臣ヨリ後藤外務大臣宛）、外務省編纂『日本外交文書』1918 年第 2 冊下冊、801 — 802 頁。

② 「中国開発ノ為団匪賠償金免除、対中国借款、中国ノ製鉄官営主義及鉄道速成等ニ付中国政府卜協議開始ノ件研究中ナル旨通報ノ件」（771　5 月 29 日　後藤外務大臣ヨリ在中国林公使宛）、外務省編纂『日本外交文書』1918 年第 2 冊下巻、807—808 頁。

卫生事业，而不应带有交换条件的意味，如此将来才会看到成效。①

　　林权助的看法在外务省得到了负责对华事务的政务局第一课的赞成。1918 年 8 月初，第一课课长小村欣一指出"以往我国政府多急于我之所求，而不考虑中国民心之所向。前些年美国将部分庚款归还中国，得到中国朝野上下超乎寻常之欢迎。他们认为美国与我国不同，对中国没有野心，而紧紧抓住了中国朝野的信任"，建议日本政府也将部分庚款用于中国所希望之处。②

　　1918 年 9 月 13 日，章宗祥与后藤新平就建立中国国营制铁厂一事进行协商过程中表示，制铁厂仅凭日本借款难以满足，不如将庚款问题借由此事一并解决。这一建议在当天的内阁会议上得到认可。

　　此次后藤新平表示坚决反对。后藤认为，如此会有将庚款置于开发中国产业之名目下，事实上成为与中国国营造铁厂问题相交换之感。中国政府的这一提议对日本而言乃极为轻视之举，若日本政府甘之若饴，不仅无法向中国朝野传达日本帝国真实好意之精神，还有损日本之威信。原本，放弃庚款乃是日本需要从世界大势以及对华外交之大局出发考虑决定的重大问题，而非为解决诸如此次铁矿问题这种单一的特殊问题。外务省的看法是，放弃庚款问题是日本为实现中日经济提携而应尽力满足的物质、精神手段。将庚款用于慈善事业乃是改善中日关系，获得中国人民信任之"最捷径"。但至于放弃的时间及实行办法需要综合国际及中国情况慎重考虑。③

　　据西原龟三记载，将退还庚款与中国利益进行交换在寺内正毅、胜田主计和西原龟三三人中已形成共识，此时后藤新平表示反对，西

　　①　「团匪赔偿金免除、対中国借款等ノ日中交涉案件ニ関シ意见缕陈ノ件」（1918 年 6 月 5 日、在中国林公使ヨリ后藤外务大臣宛）、外务省编纂『日本外交文书』1918 年第 2 册下卷、824 — 826 页。

　　②　「8. 支那ニ於ケル治外法权撤废ノ必要并其帝国ニ及ホス利益及右撤废ニ関スル措置」、JACAR（アジア历史资料センター）Ref. B03030276800、支那政见杂纂 第三卷（1 - 1 - 2 - 77_ 003）（外务省外交史料馆）。

　　③　「兴业银行等三银行及中国政府间ノ中国国立制铁借款契约ニ付阁议请求ノ件　附记二　制铁厂借款等ニ関スル外务省意见」（1918 年 9 月 13 日　后藤大臣ノ命ニヨリ起草提出）、外务省编纂『日本外交文书』1918 年第 2 册下卷、923 — 925 页。

原认为"在于后藤前在内相任内，曾提出退还庚子赔款，投入大学、医院、美术、经济等方面兴办事业，要求章宗祥向徐世昌、段祺瑞征询意见"。①

对于林权助、政务局第一课的建议，寺内正毅并不接受。1918年9月18日，寺内正毅派众议院议员野田卯太郎前去拜见即将就任首相的原敬，希望在即将召开的外交调查会上，把放弃庚款以换取中国对日的一些有益条件作为草案通过议决。② 9月19日，在外交调查委员会上，委员伊东已代治提议"在适当的机会及适当的条件下，放弃庚款"。两天后，后藤新平向章宗祥递交非正式照会，宣称"帝国政府为增进中日邻交，表彰其眷眷之衷情，兹经内定于适当时机抛弃（庚）子赔款之请求权，至办法当更加考量决定"。③

第三节　巴黎和会的召开与文化政策的确立

寺内正毅在任期内未能实现退还庚款以用于产业开发，意味着当时已经有势力认识到在经济提携政策以外，需要另一种政策以实现中日亲善。军方的代表人物、时任陆军参谋次长的田中义一便是其中之一人。

1918年9月16日，西原龟三得知因后藤新平反对退还庚款未能与制铁厂合同一并解决之后，曾特意拜访田中义一商讨办法④，但田中义一的意见显然与之不同。

中国参战问题发生以后，田中义一从5月开始到青岛、济南、南京、上海、大冶、汉口、北京、天津、奉天、旅顺进行考察。这次旅

---

① 王芸生编著：《六十年来中国与日本》第7卷，第234页。
② 原圭一郎编著『原敬日記』第8卷、32页。
③ 「（九）大正七年九月二十一日後藤外相ヨリ章公使ニ手交セル非公式覚書/（十）大正七年九月章公使公文」、JACAR（アジア歴史資料センター）Ref. B02130015200、義和団事変賠償金還附問題/支那問題参考資料 第九輯（亜−8）（外務省外交史料館）。
④ 王芸生编著：《六十年来中国与日本》第7卷，第234页。

行促使他对寺内内阁的对华政策开始反思，即经济提携政策能走多远？9月，他根据这次视察后的感想写作完成了《对支经营私见》。①10月，该意见书传到外务省政务局一课。

田中义一在这份类似于考察报告的意见书中，开头就指出寺内内阁上台以来极力倡导的经济提携，乃是"为了投中国政府之所好的权宜之计"，"随着今后时局的变化恐难有所成效"。他注意到中国的内乱使得"中国人民已经开始觉醒"，在这种情况下，欧美人尤其是美国人通过教育、医疗等慈善事业博得了大多数中国人的好感，而在华的日本人，商业上"完全不考虑中国人的利益，全部采用垄断的态度"；在日常生活中"各种事业遵循的是凡事都雇用日本人的'泛用主义'，完全排斥中国人，甚至连下人都全部由日本人来充当"；还有"日本奸商深入中国腹地，隐藏于日本法权之袖口内，出现许多对中国人进行欺瞒诈骗的事情"。尤其是大隈内阁时期强加给中国的"二十一条"大大刺激了中国人，"没有想到大隈会是一个把'二十一条'强加给中国的首相，再也不要信任日本人了"。② 这样在中国人心中形成了这样一种观点，即"日本人在华的事业经营只是与欧美人相互竞争，以获得中国的利权，完全不考虑帮助扶植中国人摆脱外国列强的羁绊，也没有诚意帮助中国人获得实业上的发展"；"日本人的计划表面是似乎也给中国人带来了利益，但背后却伴随着各种各样的危险，企图从根本上夺取中国人的利益，削中国人的肉，舐中国人的骨"；"日本人蔑视中国人，把强压手段作为唯一实行的商策"。

田中义一通过以上这些与中国普通商人、文武官员的谈话，真正认识到在中国人"心中堆积了怎样对日本人的不信任、猜疑、恶感等"，从而了解到"经济亲善提携不容易实现，也不适宜"。"如果想要两国实现真正的亲善和具有诚意的提携，首先需要追求两国国民相互精神上的亲睦，完成形而上的结合乃是当前最紧要的事情"，并把

---

① 「2. 大正6年9月1〔对支经营私见〕」、JACAR（アジア歴史资料センター）Ref. B03030233300、建言雑纂 第二卷（1-1-2-46_002）（外務省外交史料館）。
② 米沢秀夫「对日ボイコットと民族ブルジョア階級」、『中国近代化と日本』中国研究所紀要第2号、社団法人中国研究所、1963年10月、162頁。

"精神上的亲睦"看作是日中亲善的根本因素。

在田中义一访华期间，一些在华的日本侨民以德国为例向其分析文化政策的重要性。涩川玄耳①就是其中一位。涩川是一名战地记者，有过日俄战争随军记者的经历，日德战争之后留在青岛做青岛守备军的民政顾问。1918 年 6 月，他写了一篇《山东的日本人》② 的文章批评青岛守备军的统治不注重软实力的建设，所以才会引起反日情绪，才会导致青岛的发展不尽如人意。他说：

> 医院设备不完善。……
>
> 学校、图书馆、新闻杂志也不全。用作日本人教育的小学、中学、高中女校等都大致完成，但是由于当地的情况还是需要一些进行简单教育的机关。中文教育极为必要，但目前还只是一些很幼稚的团体。需要安排一些专业教员不分昼夜提供学习。同时还需要一些只教授中文的速成班。虽然对中国人教育问题上并没有那么需要卖力气的义务，但是作为日本的政策，把照顾他们作为扩张日本势力的一个政策也是不错的。德国设立了一所大学，用德文教授法律、医学、农业、工科，最近还设立了新闻科。日本占领青岛后，我们有感于需创建一些教授中国人高等教育的私立机关，虽然也曾做过不少策划，但最终没能成事。但这些也可以依靠政府的力量完成。日本没有像欧美等国那样强有力的宗教，所以在对中国人教育上无法模仿他们的宗教。为了日中两国的将来，政府应该以国费建设这些设施。德国认识到这一必要

---

① 原名：柳次郎，1872 年 5 月 28 日—1926 年 4 月 9 日。涩川是生于佐贺县的报人，自国学院、东京法学院退学后通过律师资格考试，日俄战争时作为熊本第六师团法官部理事出征。1907 年进入东京朝日新闻社，历任社会部长，1913 年辞职。日德战争时期他作为博文馆特派员被派往战场就地采访，1914 年博文馆出版的《欧洲战争实记》几乎全部出自涩川之手。战后他继续留在青岛，担任青岛守备军的民政顾问。参考佐藤卓己「メディアの中の青岛要塞攻围战」、千田稔、宇野隆夫编『東アジアと「半島空間」─山東半島と遼東半島─』、思文閣、2003 年、265 頁。

② 渋川玄耳「山東と日本人」、『新日本見物台湾・樺太・朝鮮・満州・青島之巻』、金尾文渊堂、1918 年、358 － 360 頁。

性，花费了数十万马克，其效应在今天的华北依然成为一股强大
的势力。

田中义一参考了他们的建议，通过各种统计数字对欧美人在华教
育、医疗、新闻杂志等设施上的成绩作了直观性比较，指出日本在这
方面存在严重不足。他把欧美在这三方面的活动没有看作是普通的为
扩张势力而做的事业，而是提升到使"中国青年思想欧美化"的文
化政策层面。文中，他把教育看作是向中国输入日本文化的重要途
径，是在思想上培养中国青年亲日意识的根本要素，是"当务之急中
的当务之急"；认为医疗机构"在中国至关重要，是连接（中日）彼
此心灵的最佳方法"；主张应该发展新闻杂志在"对两国各种关系问
题作更为具体或者理论性的研究、解释以促进两国经济提携"。

需要注意的是，田中义一与林权助的关系非常密切。尤其是在对
华问题上，在林权助就任驻华公使之前，田中义一曾向其详细分析了
中国的现状并获得了林权助的高度信任。[①] 1917 年 10 月田中的这份
意见书到达外务省政务局第一课。

1918 年 9 月 29 日，原敬组阁当天，田中义一亦表示"关于未来
的日中两国关系，应该在精神上相互团结、合作，为此必须加深相互
了解"。[②] 在对华问题上，原敬注意与美国的协调。"一战"爆发以
前，他曾对欧美进行访问，认识到美国文化的巨大影响力[③]，并认为
"一战"以后列强在中国的势力均衡将发生大的变化，日本应该在这
种变化对东亚产生影响之前调整政策。"二十一条"出台时，其领导
的政友会明确批评大隈的这一举动将影响日本与美国等其他列强的关
系。[④] 他认为，在保证日本在华权益的前提下，应"采取不引起美国
阻碍的政策""一旦与美国有事，欧洲不足倚靠，应采取即便做出一

① 林権助『わが七十年を語る』、第一書房、1935 年、309 頁。
② 王芸生编著：《六十年来中国与日本》第 7 卷，第 237 页。
③ 原圭一郎编著『原敬日記』第 4 卷、乾元社、1951 年、46 頁。
④ 井上寿一『日本の外交』、信山社、2005 年、189 頁。

些牺牲也要保持与美感情的政策"。①

在 10 月 29 日召开的原敬第一次内阁会议上，外务省就对华借款尤其是西原借款善后措施提出备忘录，其中关于放弃庚款问题表示应在南北统一之前确立实行的时机，审议立案实行办法。放弃庚款问题应以崇高的道义为基础，而非与纯粹经济设施相关的性质。需要以此构建融合中国国民感情，谋求中日精神接触的文化共益政策的基础。②

11 月 11 日，在外务、大藏、农商务三省会议上，寺内正毅内阁时期的政务局局长，原敬内阁时期担任驻华公使的小幡酉吉指出，日本在对华外交上应着重注意以下四个问题：①从根本上解决中日之间存在的误会，因此要放弃以往的侵略主义，以万事公正的态度对待中国；②鉴于在华外国人对日反感日益增强，应在政策上避免采取无视外国人权利，有害其感情的行为；③过去较明显的事实是日本在对华外交上的措施缺乏统一而招致不利，今后应统一对华外交机构；④日本存在南方派、北方派、宗社党及利权主义者或文化主义者等，不知其对华见解归一之所在，如此，实行日本政策则为难事，希望能够尽力统一国家舆论，至少应对新闻舆论进行统一指导，以便于统一日本的对华态度。外务大臣内田康哉对此深表同意。此次会议还就放弃庚款问题进行了讨论：此事关于国库往储蓄部填补资金，经议会协商，目前尚未确定放弃的时间。展缓庚款已定为五年，期满后是否决定放弃，实际上并不影响国库收入，因此在下次议会应提出该案，进行协商。③

面对即将召开的巴黎和会，外务省政务局第一课起草了一份《讲和的基础条件对帝国在东洋地位的影响》，明确指出如果十四点宣言中"成立一个以国家不分大小、相互保证政治独立和领土完整的国际规约"实现，将会影响到日本对中国的优越地位。作为对策，认为日本在对华政策上首先要做的就是"积极采取以日中共存利益为目的的

---

① 原圭一郎编著『原敬日记』第 4 卷、41 頁。

② 「对中国借款問題ニ関スル外務大藏及農商務三省会議ノ議事及決議ノ件」（1918年 11 月 11 日）、外務省编纂『日本外交文書』1918 年第 2 册下卷、958 頁。

③ 同上书，第 951 — 952 頁。

文化政策，以顺应世界的大势"。① 这应该是日本外务省第一次提出把"文化政策"作为对华政策的主要内容。

11月30日，外务省政务局第一课课长小村欣一再次就巴黎和会将会对日本产生的影响及日本应采取的对策进行了分析。小村认为巴黎和会上与日本命运相关的即是中国问题。而在这一问题上，日本给世界造成的印象是侵略性的、有武力倾向的国家。由此导致当前欧美国家将牵制日本，使中国以平等身份跻身国际社会作为世界发展的趋势。为消除这一印象，避免日后日本孤立于国际社会，日本应在巴黎和会召开之际，与英美保持一致，如此才是"顺应大势"之所为，才能获得国际社会及中国朝野的欢迎。作为具体的应对措施，小村提出应放弃庚款，因为庚子赔款在中国历史上不仅是一个重大的污点，也是造成中国财政窘迫的重要原因之一。② 所以日本应放弃并劝说其他列强放弃庚款，将这部分资金用于对华的教育事业、医院以及其他慈善公益事业。② 小村欣一甚至拟定了详细的《对华团体组织计划》，其内容是以英美德意等计划为蓝本，在华设置相关的研究团体。③

但是，原敬的对美协调在巴黎和会召开以前与外务省政务局第一课所主张的完全"顺应大势"有所不同。在对华问题上，原敬始终没有放弃扩张的政策。④ 在山东问题上，原敬希望首先从德国获得山东权益，然后以1915年和1918年的中日密约为基础，在中日两国之

① 「18. 講和ノ基礎条件ノ東洋ニ於ケル帝国ノ地位ニ及ホス影響ニ就テ」、JACAR（アジア歴史資料センター）Ref. B03030277800、支那政見雑纂 第三巻（1-1-2-77_003）（外務省外交史料館）。这份文件没有写明起草时间，据熊本史雄论文判断为1918年10月至12月。

② 「20. 講和会議ノ大勢カ日本ノ将来ニ及ホス影響及之ニ処スルノ方策」、JACAR（アジア歴史資料センター）Ref. B03030278000、支那政見雑纂 第三巻（1-1-2-77_003）（外務省外交史料館）。

③ 「15. 対支団体組織計画」、JACAR（アジア歴史資料センター）Ref. B03030215000、帝国諸外国外交関係雑纂/日支間ノ部 第三巻（1-1-2-12_1_003）（外務省外交史料館）。

④ 服部龍二「パリ講和会議と五・四運動」、『千葉大学社会文化科学研究』3、1999年2月、3—25頁。服部龍二「協調の中の拡張策—原内閣の在華権益拡張策と新4国借款団」、『千葉大学社会文化科学研究』2、1998年2月、7—32頁。

间就归还问题进行协商。① 但美国对"二十一条"已经明确表示反对，而 1918 年的密约亦违反威尔逊提出的十四点原则。

1919 年 1 月 29 日原敬在众议院预算委员总会上明确表示庚款在何时以何种方式放弃尚属悬案，待日后再决，② 表明其并没有"变更寺内内阁当时之意向"。③

美国驻华公使芮恩施注意到原敬的意图，他在给美国国务院的报告中猛烈抨击"一战"期间日本在对华政策中不惜使用一切手段，拉拢腐败的中国政客官僚以获取更多的利益。他认为如果美国对此不表示拒绝的话，将会使日本破坏世界和平甚至重新引起战争。他认为原敬内阁所谓的调整政策，只不过是换汤不换药的把戏。他提醒美国要顺应中国民意，不要辜负了中国对美国的期望。④ 但是，由于威尔逊等的妥协，日本继承了德国在山东的权益，在中国引发了全国范围的反日运动。

中国的反日运动，尤其是反日运动中在华美国人的参与，为日本政府重新审视政务局第一课"顺应世界大势""采取以日中共存共益为目的的文化政策"的建议提供了机会。

反日运动中，中国政府在巴黎和会召开前后实施的宣传战以及美国在华的反日舆论不断通过中国驻华、驻美外交人员传到日本。1918 年 11 月 30 日，上海日本领事有吉明向内田康哉外务大臣报告说，最近上海的中国人之间的亲美热潮日渐高涨，其中《大陆报》《密勒氏评论》等美系新闻杂志根据北京通信等消息积极刊登反日消息值得关

① 「山東省に於ける諸問題処理に関する交換公文」（1918 年 9 月）、外務省編纂『日本外交年表竝主要文書』上卷、464 頁。

② 「義和団事変賠償金放棄問題ノ経過」、JACAR（アジア歴史資料センター）Ref. B06150087400、義和団事変清国債金授受一件/参考書（2－2－1－0－2_ 3）（外務省外交史料館）。

③ 陈振民：《其四》，《教育杂志》第 15 卷第 3 期，"庚子赔款与教育"，1923 年 6 月 20 日，第 49 页。

④ Reicsch to Frank Lyon Polk, 6 January 1919, U. S. Department of State, ed. , *Papers Relation to the Foreign Relations of the United States 1919: The Paris Peace Conference* (hereafter *PPC*), Vol. 2, 520 - 525. 这份报告于 1919 年 1 月 10 日送到了美国前往巴黎和会的代表团手中。

注，可以推测以上活动在一定程度上是有组织的。他说，有消息称《密勒氏评论》从美国政府获得了补助金，与现任总统有着"私人友谊"的克雷恩（Charles R. Crane）在访问上海期间积极与各方面中国人接触并在各处集会上进行演说，宣扬美国热尤其是"威尔逊"热。克雷恩在 11 月 28 日傍晚在商务总会举行的演说中称，"现在正值中国从以往被其他国家掠夺的权利的时候，应派遣非常有力量的使节"，让同盟国充分了解中国的情况及所受的不公并鼓励中国，让他们相信"和会应该对世界问题作出讨论和决定"。有吉明还报告了美国在密勒氏评论报社成立"公共信息委员会远东分处"，美国驻上海总领事馆参与经营并免费向各通信社提供消息的事情。密勒今天将赴日本，与克雷恩会面后前往参加巴黎和会。[1] 日本政府由此意识到美国的反日舆论与中国联系到了一起。

如前所述，新任驻华公使小幡酉吉在上任之初即分外重视舆论在对华外交中的作用。尤其是在他上任以后，便遭遇了"小幡日使恫吓事件"的舆论风波，更促使他迅速做出应对。1919 年 4 月 14 日，日本外务省政务局第一课拟定出一份日本新闻政策改革方案。[2] 该方案共有九项内容：第一项是计划案的序言，论述的是"改革对华新闻政策的必要性（附对欧美设立通信社之必要）"；第二项"计划要领"简单介绍计划案的概要；第三项专门介绍报纸；第四项介绍通信；第五项是"操纵机构（附宣传协会）"的介绍；第六项论述如何培养记者；第七项和第八项论述该计划案实施时所必需的 1919 年度预算修正案以及一些参考资料；第九项"在京新闻及通信之间的联络"介绍第七项预算以外的措施。

政务局第一课认识到，新闻机构已经成为在国内、国际政治上

---

① 「上海地方中国人ノ親米熱ト米国系新聞雑誌ノ排日記事ニ関シ報告ノ件」（1918年 11 月 30 日、在上海有吉総領事ヨリ内田外務大臣宛）、外務省編纂『日本外交文書』1918 年第 3 冊、643 — 644 頁。

② 「1./2 新聞政策ニ関スル新計画案」、JACAR（アジア歴史資料センター）Ref. B03040600400、新聞雑誌操縦関係雑纂（1 – 3 – 1 – 1_ 001）（外務省外交史料館）。以下有关计划案的内容均出自该资料。

拥有巨大势力、影响外交的一个枢纽，能否对这些机构巧妙利用对外交政策影响极大。尤其是巴黎和会上，中国外交官对舆论的利用，使他们注意到中国人利用新闻的倾向愈来愈大，新闻报道及言论的权威性明显增强，所以新闻和通信在中国已经越来越成为卓有成效的宣传机关。"如今中国人眼界渐开，对国际政治的理解也大有进步。镇压或者预防有可能阻碍我对华政策，或者在他们中间寻求我们的支持者，需要我们的对华政策本身以公明正大作为根本要义。然而所有公正的政策和与之相随的各种设施需要充分的解释。今后我们的对华外交不应该只是在两国政府当局之间进行秘密的交涉。政府按照其政策指导国家舆论，同时积极进行对华宣传，以让中国国民能够更好地理解我国政策的由来、意义，让他们知道这一政策的实行乃两国共存的福祉，由此可以维持东洋之大局。"不仅如此，政务局第一课还认识到"日本的对华政策以及各种大小设施都会因为误会、不明真相或者各种外国公然亦或隐秘的鼓动而引来中国官民的反抗，从而受到牵制"，如果继续对中国的这种反抗置之不理，将会付出更大的代价。

日本人始终认为在中国的反日浪潮中英美人的煽动作用是一个非常大的因素，此次制定的新闻政策中，自然也包含了应对英美人的涵义。政务局第一课提出："中国问题现在决不是东洋偏僻一角的问题，实际上是一个全世界的问题。换言之，不推动世界舆论，中国问题决不可能解决。"外国对华的宣传，不局限于只在中国宣传，在欧美国家也利用一些有势力的新闻、通信，在中国问题上推动各国的舆论，效果显著。中国人已经适应了这一趋势，为维护中国利益，近来积极在国内、国外向世界舆论发声。日本也应在欧美等国际政治中心设置机构进行有关中国问题的宣传。

政务局第一课的看法得到了陆军的支持。1919 年 7 月 20 日，中国驻屯军总司令官致函田中义一，称"反日运动日渐激烈，仅凭军费不足以适应时局，如此放任，帝国所蒙受损失将会更大，经与总领事协商，劝说当地有实力的会社，以官民一致操纵在华新闻，为缓和反日运动而努力"。5 天以后，参谋次官回函同意了驻屯军的要求，但希望陆军表面上不要主动推动此事，因为"该事本属外交事务，不应由军部直接干涉。当然如果陆军处于主动位置推动这一事情的话，反而会招来中国人的猜忌"，需要由总领事暗地给予方便。[①]

《益世报》风波发生以后，驻屯军司令官金谷范三在天津设立英文报纸，创办之前，为此专门拜访驻华公使小幡酉吉，希望其给予支持与帮助。11月21日，中国驻屯军总司令官南次郎向陆军大臣田中义一就天津的情况提出建议，要求改善对中国在日留学生的指导及待遇、主要发展在华医院及医疗设施、补助在天津的日语学校、发展宣传机构、与英美两国相互合作、不要过早更换军队司令官及幕僚。[②]

也就是说，第一次世界大战末期，在政务局第一课的主导之下，文化外交的重要性在日本政府及陆军都得到了认可。虽然在当时还没有具体的以文化事业为名目的具体方案，但由外务省主导的新闻改革案及陆军实施的舆论操纵亦可以说是此后文化政策的试行。

1920年8月，中国政府再次提出延缓庚款赔付的请求以后，1921年6月，外务省亚细亚局制定了《义和团事件赔偿金利用草案》。[③]该草案完全参照了日本外交调查会1918年4月19日提出的意见："鉴于东洋大局及日本的将来，中日提携，最为紧要；实行方法在促进两国政治经济的活动，然欲收其实效，则非两国大多数国民之相互谅解、感情融洽不可；欲达此目的，应使一般中国人懂得日本语及了解日本文化与实力；实行的手段，以努力于慈善事业的施设为捷径"。[④]

1922年3月24日，日本出现了将对华文化事业的构想政策化的重要契机。宪政会的荒川五郎和政友会的山本条太郎等人在第45次

---

① 「官民一致して支那新聞操縦の件」、JACAR（アジア歴史資料センター）Ref. C03022462700、密大日記 大正8年4冊の内1（防衛省防衛研究所）。

② 「天津の施設に関する件」、JACAR（アジア歴史資料センター）Ref. C03022484500、密大日記 大正08年4冊の内4（防衛省防衛研究所）。

③ 「（十五）義和団事件賠償金利用私案」、JACAR（アジア歴史資料センター）Ref. B02130015600、義和団事変賠償金還附問題/支那問題参考資料 第九輯（亜-8）（外務省外交史料館）。

④ 王树槐：《庚子赔款》，台北，"中研院"近代史研究所1985年版，第484页。

议会上分别提出的《关于归还义和团事件赔款的建议》（《義和団事件賠償金還付に関する建議》）和《关于对华文化事业设施的建议》（《対支文化事業施設に関する建議》）两份建议，[①] 其中声明"目今世界大势，应为日本国民生存及世界和平而努力，不可一日偷安。欲达此目的，中日两国急需亲善提携，不独东洋和平可保，更可增进世界人类幸福"。[②] 7 月 13 日，举行东洋文化事业恳谈会，参加者有 10 个文化机构，皆主张退还庚款作为文化事业之用。1923 年 3 月 20 日，日本众议院通过特别会计法法案，25 日上议院通过，30 日公布，4月 1 日起实施，此事遂宣告确定。

结　语

寺内正毅上台后，在对华外交上保持了官方与非官方两条渠道。官方以外务省以及在华外交官为主，非官方以胜田主计（大藏省）支持下的西原龟三经济借款为代表。虽然两者在纠正大隈重信激进的对华政策方面也拥有共识，但相互之间在如何实现"中日亲善"的构想上存在不同。

关于对华的文化政策，外务省自寺内正毅组阁之初即有初步的构想。不过，寺内正毅及大藏省、西原龟三主张的是经济提携，退还庚款也作为对华经济提携的一部分成为当时主要的讨论方向。[③] 随着"一战"进程的推进，尤其是威尔逊十四点和平宣言的提出及巴黎和会的召开，再加上中国反日运动的刺激，三项作用之下，日本在华外交官及负责对华事务的政务局第一课所提倡的顺应世界大势，应对美

---

① 「2. 義和団事件賠償金還付ニ関スル建議案（第四十五議会荒川五郎外提出）大正十一年」、JACAR（アジア歴史資料センター）Ref. B05015062700、東方文化事業部関係会計雑件 第一巻（H-2-1-0-1_ 001）（外務省外交史料館）。

② 王树槐：《庚子赔款》，第 486 页。

③ 关于这一点，可从 1918 年 6 月大藏省出版的《日中亲善与日中经济提携的方策设施概要》（日支親善卜日支経済的提携スル方策施設概要）。

国新外交，加强中日精神亲善的声音日渐增强。这亦得到了日本陆军的支持。

日本退还庚款并将之应用于对华文化政策，就是在这一背景下发展、确立起来的。从这一点来说，日本退还庚款问题与第一次世界大战期间与欧美国家的博弈有着密切的关系。有学者称，日本对华文化事业的开展是日本"精神帝国主义论"的起源，① 也有学者认为在外务省的主导之下，日本此前一直宣称的"日支亲善"对华政策，主要内容已经从"经济提携"转向"文化提携"。② 但其实，文化政策并非意味着日本对华政策的转向，原敬思考的中日亲善与对美协调，远不同于外务省。

---

① 熊本史雄「外務省『対支文化事業』の創出経緯——『精神的帝国主義』論の起源」、『ヒストリア』(173)、2001 年 1 月、231 — 258 頁。

② 熊本史雄「第一次大戦期における外務省の対中政策」、『史境』45、2002 年 9 月、1 — 19 頁。

终章 文化外衣下的外交争夺

中、日、美三国都是第一次世界大战的参加国，先后加入了协约国集团并最终都成为战胜国之一，但战争给三国带来的影响却并不尽相同。伴随着英、法、德、俄等欧洲传统强国的衰弱，美国崛起为世界性大国，开始具备争夺全球霸主的实力；日本也一跃成为东亚强国并具备了在东亚地区争夺主导权的实力；中国则并未因战胜国的身份而提升自身国家地位，因南北之争、派系之争而导致的国内政局愈发动荡。中国成为美、日两国实现其各自国家利益的竞争场所之一，巴黎和会上外交的受挫以及由此激发的国内的五四运动，都从不同侧面反映了两国争夺的状况。

事实上，两国在华的外交争夺早已开始，晚清时期哈里曼的东北铁路计划即可算作一例。辛亥革命爆发后，日、美之间在华的竞争既有经济利益上的竞争，也有政治利益上的竞争。与日、美两国所进行的传统争夺所不同的是，本书将关注点定焦于文化领域的争夺。伴随着美、日两国国力的上升，两国在华所展开的竞争，并非限于传统的政治、经济领域，而是延展至文化事业方面。在文化外衣下所进行的外交争夺，更能体现出两国外交政策实施上的差异及因此而展现的民族性格。正如学界所认识到的：20世纪20年代的国际关系，不仅取决于军事和经济事务，而且同样取决于文化事务。①

---

① ［美］入江昭著，王建华译：《用文化方法研究外交史》，《现代外国哲学社会科学文摘》1991年第5期，第21页。

一

国际关系史学界将从文化角度研究外交史的方法称为"文化交流法"。从国家安全和经济角度研究外交史常以国家作为出发点，而从文化角度研究时，其对象却是个人及其交往，或是人们生产的商品和观念。这样来区分正式与非正式联系也许是困难的。但是，对于那种通常强调国家间关系或强调以国家手段来保护和促进经济利益的外交史来说，着重研究个人却是一种非常需要的矫正剂。许多个人和团体或得到国家的首肯，或与此无关，与其他国家的个人和团体建立了联系。国家可以参与这一过程，但除非首先注意个人交往，否则就无法研究这一现象。文化交流并不都是由于个人主动性而发生的，有些个人间交往和文化间的相互作用超出了非正式层次。国家往往会介入此事，把促进文化交流作为外交努力的一部分，或者为涉外人际交往确定一个框架。从 19 世纪 90 年代起，华盛顿官员对美国人在海外的所作所为大感兴趣，试图把这些人的活动纳入促进国家利益的轨道，特别是通过创造一种有助于扩展美国贸易和投资的国际环境来达到这一目的。[①] 正是这种国家政策层面的引导，到了"一战"时期，当面对日本的外交竞争时，作为美国人的个人，不自觉地就贯彻了这种政策。

入江昭曾指出，在美国对外关系史上，最惹人注目的莫过于那些以个人身份自发地越过国界，从事商务、宗教、教育等活动的美国人。商人、传教士、科学家、教师、海员和旅行家往往是与其他国家人民建立联系的第一批美国人，他们的行动先于领事和海军军官。这些非官方外交人士的所见所闻，他们传回国内的报道，构成了美国对外关系方面的丰富的遗产，可以毫不夸张地说，他们的活动确定了

---

① 入江昭著，王建华译：《用文化方法研究外交史》，《现代外国哲学社会科学文摘》1991 年第 5 期，第 20 页。

20 世纪初叶以前美国与世界各地的关系。①

威尔逊总统上台后，一改美国外交的传统思路，在追求美国国家利益这一最终目标下，提出了价值观和理想等意识形态的目标，把19 世纪末以来的重视美国海外个人作用的政策予以具体化。威尔逊的外交政策，为促进美国文化事业在中国的发展提供了契机。时任美国驻华公使芮恩施积极推行威尔逊的外交政策，他希望在美国的帮助下，中国能够朝着光明自由生活的方向发展，以毫无私心的目的发展中国的文化、教育和慈善事业。在此国家政策背景下，驻华美国传教士以及普通美国人则成为政策的践行者。

此一时期美国的对华外交及其政策，出现了一些新的特征，这些特征或许在此之前已经有了某些零星的闪现，但尚未明确具体。具体而言，这些新特征可以概括为文化与外交的结合。把文化和外交联系起来加以研究，并非新创，只是将其用于探究"一战"时期围绕中国发生的美、日外交则较为少见。

当美国对华外交政策悄然出现了新的因素时，第一次世界大战在欧洲爆发。爆发的消息传到东亚以后，中国和日本出现了截然不同的两种反应。中国官方"最初的担忧是：在华有利益的各国是否会借此侵犯中国的主权和利益？尤其是日本，是否会借机侵华？"②源于防日之心理，中国政府在短短九天之内即确立了中立之立场，以避免将战火引入中国；与此相反，日本的大隈重信内阁却将这场战争看作是大正天佑，先是于 1914 年 10 月占领了赤道以北所属德国的南太平洋诸岛，11 月又迅速以日英同盟之名对德宣战加入战争之中。日本的意图是显而易见的，即趁"一战"欧洲列强无暇东顾之机，一举奠定在华的特殊地位。

美国远在太平洋彼岸，最初的注意力主要集中在欧洲这个主要舞台，虽然朝野上下包括舆论皆对日本出兵山东表示疑虑，但仍然不愿

---

① ［美］入江昭著，王建华译：《用文化方法研究外交史》，《现代外国哲学社会科学文摘》1991 年第 5 期，第 20 页。

② 侯中军：《一战爆发后中国的中立问题——以日本对德宣战前为主的考察》，《近代史研究》2015 年第 4 期，第 53 页。

意"纠缠于中国的领土完整这一国际争端中"。① 但是，生活在中国的美国外交官、传教士、报人等在华美国人，对于日本的侵华却有近距离的感受。美国公使芮恩施经常收到中国官员及精英的请愿，袁世凯也向其吐露对日本企图的担心；美国驻各地的领事，如青岛领事裴克更要面对日占山东后给当地英美人带来的不便以及日常生活中关于日军暴行的消息。他们希望美国政府能够抑制日本在华的进一步扩张，为美国商业在华发展创造条件。

日本对华提出"二十一条"是美国对华、对日态度产生转变的重大转折点。威尔逊政府最初在这件事上，遵循的是国务卿布赖恩容忍中日特殊关系的绥靖政策，但日本对华的"实力压迫外交"使威尔逊总统大为震怒。同时，在芮恩施、美国在华传教士等在华美国人的相继抗议之下，威尔逊政府公布了《第二次布赖恩备忘录》，宣布绝不容忍日本侵犯中国主权的行为。日本在"二十一条"上的外交策略及"日美对立不仅是威尔逊对日不信任的原点，也成为决定此后威尔逊政府对日政策的重大原因"。② 此后威尔逊在对华外交政策中掌握了主导，衍生出其对中国反日运动采取同步与援助对策的构造。这一构造就是赋予门户开放政策以新的理解，"把增进美国文化影响的愿望置于塔夫脱提出的经济计划之上"。③ 威尔逊政府希望依靠驻华外交官、传教士和美国在华报人等，将中国这一个新生的民主共和国打造成一个符合美国民主主义价值观的国家。

二

自日本对华提出"二十一条"后，美国开始改变了在中国问题上

---

① ［美］罗伊·沃森·柯里著，张玮瑛、曾学白译：《伍德罗·威尔逊与远东政策1913—1921》，第101页。

② ［日］五百旗头真编著，周永生等译：《日美关系》，世界知识出版社2012年版，第68页。

③ ［美］韩德著，项立岭、林勇军译：《中美特殊关系的形成——1914年前的美国与中国》，"中文版序"，第2页。

的对日外交政策。驻华美国人开始承担起从文化上抵制日本侵华政策的角色，他们投身于中国的反日运动中并尽力给予各种可能的帮助。出于国家利益和文化宗教上的一致性，在华的英国人也和美国走在了一起。虽然此时英国尚与日本订有英日同盟条约，但在对华外交上，日本的行为已经侵犯了英国的底线，亦已经违背了英日同盟的宗旨。在华英人参与到反日运动中，亦可从另一个层面说明国家政策与个人行为的复杂互动之处。

学界对反日运动的研究已经相当深入，但对于英、美人的参与过程及细节仍缺乏探讨，本书集中论述了学界以往所忽视的这一问题。早在1917年4月，美国政府就已经开始有意识地对华开展新闻宣传，向中国灌输美国的价值观和外交理念，争取中国人的好感。

在华美国人的活动是卓有成效的，在日本人看来，中国亲美派势力日渐扩大，主要就是依靠他们人数众多的传教士巧妙的活动。传教士通过与学生、地方精英的日常交往，传播了基督教义，使周围的中国人共有一个信仰。他们把美国的民主主义通过演讲及印刷品，散发到中国普通群众的手中。他们同时把威尔逊的十四点宣言作为金科玉律，将之翻译成中文，在各地进行演说，宣传日本乃军国野心，在中国人中间唤起对美国的依赖之心。所以说传教士配合中国的反日运动，契合美国的利益，发挥的是一种推波助澜、引导性的作用。正如陶德满在报告中指出，他们的工作取得了成效，"一种陌生的渴望极大地刺激着中国人的心，受山东问题的影响，英美人赢得了他们的好感"。①

其中尤其不可忽视的是，美国政府，尤其是驻华公使芮恩施以及其领导下的美国领事亦发挥了支持性的作用。也就是说，尽管直接参与反日运动的是传教士，但美国官方在背后的默许体现的是对威尔逊

---

① Annual Report Letter of Lawrence Todnem, Associate Secretary, Young Men's Christian Association, Tsinanfu, Shantung, China, for the year ending Sept. 30, 1919, Annual Reports and Annual Report Letters of Foreign Secretaries in China 1919, volume 3, Reports of Foreign Secretaries 1919, 美国明尼苏达大学藏, http://umedia.lib.umn.edu/node/555804? mode = basic, 2016年10月25日。

"传教士外交"政策的贯彻。日方的材料亦证明，日本从未把五四运动看成仅仅是中国人的反日，亦将之视为日本与美国在华利益争夺的一部分进行考量。美国对"一战"期间中国反日运动的参与，自然与当时的驻华公使芮恩施有非常重要的关系，但同时亦体现出，尽管美国国内对日本的态度存在分歧，甚至还出现过"石井—蓝辛"协定，但总体而言，对于日本在华的行径，美国是持警惕和怀疑的态度的。遏制日本在华的势力扩张，成为当时美国多数决策者的共识。

美国在华人员的反日宣传，其目的并非仅仅是帮助中国，另一方面亦是出于维护美国在华利益的需要。在美国外交政策允许的范围内，一定程度的反日宣传，有利于美国整体国家利益的最大化。巴黎和会前后，美国一方面允许了在华美人的反日宣传，另一方面亦在对日外交方面进行了多方的妥协，在山东问题谈判的关键时刻，最终同意了日本的要求。分析巴黎和会上山东问题的交涉，结合在华美人的反日宣传，可见舆论宣传与国家外交方针的复杂互动。总体而言，美国在华的反日宣传获得了中国人的好感，并给日本造成了舆论压力。

日本国内的主流媒体刊登各种评论，认为是美国人在背后唆使了中国的反日运动，其目的是扶植亲美势力并最终将日本逐出中国。与美系在华报纸相对抗，日系在华报纸亦不遗余力地开始批评美国，日本与美国在华报刊的这种斗争可以通过五四时期的山东得以了解。

对于中国而言，美、日两国在华的斗争可以通过不同派系的反应而做进一步的理解。"亲日派"或"亲英美派"的提法或许失之简单，但却可以直观体现出中国国内不同政治势力的政策趋向。在维持各自团体小利益的同时，如何能借助外力维护更高层次的国家利益，是各派的核心关注点。广大民众的爱国情感，在很大程度上是被这些团体所引导的。《益世报》被查封后，美国曾极力予以援救，希望能继续经营该报。《益世报》案背后的深层次原因在于：日、美两国对文化舆论的主导斗争已经势同水火。美国在华报人曾试图挽救被查封的《益世报》，但这种以"报纸具有美国背景而不得查封"的观念及干预方式，激起了北京政府的不满，这也从事实上干预了中国的内政。中国政府此时的外交主要是针对日本，《益世报》虽然主观出于爱国情感，但从策略上未必是上策；美国拯救《益世报》的主观亦同样出于善意，但却触碰了中国的内政，其形式并不受欢迎。

五四运动时期美国在华文化势力的参与引起日本决策层的关注，日本希望通过相应的文化措施挽回在中国丢失的人心。从国际政治的根本而言，无论英、美还是日本，如果不能废除在华的不平等条约，而是继续以不平等条约特权作为其实现各自在华利益的工具，则从根本上并不能改善中国人的观感，所谓的亲日或亲美亦只是一时一地的暂时现象。这也是后来"革命外交"兴起的根本原因，并使废除不平等条约成为 20 世纪 20 年代最能鼓动中国人心的政治口号。在美国强势外交及文化的攻势面前，日本借重"东洋与西洋"这一固有的东西文化命题作为抵制美国宣传的工具，希望借同属东方文化的特性来笼络中国人心。在巴黎和会上，日本曾非常希望中国在接受丧权辱国条件的前提下能与中国一起废除种族歧视，日本此举可以视为从东西方对立的角度而做出的外交举措之一。为了消除"黄祸之说"，日本提出在即将成立的国际联盟宪章中增加种族平等的规定，并希望能得到中国代表的支持，但最终结果是威尔逊否决了日本的种族平等要求。① 郭春秧此时提倡孔教与中日亲善，亦是此种大的背景下的产物之一。

争取到中国人的好感，并非仅仅通过文字宣传等表面文章就可实现。能否放弃已经获得的在华特权及利益，是试验是否真心对华友好的标志之一。中华民国政府自成立以来，一直面临着严重的财政危机，中国能够参加"一战"，其条件之一就是获得贷款并要求列强同意延缓赔偿庚子赔款。中国人非常希望列强能够效仿美国放弃庚子赔款，日本外务省曾认真考虑过通过放弃庚子赔款来缓和中国的敌对情绪，并希望将庚子赔款用于文化事业建设，以培植中国的亲日势力。日本此举，意在仿效美国，借放弃在华庚子赔款营造出良好的对华关系氛围。

---

① 关于种族问题的讨论，参见邓野《巴黎和会与北京政府的内外博弈》，第 79—80 页。

三

近代中日关系中的问题不仅仅是中国和日本之间的问题，并且牵涉在华的各种国际势力的消长；它也不仅仅是政府与政府之间的问题，在华普通欧美人或者日本人的利益冲突往往会对各自国家的对华政策产生重大的影响。

美、日在华的文化冲突，与其各自在华文化事业的发展模式及执行人存在密切关联。晚清以来，传教士在中国首创了一种不同的教育模式，而到"一战"时期，这种教育几乎都把持在美国人手中。美国在中国教育界所占的地位是靠退还庚子赔款得到的，这一点众所周知。大多数列强，如果它们的说法可信的话，那时候它们都只要求赔偿实际损失，但是美国所要求的（并且得到的）数字还远大于实际损失（这是评论家的说法），它们把多余的款项很慷慨地退回，用于在中国办学和选派学生留美。美国人的这些举动，从政治上、商业上来说都有充足的理由。越来越多受过美国影响的中国人在国内担任要职，而他们都深信美国是世界列强中对中国最友好的。①

"一战"前后的中国社会，出现了一些反常的社会文化现象。若要准确客观地理解这些现象，不但需要考虑中国自身的历史环境，而且还需要联系当时的国际背景、国际关系。列强在实施对华文化政策的过程中，是离不开中国人的。就像郭春秧事例中所表现出来的那样，一个"爱国华侨"在自己的故乡兴修水利、开办学校、赈灾、兴孔教运动，如果只从中国这一方面来看，往往会将其归类于社会慈善活动范畴中而大加赞扬，但其实却是日本对华政策转变的一个尝试。目前，国内反日运动研究已有大量成果，不过往往只注意到中国的状况，却忽视了当时中国所处的复杂国际环境。当时的中国还处在帝国主义列强的压迫之下，帝国主义之间的竞争，尤其是"一战"

---

① ［英］伯特兰·罗素著，秦悦译：《中国问题》，学林出版社1996年版，第172页。

后日美的势力角逐及其所引发的东亚政治格局重构，对中国产生了直接或间接的重要影响。在各国近现代史资料趋于开放的今天，笔者认为有必要从更广阔的国际关系史视角，通过进一步挖掘各类中外文献对中国近现代史上的问题作更深入的探讨。把宏观的历史关怀与细致的资料考证相结合，才是进行中国近代史问题研究时应该采用的方法。

一个政策的出台，受到的影响是各方面的，本书仅选取了其中一个侧面，即在"一战"背景之下，日美在华竞争及其所产生的影响。体现在东亚的国际关系格局上：欧洲列强暂时后退、日本积极扩张，成为东亚世界最有影响力的帝国主义国家，与此同时，美国崛起使日美两国成为东亚舞台上最有竞争力的对手。这种变化不但影响了中国的民族运动和政局变动，同时对美国、日本的外交政策、在华美国人、日本人的生活均产生了非常深刻的影响。本书正是从这一角度出发，揭开了"一战"后日本对华政策调整背景中的一个侧面。不可否认的是，在思考日本对华文化政策的调整时，还需要顾及中国民族主义的高扬、共产主义思想、民主主义思潮在中国的传播等意识形态的冲击等因素，但无论哪一点，都可以说是"一战"带来的影响，这一点不容忽视。

参考文献

档　案

一　中文

《近代史资料》总 2 号，1954 年。

《近代史资料》总 35 号，1965 年。

《近代史资料》总 38 号，1979 年。

林开明等编：《北洋军阀史料 徐世昌卷 9》，天津古籍出版社 1996 年版。

《徐世昌日记》，北京出版社 2013 年版。

《中日关系史料 二十一条交涉：中华民国四年至五年》（上、下），台北，"中研院"近代史研究所 1985 年编印。

上海市档案馆编：《工部局董事会议录》（20），上海古籍出版社 2001 年版。

中国社会科学院近代史研究所《近代史资料》编译室主编：《一九一九年南北议和资料》，知识产权出版社 2013 年版。

张黎辉等编：《北洋军阀史料——黎元洪卷》8，天津古籍出版社 1996 年版。

中国第二历史档案馆编：《中华民国史档案资料汇编》第 3 辑，江苏古籍出版社 1991 年版。

二 日文

外務省編纂『日本外交文書』1898 年第 1 冊、日本国際連合協会、
　1954 年。

外務省編纂『日本外交文書』1914 年第 2 冊、外務省、1965 年。

外務省編纂『日本外交文書』1914 年第 3 冊、外務省、1966 年。

外務省編纂『日本外交文書』1915 年第 3 冊上巻、外務省、1968 年。

外務省編纂『日本外交文書』1917 年第 2 冊、外務省、1968 年。

外務省編纂『日本外交文書』1917 年第 3 冊、外務省、1969 年。

外務省編纂『日本外交文書』1918 年第 3 冊、外務省、1969 年

外務省編纂『日本外交文書』1919 年第 2 冊下巻、外務省、1970 年。

外務省編纂『日本外交年表竝主要文書』上巻、日本国際連合協会、
　1955 年。

国立国会図書館参考誌部『寺内正毅関係文書目録』、国立国会図書
　館、1971 年。

山本四郎編『寺内正毅日記』、京都女子大学、1980 年。

山本四郎編『寺内正毅関係文書　首相以前』、京都女子大学、
　1984 年。

山本四郎編『寺内正毅内閣関係史料』（上、下巻）、京都女子大学、
　1985 年。

尚友倶楽部史料調査室・広瀬順皓・日向玲理・長谷川貴志編『寺内
　正毅宛明石元二郎書翰』、尚友倶楽部、2014 年。

三 英文

Records of the Department of State Relating to International Affairs of China,
　1910 – 1929, The US National Archives and Records Administration Mi-
　cro copy No. 329.

The Papers of Woodrow Wilson, Vol. 31 – 64, Princeten University
　Press, 1966.

The United States, Department of the State, *Papers Relating to the Foreign*

Relations of the United States, 1915.

The United States, Department of the State, *Papers Relating to the Foreign Relations of the United States*, 1919（In two volumes.）Volume Ⅱ. United States Government Printing Office, 1934.

美国斯坦福大学收藏的未刊裴克（Peck）文件

明尼苏达大学收藏的传教士档案

《教务杂志》（Chinese Recorder）

报　纸

一　中文

《申报》《顺天时报》《盛京时报》《东方杂志》《台湾日日新报》《北京益世报》《基督教青年会驻法华工週报》《清议报》

二　日文

『神戸又新日報』

『大阪朝日新聞』

『大阪毎日新聞』

『時事新報』

『福岡日々新聞』

『満洲日々新聞』

『中外商業新報』

三　英文

The China Press

Millard View

Peking Leader

Peking Daily News

North-China Herald

Chinese Recorder

专 著

一 中文

［美］保罗·S. 芮恩施著，李抱宏、盛震溯译：《一个美国外交官使华记》，商务印书馆 1982 年版。

包笑天：《剑影楼回忆录》，香港大华出版社 1971 年版。

［英］伯特兰·罗素著，秦悦译：《中国问题》，学林出版社 1996年版。

曹世文、黄季方编著：《美国名人词典》，华夏出版社 1991 年版。

［美］Carl Crow 著，宗姬译：《我为中国人说话》（时代知识丛书 5），新兴书店 1938 年版。

陈三井：《华工与欧战》，台北"中研院"近代史研究所 1986 年编印。

陈玮芬：《近代日本汉学的〈关键词〉研究：儒学及相关概念的嬗变》，华东师范大学出版社 2008 年版。

戴逸主编，张鸣著：《梦醒与嬗变》上，北京燕山出版社 2007 年版。

戴逸、李育民主编：《中国近代史通鉴 1840—1949》，红旗出版社 1997 年版。

邓野：《巴黎和会与北京政府的内外博弈　1919 年中国的外交争执与政派利益》，社会科学文献出版社 2014 年版。

丁名楠等：《帝国主义侵华史》第 2 卷，人民出版社 1986 年版。

［美］费正清编：《剑桥中华民国史 1912—1949 年》上卷，中国社会科学出版社 1998 年版。

［美］费正清（John King Fairbank）著，傅光明译：《观察中国》，世界知识出版社 2002 年版。

［美］费正清著，张理京译：《美国与中国》，商务印书馆 1987 年版。

福建省漳州市归国华侨联合会、福建省漳州市人物研究学会编《漳州华侨名人传》，东方出版社 1993 年版。

弗莱德利克·穆尔（Frederick Moore）著，晓歌译：《日美外交秘话》，中外出版社 1944 年版。

［澳］端纳口述，泽勒记录整理，符致兴编译：《端纳与民国政坛秘闻》，湖南出版社 1991 年版。

符致兴编译：《端纳与民国政坛秘闻》，湖南出版社 1991 年版。

甘惜分主编：《新闻学大辞典》，河南人民出版社 1993 年版。

戈公振：《中国报学史》，中国和平出版社 2014 年版。

龚古今、恽修编：《第一次世界大战以来帝国主义侵华文件选辑》，生活·读书·新知三联书店 1958 年版。

关捷主编：《日本侵华政策与机构》，社会科学文献出版社 2006 年版。

《中美往来照会集（1846—1931）》14，广西师范大学出版社 2006 年编印。

寒灰编：《金刚卖国记》，国民社 1919 年版。

韩莉：《新外交·旧世界　伍罗德·威尔逊与国际联盟》，北京日报报业集团、同心出版社 2002 年版。

韩石山《少不读鲁迅 老不读胡适》，陕西人民出版社 2012 年版。

何振模著，张笑川等译：《上海的美国人——社区形成与对革命的反应（1919—1928）》，上海辞书出版社 2014 年版。

黄安年编：《从战地到史林　邓蜀生九旬文集》，中国法制出版社 2012 年版。

黄福庆：《近代日本在华文化及社会事业之研究》，台北，"中研院"近代史研究所 1982 年编印。

黄美真、郝盛潮主编：《中华民国史事件人物录》，上海人民出版社 1987 年版。

黄尊严：《日本与山东问题 1914—1923》，齐鲁书社 2004 年版。

胡汶本、田克深主编：《五四运动在山东资料选辑》，山东人民出版社 1980 年版。

《济南广智院志略》，济南广智院 1931 年编印。

蒋梦麟译述：《美总统威尔逊参战演说》，商务印书馆 1918 年版。

康有为撰，姜义华、张荣华编校：《康有为全集》第 4 集，中国人民大学出版社 2007 年版。

［美］孔华润（Warren I. Cohen）著，张静尔等译：《美国对中国的反应——中美关系的历史剖析》，汪熙主编《中美关系研究丛书》4，复旦大学出版社 1989 年版。

［美］孔华润主编，王琛等译：《剑桥美国对外关系史》下，新华出版社 2004 年版。

［美］罗伊·沃森·柯里（Roy Watson Curry）著，张玮瑛、曾学白译：《伍德罗·威尔逊与远东政策 1913—1921》，社会科学文献出版社 1994 年版。

李盛平主编：《中国近现代人名大辞典》，中国国际广播出版社 1989 年版。

李世伟：《日据时代台湾儒教结社与活动》，文津出版社 1999 年版。

李新、李宗一主编：《中华民国史》第 2 编第 2 卷，中华书局 1987 年版。

李瞻主编：《中国新闻史》，台北，台湾学生书局 1979 年版。

梁川主编：《辛亥革命与当代中国社会发展》，宁夏人民出版社 2006 年版。

刘德军编著：《五四运动山东潮》，中共党史出版社 2005 年版。

刘善章、周荃主编：《中德关系史文丛》，青岛出版社 1991 年版。

卢龙光主编：《基督教圣经与神学词典》，宗教文化出版社 2007 年版。

［美］罗因须著，铃木虎雄译：《列国审势支那政治论》，台湾日日新报社 1904 年版。

马光仁主编：《上海新闻史 1850—1949》，复旦大学出版社 2014 年版。

［美］马士、宓亨利著，姚曾廙等译：《远东国际关系史》，商务印书馆 1975 年版。

［英］马泰士（Basil Mathews）著，张仕章译：《穆德传》，青年协会

书局 1935 年版。

［美］迈克尔·H. 亨特（Michael H. Hunt）著，褚律元译：《意识形态与美国外交政策》，世界知识出版社 1999 年版。

彭明：《五四运动史》，人民出版社 1998 年版。

钱其琛主编：《世界外交大辞典》（上），世界知识出版社 2005 年版。

钱玄同：《关于反抗帝国主义 可以触摸的民国》，陕西人民出版社 2013 年版。

青岛市档案馆编：《帝国主义与胶海关》，档案出版社 1986 年版。

瞿秋白：《瞿秋白文集》，"政治理论编"第二卷，人民出版社 1988 年版。

［美］任达著，李伸贤译：《新政革命与日本：中国，1898—1912》，江苏人民出版社 2006 年版。

［美］入江昭著，李响译：《第二次世界大战在亚洲及太平洋的起源》，社会科学文献出版社 2016 年版。

阮湘等编：《中国年鉴 第一回》第 22 辑，商务印书馆 1924 年版。

《陈独秀文章选编》（上），生活·读书·新知三联书店 1984 年编印。

山东省地方史志编纂委员会编：《山东史志资料 1983 年第 3 辑（总第 5 辑）》，山东人民出版社 1983 年版。

上海市档案馆编：《租界里的上海》，上海社会科学院出版社 2003 年版。

沈予：《日本大陆政策史》，社会科学文献出版社 2005 年版。

［日］升味准之辅著，董果良译：《日本政治史》第 2 册，商务印书馆 1997 年版。

《中美关系资料汇编》第 1 辑，世界知识出版社 1957 年编印。

石源华：《中华民国外交史》，上海人民出版社 1994 年版。

石源华主编：《中华民国外交史辞典》，上海古籍出版社 1996 年版。

［美］泰勒·丹涅特著，姚曾廙译：《美国人在东亚》，商务印书馆 1959 年版。

邰爽秋等选编：《庚款兴学问题》，教育编译馆 1935 年版。

唐启华：《巴黎和会与中国外交》，社会科学文献出版社 2014 年版。

王立新：《美国对华政策与中国民族主义运动（1904—1928）》，中国社会科学出版社 2000 年版。

王立新：《美国传教士与晚清中国现代化》，天津人民出版社 2008 年版。

王立新：《意识形态与美国外交政策——以 20 世纪美国对华政策为个案的研究》，北京大学出版社 2007 年版。

王立新：《踌躇的霸权：美国崛起后的身份困惑与秩序追求（1913—1945）》，中国社会科学出版社 2015 年版。

王绳祖主编，朱瀛泉等卷主编：《国际关系史 第三卷（1871—1918）》，世界知识出版社 1995 年版。

王树槐：《庚子赔款》，台北"中研院"近代史研究所 1985 年版。

王向远：《日本对中国的文化侵略——学者、文化人的侵华战争》，日本对中国的文化侵略研究丛书，昆仑出版社 2005 年版。

王晓德：《美国文化与外交》（修订版），天津教育出版社 2008 年版。

王芸生编著：《六十年来中国与日本》第 7 卷，生活·读书·新知三联书店 2005 年版。

王振坤、张颖：《日特祸华史——日本帝国主义侵华谋略谍报活动史实》第 1 卷，群众出版社 1988 年版。

汪熙、田尻利主编：《150 年中美关系史论著目录（1823—1900）》，复旦大学 2005 年版。

［奥］魏格林、朱嘉明主编：《一战与中国》，东方出版社 2015 年版。

五百旗头真编著，周永生等译：《日美关系》，世界知识出版社 2012 年版。

吴沧海：《山东悬案解决之经纬》，台湾商务印书馆 1987 年版。

项立岭：《中美关系史上的一次曲折——从巴黎和会到华盛顿会议》，复旦大学出版社 1993 年版。

徐国琦著，马建标译：《中国与大战——寻求新的国家认同与国际化》，上海三联书店 2008 年版。

宣谛之：《美帝侵华一百年》，世界知识社 1950 年版。

熊月之主编：《上海名人名事名物大观》，上海人民出版社 2005

年版。

杨生茂、林静芬编：《美国史论文选》，天津人民出版社 1984 年版。

姚崧龄：《芮恩施使华纪要》，台北，传记文学出版社 1975 年版。

翊勋《蒋党真相》，生活·读书·新知三联书店 1955 年版。

应俊豪：《公众舆论与北洋外交——以巴黎和会山东问题为中心的研究》，台北，“国立”政治大学历史系 2001 年版。

俞辛焞：《辛亥革命时期中日外交史》，天津人民出版社 2000 年版。

臧运祜：《近代日本亚太政策的演变》，北京大学出版社 2009 年版。

赵晓阳：《基督教青年会在中国：本土和现代的探索》，社会科学文献出版社 2008 年版。

章伯锋：《皖系军阀与日本》，四川人民出版社 1988 年版。

章伯锋主编：《北洋军阀（1912—1928）第三卷 皖系军阀与日本》，武汉出版社 1990 年版。

张惠芝：《“五四”前夕的中国学生运动》，山西教育出版社 1996 年版。

章开沅：《章开沅文集》第 9 卷，华中师范大学出版社 2015 年版。

张宪文等主编：《中华民国史大辞典》，江苏古籍出版社 2001 年版。

张艳茹：《近代日本的元老、宫中势力与内阁》，中国社会科学出版社 2014 年版。

张元卿：《民国北派通俗小说论丛》，山西古籍出版社 2001 年版。

中国社会科学院近代史研究所：《日本侵华七十年史》，中国社会科学出版社 1992 年版。

中国社会科学院近代史研究所编：《五四运动回忆录》（下），中国社会科学出版社 1979 年版。

祝曙光：《徘徊在新、旧外交之间：20 世纪 20 年代日本外交史论》，人民出版社 2013 年版。

［美］周策纵著，周子平等译：《五四运动：现代中国的思想革命》，江苏人民出版社 1996 年版。

［美］周策纵著，陈永明等译：《五四运动史》，岳麓书社 1999 年版。

二 日文

阿部洋『「対支文化事業」の研究——戦前期日中教育文化交流の展開と挫折——』、汲古書院、2004 年。

青島守備軍民政部『青島之商工業』、1918 年 10 月。

伊藤正徳『加藤高明』上巻、加藤伯伝記編纂委員会、1929 年。

井上寿一『日本の外交』、信山社、2005 年。

大蔵省理財局『日支親善卜日支経済的提携二関スル方策施設概要』、1918 年。

小澤三郎『内村鑑三不敬事件』、新教出版社、1980 年。

外務省百年史編纂委員会『外務省の百年』上・下、原書房、1980 年。

青島守備軍編『済南要覧』、青島新報社、1920 年。

鬼頭玉汝『不可不読』、晩晴書房、1909 年。

鬼頭玉汝『支那必亡論』、出版社不詳、1913 年。

鬼頭玉汝『青島問題』、扶桑館（止宿）、1919 年。

鬼頭玉汝『対支問題ノ根本義』，青島新報社、出版時間不詳。

熊本史雄『大戦間期の対中国文化外交——外務省記録にみる政策決定過程』、吉川弘文館、2013 年。

中谷直司『強いアメリカと弱いアメリカの狭間で』、千倉書房、2016 年。

農商務省商務局『海外各地に於ける重要なる日本商品取扱商店調査』、1911 年。

在華日本紡績同業会編『船津辰一郎』、東邦研究会、1958 年。

参謀本部編『大正三年日独戦史』（上、下）、東京偕行社、1916 年。

千田稔、宇野隆夫編『東アジアと「半島空間」——山東半島と遼東半島——』、思文閣、2003 年。

辻清明『新版　日本官僚制の研究』、東京大学出版会、1995 年。

徳富猪一郎編『公爵山県有朋伝』下巻、山県有朋公記念事業会、1933 年。

徳富猪一郎『支那漫遊記』、民友社、1918 年。

村松正俊訳『西洋の没落』、批評社、1926 年。

原圭一郎編著『原敬日記』第 4 巻、乾元社、1951 年。

原圭一郎編著『原敬日記』第 8 巻、乾元社、1950 年。

林権助『わが七十年を語る』、第一書房、1935 年。

小野信爾『青春群像: 辛亥革命から五四運動へ』、汲古書院、
　2012 年。

小野信爾『救国十人団運動の研究』、同朋舎、1987 年。

嬌溢生『独笑珍話』、実業之日本社、1907 年。

原野彦太郎編『真面目の人』、教文館、1911 年。

福田吉蔵『ウィルソン』、民友社、1919 年。

佐藤綱次郎『支那一ヶ月旅行』、二酉社、1920 年。

大隈侯八十五年史編纂會編『大隈侯八十五年史』第 2 巻、原書房、
　1970 年。

大隈侯八十五年史編纂会編『大隈侯八十五年史』第 3 巻、原書房、
　1970 年。

長谷川雄一編著『大正期日本のアメリカ認識』、慶應義塾大学出版
　会、2001 年。

服部龍二『東アジア国際環境の変動と日本外交　1918 － 1931』、有
　斐閣、2001 年。

山室信一『複合戦争と総力戦の断層——日本にとっての第一次世界
　大戦』、人文書院、2011 年。

山室信一ほか編『世界戦争（現代の起点　第一次世界大戦第 1
　巻）』、岩波書店、2014 年。

伊勢弘志『近代日本の陸軍と国民統制——山県有朋の人脈と宇垣一
　成——』、東京校倉書房、2014 年。

奈良岡聡智『対華二十一か条要求とは何だったのか　第一次世界大
　戦と日中対立の原点』、名古屋大学出版会、2015 年。

伊藤正徳編『加藤高明』下巻、加藤伯伝記編纂委員会、1929 年。

高原秀介『ウィルソン外交と日本　理想と現実の間　1913 －

1921』、創文社、2006 年。

斎藤道彦『五・四運動の虚像と実像：一九一九年五月四日　北京』，中央大学出版部、1992 年。

笠原十九司『第一次世界大戦期の中国民族運動』、汲古書院、2014 年。

大谷正『近代日本の対外宣伝』、研文出版、1994 年。

勝田龍夫『中国借款と勝田主計』、ダイヤモンド社、1972 年。

田原天南『膠州湾』、満洲日日新聞社、1914 年。

『五十人の新聞人』、東京株式会社電通編集出版、1955 年。

西山勉『山東省視察復命書』、東京高等商業学校、1907 年。

上海日本商業会議所『山東問題に関する日貨排斥の影響』第 1 輯、1919 年。

渋川玄耳『玄耳小品』、隆文館、1910 年。

外務省調査部第一課吉村道男編『世界大戦関係日本外交文書』第 1 巻、クレス出版、1998 年。

佐藤鋼次郎『日米若し戦はば』、目黒書店、1920 年。

中下正治『新聞にみる日中関係史』、研文出版、1996 年。

千田稔、宇野隆夫編『東アジアと「半島空間」——山東半島と遼東半島』、思文閣、2003 年。

秋山雅之伝記編纂会『秋山雅之介伝』、秋山雅之介伝記編纂会、1941 年。

服部宇之吉『孔子及孔子教』、明治出版社、1917 年。

服部宇之吉『孔子教大義』、富山房、1939 年。

森紀子『転換期における中国儒教運動』、京都大学学術出版会、2005 年。

津田左右吉『支那思想と日本』、岩波書店、1948 年。

田村幸策『第一次世界大戦と日本外交』、有甲斐、1953 年。

梅津和郎『成金時代：第一次世界大戦と日本』、教育社、1978 年。

井上寿一『第一次世界大戦と日本』、講談社、2014 年。

情報部第一課『最近ニ於ケル欧米人ノ支那観』（第一輯）、1923 年。

山根幸夫『東方文化事業の歴史：昭和前期における日中文化交流』、汲古書院、2005 年。

小幡酉吉傳記刊行会『小幡酉吉』、小幡酉吉傳記刊行会、1957 年。

德富猪一郎編『公爵山県有朋伝』下巻、山県有朋公記念事業会、1933 年。

ポール・エス・ラインシュ著、高田早苗訳『帝国主義論：早稲田小篇』、東京専門学校出版部、1901 年。

ポール・エス・ラインシュ著、吉武源五郎訳『世界政策』、世界堂、1903 年。

入江昭『米中関係史』、サイマル出版会、1971 年。

三　英文

Annie Laurie and Lawrence Todnem, *Vignette of China That Was*, *1915 – 1945*, Olympia Washington, 1974.

Akira Iriye, *Power and Culture*: *The Japanese-American War*, *1941 – 1945*, Harvard University Press, Cambridge, Massachusetts and London, England, 1981.

Millard, Thomas F. (Thomas Franklin), *Our Eastern question*: *America's contact with the Orient and the trend of relations with China and Japan*, New York: The Century co., 1916.

Noel H. Pugach, *Paul S Reinsch: Open Door Diplomat In Action*, New York: KTO Press, 1979.

James Reed, *The Missionary Mind and American East Asia Policy*, *1911 – 1915*, Washington, Harvard University Press, 1983

Warren I. Cohen, *The Chinese Connection*: *Roger S. Greene, Thomas W. Lamont, George E. Sokolsky and American-East Asian Relations*, New York: Columbia University Press, 1978.

James Reed, *The Missionary Mind and American East Asian Policy*, *1911 – 1915*, Harvard University Press, 1984.

论　文

一　中文

崔志海：《关于美国第一次退还部分庚款的几个问题》，《近代史研究》2004 年第 1 期。

陈其钦：《评〈密勒氏评论报〉》，《图书馆杂志》1991 年第 6 期。

陈三井：《基督教青年会与欧战华工》，《"中央"研究院近代史研究所集刊》第 17 期上册，1988 年 6 月。

顾德曼（Bryna Goodman）：《美国胡佛研究所藏索克思档案》，《档案与史学》2000 年 1 月。

顾卫民：《20 世纪初期中国天主教的本地化运动》，《近代中国》2000 年第 1 期。

郭宁：《中国参加一战的美国因素——以驻华公使芮恩施为中心的考察》，《民国档案》2014 年第 1 期。

侯中军：《一战爆发后中国的中立问题——以日本对德宣战前为主的考察》，《近代史研究》2015 年第 4 期。

侯中军：《1949 年以来的中国与一战外交研究》，《兰州学刊》2015 年第 6 期。

季剑青：《地方精英、学生与新文化的再生产》，王风等编《对话历史 五四与中国现当代文学》，北京大学出版社 2014 年版。

金光耀：《顾维钧与中美关于二十一条的外交活动》，《复旦学报》1996 年第 5 期。

李嘉冬：《日本的东方文化事业之发端研究》，王建朗、栾景河主编《近代中国：政治与外交》下，社会科学文献出版社 2010 年版。

刘国鹏：《存在非此即彼的历史评判吗？——一桩有关光若翰的历史公案》，会议论文，基督教思想评论第 10 辑，2009 年。

刘宜庆：《被忽视的细节和被湮没的声音——从个体记忆和公共舆论看"五四"》，《人物》2009 年第 5 期。

罗毅：《巴黎和会山东问题交涉与北京政府"联美制日"外交的形成》，栾景河、张俊义主编《近代中国 文化与外交》，社会科学文献出版社 2012 年版。

毛雍琛：《第一次世界大战期间赴法国的中国劳工》，青岛市政协文史资料委员会编《青岛市政协文史资料选辑第 10 辑 青岛涉外足迹》，中国文史出版社 1996 年版。

欧阳哲生：《严复看第一次世界大战》，《中国高校社会科学》2014 年第 1 期。

〔美〕入江昭著，王建华译：《用文化方法研究外交史》，《现代外国哲学社会科学文摘》1991 年第 5 期。

孙颖：《二十世纪上半叶日本的"对支文化事业"研究——基于"东方文化事业"总委员会与"日华学会"》，博士学位论文，东北师范大学，2008 年。

史桂芳：《第一次世界大战前后日本对外扩张与东亚格局之变动—以华盛顿体系为中心的考察—》，《世界历史》2012 年第 4 期。

陶飞亚：《"文化侵略"源流考》，《文史哲》2003 年第 5 期。

陶文钊：《二十世纪初美日在东亚的竞争》，《世界历史》1992 年第 3 期。

唐海江：《建构"文化权势"：成舍我在五四前后的社交圈与世界报系之建立》，周奇编《传播视野与中国研究》，上海人民出版社 2014 年版，第 235—256 页。

王建朗：《北京政府参战问题再考察》，《近代史研究》2005 年第 4 期。

王立新：《伍德罗·威尔逊政府承认中华民国问题再研究》，《求是学刊》2004 年第 6 期。

王立新：《在国家之外发现历史：美国史研究的国际化与跨国史的兴起》，《历史研究》2014 年第 1 期。

王神荫：《七七事变以前的齐鲁大学》，中国人民政治协商会议山东省委员会文史资料研究委员会编：《山东省文史资料选辑》第 1 辑，山东人民出版社 1982 年版。

王玉鹏：《雷鸣远与近代中国天主教本地化运动的发端》，《基督宗教研究》2014 年第 1 期。

熊沛彪、肖伟：《概述日本百年外交形态的变迁》，米庆余主编《日本百年外交论》，中国社会科学出版社 1998 年版。

许田：《对德奥宣战》，《近代史资料》总第 2 号，1954 年第 2 期。

姚波：《从第一次世界大战后的山东问题看美日矛盾》，《四川大学学报》（哲学社会科学版）1995 年第 1 期。

袁叶如、王神荫、苗其训：《济南基督教青年会》，山东省政协文史资料委员会编：《山东文史集粹》（修订本）上，中国文史出版社 1998 年版。

俞志厚：《天津〈益世报〉概述》，中国人民政治协商会议天津市委员会、文史资料研究委员会《天津文史资料选辑》第 18 辑，天津人民出版社 1982 年版。

赵晓阳：《美国学生志愿海外传教运动与中国基督教青年会》，卓新平、许志伟主编《基督宗教研究 第六辑》，宗教文化出版社 2003 年版，第 290—305 页。

张北根：《巴黎和会后至华盛顿会议前英国对待山东问题的态度》，《历史档案》2008 年第 1 期，第 98—107 页。

张克明：《美商收买〈益世报〉的经过》，中国人民政治协商会议天津市委员会、文史资料研究委员会编《天津文史资料选辑》第 25 辑，天津人民出版社 1983 年版。

张泉：《文化：日本侵华史研究中有待深化的领域——评〈日本对中国的文化侵略研究丛书〉之两种》，《抗日战争研究》2009 年第 3 期。

张威：《"密苏里新闻帮"与中国》，《国际新闻界》2008 年 10 月。

郑大华：《第一次世界大战与战后中国文化保守主义思潮的兴起》，《浙江学刊》2002 年第 5 期。

二　日文

石原直紀「大正初期の外政機構—二局四課制の確立から臨時外交調

査委員会設置に至る過程」、『社会科学ジャーナル』20（1）、1981 年 10 月。

内山正熊「日独戦争と山東問題」、慶應義塾大学法学研究会『法学研究』第 33 巻第 2 号、1960 年 2 月。

大井知範「19 世紀末ドイツ帝国の膠州湾獲得」、『政治学研究論集』27 号、2008 年 2 月。

斉藤聖二「寺内内閣と西原亀三―対中国政策の初期段階」、日本国際政治学会編『国際政治』第 75 号「日本外交の非正式チャンネル」、1983 年 10 月。

中谷直司「対列強協調から対米協調へ―日本外務省の政策構想の変容 1916 － 1919」、『同志社法学』第 316 号、2006 年。

森田貴子「日本陸軍の中国における新聞操縦」、『東京大学日本史学研究室紀要』第 8 号、2004 年 3 月。

服部龍二「パリ講和会議と五・四運動」、『千葉大学社会文化科学研究』3、1999 年 2 月。

服部龍二「協調の中の拡張策―原内閣の在華権益拡張策と新 4 国借款団」、『千葉大学社会文化科学研究』2、1998 年 2 月。

米沢秀夫「対日ボイコットと民族ブルジョア階級」,『中国近代化と日本』中国研究所紀要第 2 号、社団法人中国研究所、1963 年 10 月。

具島兼三郎「中国における日米争覇戦―第一次世界大戦からワシントン会議まで―」、『法政研究』第 22 巻第 1 号、1954 年 10 月。

具島兼三郎「日中関係と国際情勢―日露戦争から太平洋戦争まで―」、『国際政治』15 号、1961 年。

熊本史雄「第一次大戦期における外務省の対中政策――『経済提携』から『文化提携』への転換」、歴史人類学会『史境』45、2002 年 9 月。

熊本史雄「外務省『対支文化事業』の創出経緯――『精神的帝国主義』論の起源」、『ヒストリア』（173）、2001 年 1 月。

内山正熊「日独戦争と山東問題」、慶應義塾大学法学研究会『法学研究』第 33 巻第 2 号、1960 年 2 月。

池井優「山東問題、五四運動をめぐる日中関係」、慶應義塾大学法
　学研究会『法学研究』第 43 巻第 1 号、1970 年 1 月。

大谷正「『新聞操縦』から『対外宣伝』へ――明治・大正期の外務
　省対中国宣伝活動の変遷――」、メディア史研究会『メディア史
　研究―特集　政治のなかのコミュニケーション』Vol. 5、ゆまに
　書房、1996 年 11 月 25 日。

渋川玄耳「山東と日本人」、『新日本見物 台湾・樺太・朝鮮・満
　州・青島之巻』、金尾文淵堂、1918 年。

青島軍司令官由比光衛「彼我共に目醒めよ」（上）、『亜細亜時論』
　第 4 巻第 5 号、1920 年 5 月 1 日。

木村時夫「対華二十一条要求と大隈重信」、『早稲田人文自然科學
　研究』23 号、1983 年 3 月。

細谷千博「『二一要求』とアメリカの対応」、『一橋論叢』43 巻 1
　号、1960 年 1 月。

池田十吾「対支二一ヶ条要求と米国の態度（一）」、『日本政教研究
　所紀要』第 4 号、1980 年 3 月。

池田十吾「対支二一ヶ条要求と米国の態度（二）」、『日本政教研究
　所紀要』第 5 号、1981 年 2 月。

山腰敏寛「中国におけるウィルソン主義の宣伝と五四運動」、『現
　代中国研究』（14・15）、2004 年 9 月。

山腰敏寛「元祖中国ビジネス案内人　上海のカール・クロウ」、
　『東方』266、2003 年 4 月。

山腰敏寛「同時代アメリカ人による中華民国（1912 ― 1949）頌：
　カール・クロウの中国観」、『鳴門史学』第 8 号、1994 年。

西田敏宏「幣原喜重郎の国際認識――第一次世界大戦後の転換期を
　中心として――」、日本国際政治学会編『国際政治』第 139 号、
　2004 年 11 月。

申春野「パリ講和会議と日米中関係：『山東問題』を中心に」、『国
　際公共政策研究』第 9 巻第 2 号、2005 年 3 月。

胆紅「五四運動と日本のジャーナリズム」、『国際公共政策研究』
第 11 巻第 2 号、2007 年 3 月。

三　英文

Dimirti Daniel Lazo, *An Enduring Encounter*: *E. T. Williams, China, And the United States*, unpublished Ph. D. dissertation, University of Illinois at Urbana Champaign, 1977.

松尾弍之「中国におけるアメリカのプロパガンダ活動: 1918 —
1919の合衆国広報委員会」、『アメリカ・カナダ研究』14、1997
年 3 月、19 — 42 頁。

山腰敏寛:《五四运动与美国对于中国宣传活动再论》,《五四运动八
十周年学术研讨会论文集》,台湾政治大学文学院 1999 年编印。